MANFRED NEITZEL

Die Besitz- und Betriebsgesellschaft

Abhandlungen aus dem
Industrieseminar der Universität zu Köln

Herausgegeben von Professor Dr. Theodor Beste

Heft 7

Die Besitz- und Betriebsgesellschaft

Eine betriebswirtschaftliche und steuerliche Untersuchung

Von

Dipl.-Kfm. Dr. Manfred Neitzel

DUNCKER & HUMBLOT / BERLIN

Gedruckt 1958 bei Richard Schröter, Berlin SW 61
Printed in Germany

Inhalt

Abkürzungsverzeichnis

B	=	Der Betrieb
BB	=	Der Betriebs-Berater
BdF	=	Bundesminister der Finanzen
BFH	=	Bundesfinanzhof
Bfin.	=	Beschwerdeführerin
BFuP	=	Betriebswirtschaftliche Forschung und Praxis
BStBl.	=	Bundessteuerblatt
DG	=	Doppelgesellschaft
DStR	=	Deutsche Steuer-Rundschau
EFG	=	Entscheidungen der Finanzgerichte
FA	=	Finanzamt
FG	=	Finanzgericht
GmbH-Rdsch.	=	Rundschau für GmbH
i. d. R.	=	in der Regel
Kom.	=	Kommentar
KStG	=	Körperschaftsteuergesetz
KVStG	=	Kapitalverkehrsteuergesetz
MStR	=	Mitteilungen der Steuerstelle des Reichsverbandes der Deutschen Industrie
NB	=	Neue Betriebswirtschaft
PrOVG	=	Preußisches Oberverwaltungsgericht
RFH	=	Reichsfinanzhof
RStBl.	=	Reichssteuerblatt
RWP	=	Rechts- und Wirtschafts-Praxis Blattei
StBl.	=	Steuerblatt
StJ	=	Steuerberater-Jahrbuch
StP	=	Der Steuerpraktiker
Stpfl.	=	Steuerpflichtiger
StW	=	Steuer und Wirtschaft
U	=	Urteil
UStG	=	Umsatzsteuergesetz
VStG	=	Vermögensteuergesetz
VStR	=	Vermögensteuer-Richtlinien
VZ	=	Veranlagungszeitraum
Wpg.	=	Die Wirtschaftsprüfung
WT	=	Der Wirtschaftstreuhänder
ZfH	=	Zeitschrift für handelswissenschaftliche Forschung

Einleitung

Unternehmungen bedienen sich bei der Teilnahme am wirtschaftlichen Verkehr eines juristischen Gewandes, einer Rechtsform, unter der sie handeln und den ihnen gesetzten Zweck verfolgen und zu erfüllen suchen.

Die Zahl der den Erwerbswirtschaften zur Verfügung stehenden juristischen Typen ist im Hinblick auf die Vielfalt der Erscheinungs- und Betätigungsformen einer erwerbswirtschaftlichen Unternehmung verhältnismäßig gering. So tritt es häufig auf, daß schon im Gründungsstadium einer Unternehmung eine gewählte Rechtsform nicht alle Wünsche befriedigen kann. Die Auswahl der Rechtsform erfolgt nach Gesichtspunkten, denen im Gründungsstadium das Schwergewicht beigemessen wird und von denen man annimmt, daß ihnen auch zukünftig tragende Bedeutung zukommt. Im Vordergrund stehen seit jeher Fragen der Haftung, Kapitalbeschaffung, Geschäftsführung, Auseinandersetzung, Vererbung u. a. m. In jüngerer Zeit treten leider auch die steuerlichen Belange mehr in den Vordergrund. Gruppiert man solche Schwerpunkte der Wahl einer Rechtsform, so ist ein Teil einem Bereich zuzuordnen, der die Beziehungen und den Verkehr der Unternehmung mit der Umwelt, der Volkswirtschaft, dem Staat in gewisse Bahnen lenkt; eine andere Gruppe hat mehr interne Bedeutung und ist so dem Bereich des Innenlebens einer Unternehmung zuzuordnen.

Bedenkt man, daß, vom Ausgangspunkt aus gesehen, die Umweltsphäre einem ständigen Wechsel unterliegen kann, neben einem Aufschwung und Niedergang, einer Konjunktur und Depression, auch einem Wechsel zwischen verschiedenen Wirtschaftssystemen, so muß man die Möglichkeit einer Interessenkollision zwischen der rechtsförmlichen Struktur einer Unternehmung und den jeweils gegebenen volkswirtschaftlichen Daten bejahen. Es sind Reibungsmomente, die aus dem Bereich der Beziehungen der Einzelwirtschaft zur Gesamtwirtschaft entspringen.

Die Interessenkollision ist nichts anderes als eine Folge der Veränderung von Daten, die, im Bereich der Beziehungen Einzelwirtschaft — Umwelt liegend, in der Vergangenheit für die Wahl der Rechtsform bestimmend waren, in einer Weise, daß sie bei neuer Würdigung der Tatsachen die Auswahl in einem anderen Sinne beeinflussen und damit zu anderen Formen führen würden.

Auf der anderen Seite trägt auch die Einzelwirtschaft Kollisionskeime in sich selbst. Betriebswirtschaftlich unterscheidet man Einzelunternehmungen, Unternehmergesellschaften, Einlagegesellschaften und Kapitalgesellschaften. Jede dieser Typen ist durch wirtschaftliche Merkmale gekennzeichnet, wie Leitung und Kapitalbesitz in der Zuordnung zu Personen, die auf die Dauer nicht im Gegensatz zu der angewandten rechtlichen Form stehen können, ohne der Unternehmung Schaden zuzufügen. Dieser kann sich darin auswirken, daß der gesetzte Zweck nicht in dem wie bei vorliegender Kongruenz von Wirtschaftstyp und Rechtsform möglichen Maß erfüllt, oder daß gar die Unternehmung zur Auflösung gezwungen wird.

Wenn man auch unterstellt, daß im Gründungszeitpunkt absolute Kongruenz zwischen Wirtschaftstyp und Rechtsform vorliegt, so kann man aber nicht verhindern, daß im Verlauf einer natürlichen Entwicklung, wie z. B. durch Erbfolgeregelungen, sich in bestimmten Zeitabschnitten eine Entfernung des Wirtschaftstyps von der vorhandenen Rechtsform abzeichnet, oder daß eine Inkongruenz bereits festzustellen ist.

Man kann allgemein vermerken, daß es für einzelne Unternehmungen oder für Gruppen Entwicklungsstufen gibt, in denen es offenbar wird, daß die gewählte Rechtsform den wirtschaftlichen Bedürfnissen der Unternehmungen nicht mehr Rechnung tragen kann.

Darüber hinaus ergibt sich aber in verschiedenen Situationen, daß auch keine der üblichen Formen als völlig zweckentsprechend angesehen werden kann, daß der Übergang zu einer anderen Form, z. B. von der Personenunternehmung zur Kapitalgesellschaft und umgekehrt, aus mannigfachen Gründen verwehrt ist, oder daß ein solcher Wechsel der Rechtsform nicht ohne erhebliche Kapitaleinbußen erreicht werden kann.

In diesem Stadium suchen Unternehmer nach anderen Möglichkeiten. Das dispositive Recht kommt ihnen dabei entgegen, welches erlaubt, im Wege vertraglicher Vereinbarung im Rahmen der gegebenen Normalformen durch die Einführung anderer Rechtselemente Neuformen zu schaffen, die den besonderen Bedürfnissen des Einzelfalles besser angepaßt sind als die bisherige Form[1]. Durch Kombination zweier an sich im Einzelfall unzulänglicher Rechtsformen wird das unbedingt

---

[1] Vgl. *Götze:* Wesen und Bedeutung der Gesellschaftsformen, S. 25. O. *v. Gierke:* Das Deutsche Genossenschaftsrecht, Bd. 1, S. 652, führt dazu aus: „Gegenüber den fest ausgeprägten Korporationsformen der Zwischenzeit hat die moderne Assoziation etwas Fließendes an sich, das notwendige Merkmal einer Zeit kräftigen Werdens. Sie ist daher reich an Übergangsformen und Zwischengestaltungen, an kurzlebigen, nur eine vollendetere Rechtsbildung vorbereitenden Erscheinungen, an einer Fülle von Kreuzungen und Kombinationen, die sich schwer der Systematik fügen."

notwendige rechtsförmliche Gewand zusammengefügt[2]. Ergebnisse solcher Kombinationen sind beispielsweise einzelne Kartelle und Interessengemeinschaften, die GmbH & Co. KG, die Betriebs- und Vertriebsgesellschaft und die Besitz- und Betriebsgesellschaft.

Diese Untersuchung soll sich nicht auf den großen Entwicklungsprozeß aller neuen Formen erstrecken. Sie beschränkt sich auf die Besitzgesellschaft und Betriebsgesellschaft mit dem Ziel, diese in ihrem Aufbau zu studieren, ihre Verwendbarkeit zu prüfen und die Möglichkeiten herauszustellen, die sie den erwerbswirtschaftlich Tätigen, den Unternehmern, bieten kann.

Ich habe versucht, von etwa 25 Firmen Auskünfte zu erhalten, von denen sich nur ein geringer Teil bereitfand, Informationen zu geben. Es verbietet sich, hier wie überhaupt in der gesamten Untersuchung, die Firmen namentlich zu benennen, da einerseits in verschiedenen Fällen Material nur mit einem ausdrücklichen Schweigegebot zur Verfügung gestellt wurde und andererseits die Erörterung der diffizilen Probleme, insbesondere steuerlicher Natur, sowie der Gesellschaftsverhältnisse unter Angabe der betreffenden Firmen den Familienunternehmungen gegenüber nicht vertreten werden kann. Es wird daher allgemein auf die Benennung der Firmen verzichtet.

---

[2] Vgl. *Hannemann:* Die Doppelgesellschaft, S. 8.

A. Die Doppelgesellschaft

Der Sprachgebrauch bezeichnet Unternehmungen, die in der Form von Besitz- und Betriebsgesellschaften oder Betriebs- und Vertriebsgesellschaften geführt werden, als Doppelgesellschaften[1]. Mit Rücksicht auf die den Doppelgesellschaften ganz allgemein zukommende Bedeutung erscheint es geboten, vorab dieses Gebilde zu beleuchten, das *Klein*[2] „an die abenteuerlichen Zufluchtstätten" erinnert, „die sich Schiffbrüchige aus Bäumen und angeschwemmten Balken notdürftig zusammenzimmern", dessen unbekannten Urheber *Isay*[3] dagegen einen „rechtsschöpferischen Geist ersten Ranges" nennt.

Die Doppelgesellschaft ist, bei wirtschaftlicher Beurteilung, ein wirtschaftlich einheitliches Gebilde, das jedoch aus verschiedenen Gründen aus zwei rechtlich selbständigen, aber organisch miteinander verbundenen Rechtsbildungen besteht. Im Schrifttum sind zwei deutlich unterscheidbare Auffassungen über das Wesen der Doppelgesellschaft vertreten, die sich in dem dem Begriff der Doppelgesellschaft beizumessenden Begriffsinhalt unterscheiden. Der Gegensatz der Auffassungen tritt nicht einmal bewußt als solcher im Schrifttum hervor, er kommt aber dadurch zustande, daß die Vertreter beider Richtungen Rechtsbildungen mit der Bezeichnung „Doppelgesellschaft" belegen, die in gewissen Zeitabschnitten an die Öffentlichkeit getreten sind, die aber der Natur nach auf voneinander verschiedenen wirtschaftlichen Tatbeständen beruhen. Zwangsläufig werden dadurch in dem Begriff der Doppelgesellschaft nur Teiltatbestände einer übergeordneten Einheit erfaßt.

Die vorliegenden juristischen Studien kennzeichnen die eine Richtung[4]. Nach *Naegeli*[5] liegt eine Doppelgesellschaft dann vor, „wenn zwei oder mehrere Personen zwei Gesellschaften bilden und diese zu

---

[1] *Brönner:* Die Besteuerung der Gesellschaften, 8. Aufl., S. 147; *Waldemar:* StP 1952, S. 103; *Zartmann:* NB 1953, S. 122; *Mondorf:* StJ 1949, S. 81; *Dürkes:* BB 1949, S. 66; *Pleiß:* B 1950, S. 258.

[2] *Klein:* Die wirtschaftlichen und sozialen Grundlagen des Rechts der Erwerbsgesellschaft, Berlin 1914, S. 64 f.

[3] *Isay:* Studien im privaten und öffentlichen Recht der Kartelle, Mannheim, Berlin, Leipzig 1922, S. 21.

[4] So *Naegeli:* Die Doppelgesellschaft, Bd. I; *Hannemann:* Die Doppelgesellschaft; *Göke:* Die Doppelgesellschaft; *Nels:* Die Doppelgesellschaft; *Wirsch:* Die Doppelgesellschaft.

[5] A.a.O., S. 9.

einem wirtschaftlich einheitlichen Gebilde verschweißen, wobei die eine Gesellschaft als abhängiges geschäftsführendes Organ der andern tätig ist". Hier ist die Tätigkeit einer Organgesellschaft nicht auf eigene Gewinnerzielung gerichtet. Diese arbeitet grundsätzlich für „fremde Rechnung", nämlich für Rechnung der Mitglieder der Gemeinschaft. „Wenn die geschäftführende jur. Person auch für eigene Rechnung arbeitet, liegt ein Gebilde mit ganz anderen tatsächlichen und rechtlichen Verhältnissen vor; man kann dann nicht mehr von einer Organgesellschaft und somit auch nicht mehr von einer DG. reden[6]." Dieser, mehr nach juristischen Merkmalen orientierte Begriffsinhalt trifft für Gebilde der Unternehmerorganisation, d. h. für den Zusammenschluß von Unternehmern oder Unternehmungen zu[7].

Vertreter der anderen, zeitlich später aufgetretenen Richtung, orientieren den Begriffsinhalt nach Gebilden, die besonders in der jüngsten Vergangenheit und in der Gegenwart öffentliches Interesse auf sich gezogen haben. Die gegensätzliche Auffassung tritt wohl am deutlichsten in der von *Köllmann*[8] gegebenen Charakterisierung der Doppelgesellschaft hervor. Danach liegt eine Doppelgesellschaft dann vor, wenn ein im üblichen Wirtschaftsleben rechtlich und betriebswirtschaftlich einheitliches Betriebsganzes in seiner Rechtsform derartig aufgespalten wird, daß die normalerweise innerhalb einer Gesellschaft ausgeübten Funktionen von zwei Gesellschaften verschiedener Rechtsnatur wahrgenommen werden. Die für die eingangs vermerkte Auffassung begriffswesentlichen Merkmale „der geschäftsführenden Organgesellschaft, des Handelns für fremde Rechnung" sind hier nicht mehr einbezogen, stattdessen wird als begriffswesentlich die Teilung eines „Betriebsganzen" und die „verschiedene Rechtsnatur" hervorgehoben.

Diese Definitionen, die auf Gebilde zielen, denen in gewissen Zeitabschnitten besondere Bedeutung zukommt, sind m. E. nicht aufrechtzuerhalten. Doppelgesellschaften sind Gebilde der wirtschaftlichen Betätigung; sie können nur einheitlich, und zwar nach wirtschaftlichen Gesichtspunkten, beurteilt werden. Für den Betriebswirt ist die Doppelgesellschaft ein wirtschaftlich einheitliches Gebilde, das aus zwei rechtlich selbständigen, organisch miteinander verbundenen Rechts-

---

[6] *Naegeli:* a.a.O., S. 3. *Naegeli* kann man als den extremen Vertreter der juristisch beeinflußten Gruppe ansehen, indem er, m. E. zu Unrecht, das Handeln auf „eigene Rechnung" als ein der Doppelgesellschaft wesensfremdes Charakteristikum betrachtet. Der Tatbestand des Handelns für „fremde Rechnung" ist für eine bestimmte Gruppe von Doppelgesellschaften als üblich, aber nicht als begriffsnotwendig anzusehen.

[7] Die Verknüpfung des Begriffes der Doppelgesellschaft mit der Unternehmerorganisation geht auf juristische Studien der zwanziger und dreißiger Jahre zurück.

[8] BFuP 1951, S. 558.

bildungen besteht. Für ihn ist es unerheblich, ob die eine Rechtsbildung das geschäftsführende Organ ist und als solches Geschäfte ausschließlich für fremde Rechnung tätigt. Begriffswesentlich sind vielmehr die rechtliche Selbständigkeit und die wirtschaftliche Geschlossenheit. So verstanden erscheinen die beiden gekennzeichneten Formen von Doppelgesellschaften nur als Einzelfälle einer übergeordneten Einheit.

Das hervorstechende Unterscheidungsmerkmal dieser, einem einheitlichen Oberbegriff zuzurechnenden Formen, die hinsichtlich der Art der Gründung und Ausgestaltung viel Gemeinsames miteinander verbindet, ist darin zu sehen, daß in dem einen Fall dem Zusammenschluß von zwei oder mehreren Unternehmungen, in dem anderen Fall der Spaltung eines Unternehmens die überragende Bedeutung zukommt.

I. Die Doppelgesellschaft des Zusammenschlusses von Unternehmungen

Das Kennzeichen dieser Form einer Doppelgesellschaft ist darin zu sehen, daß sich zwei oder mehrere Unternehmer zusammenschließen, um einen bestimmten wirtschaftlichen Zweck gemeinsam zu erreichen[9]. Der wirtschaftliche Zweck eines solchen Zusammenschlusses kann in der Absicht bestehen, über die Vereinigung eine Position zu erlangen, die es gestattet, den Beschaffungsmarkt oder den Absatzmarkt zu beeinflussen, gemeinschaftlich einzukaufen, zu verkaufen, Patente zu verwerten, zu produzieren u. ä.

Die Doppelgesellschaft wird in der Weise errichtet, daß sich mehrere Unternehmer durch geeignete Verträge zu einer Gemeinschaft zusammenschließen, die in der Regel eine Gesellschaft bürgerlichen Rechtes ist, aber auch als rechtsfähiger oder nichtrechtsfähiger Verein errichtet wird. Da aber eine solche bürgerlich-rechtliche Vereinigung für den kaufmännischen Geschäftsverkehr wenig geeignet ist, wird von den Mitgliedern daneben eine juristische Person in der Form einer Handelsgesellschaft errichtet, derer sich die Vereinigung als geschäftsführendes Organ bedient.

Diese Konstruktion, in der eine einfache Gesellschaft mit einer Handelsgesellschaft durch auf wirtschaftliche Zweckerreichung gerichtete Verträge verknüpft wird, erfreut sich besonderer Beliebtheit bei der Organisation von Kartellformen. Es ist daher nur zu verständlich, daß die Definitionen der vorliegenden juristischen Schriften auf Kartellverbände zugeschnitten sind. So sieht *Wirsch*[10] in der Doppel-

[9] Vgl. *Naegeli:* Die Doppelgesellschaft, S. 1.
[10] A.a.O., S. 1.

gesellschaft eine besonders geartete Organisationsform für Kartelle. *Nels*[11] bezeichnet sie als besondere Form des Syndikats. Treffender charakterisiert *Hannemann*[12] die Doppelgesellschaft als ein wirtschaftlich einheitliches Gebilde, das in der Verbindung einer Aktiengesellschaft oder Gesellschaft mit beschränkter Haftung mit einem sie und ihre Gründer umfassenden Vertrag besteht. Er verallgemeinert diese Definition dahingehend[13], daß die Doppelgesellschaft „die Verbindung einer Handelsgesellschaft mit einer anderen Organisationsform“ ist.

Aufbau und Verwendungsarten der aus dem Zusammenschluß von Unternehmern hervorgehenden Doppelgesellschaft seien nachstehend kurz beschrieben[14].

Als Prototypen der Doppelgesellschaft sind die Syndikate anzusehen, die als besondere Form eines Kartells den Absatz oder den Einkauf zentralisieren. Hier wird eine juristische Person von der Vereinigung der Unternehmer gegründet, deren Gesellschaftszweck darin besteht, daß sie der Vereinigung als geschäftsführendes Organ dient. Durch einen Syndikatsvertrag, der zwischen der juristischen Person und der Gemeinschaft sowie zwischen den Mitgliedern der Gemeinschaft unter sich abgeschlossen wird, wird der wirtschaftliche Zusammenschluß herbeigeführt. Im Vertrag eines Verkaufssyndikates z. B. wird vereinbart, daß die Mitglieder ihre gesamte Produktion — nach Maßgabe einer Beteiligungsziffer — an das Organ zum Zwecke des gemeinsamen Verkaufs zu liefern haben, und umgekehrt, daß das Organ die abzunehmende Produktion zu verkaufen hat. Man gelangt über das Syndikat zu einer Marktbeeinflussung, wenn es gelingt, einen ins Gewicht fallenden Anteil der Gesamtproduktion einer Volkswirtschaft zu konzentrieren. Das bekannteste Beispiel einer Syndikatsdoppelgesellschaft ist das 1893 gegründete Rheinisch-Westfälische Kohlen-Syndikat, Essen[15].

Bei den Zweckgemeinschaften hat sich eine Reihe von Anwendungsmöglichkeiten für die Doppelgesellschaft ergeben. Die rechtliche Konstruktion ist die gleiche wie bei den Syndikaten, nämlich Verknüpfung einer bürgerlich-rechtlichen Vereinigung mit einer juristischen Person über den Zusammenschluß von Unternehmern und

[11] A.a.O., S. 1.

[12] A.a.O., S. 8.

[13] S. 61.

[14] Vgl. dazu die eingehenden Untersuchungen von *Naegeli:* Die Doppelgesellschaft.

[15] Auch der B.V.-Aral, Bochum, ist eine Doppelgesellschaft der hier besprochenen Form. Er ist geschäftsführendes Organ der dem Benzolverband angeschlossenen Mitglieder. Vgl. Anleihe-Verkaufsangebot des B.V., Handelsblatt v. 26. 9. 1956. Die Emailtank-G.m.b.H. i. L., Düsseldorf, war geschäftsführendes Organ der dem Tankverband angehörenden 4 Firmen, die ihre gesamte Produktion über diese Verkaufsstelle angeboten haben.

Verkettung der rechtlichen Gebilde sowie der einzelnen Mitglieder durch zweckentsprechende Verträge. Die so gebildeten Verkaufsgemeinschaften unterscheiden sich von den Syndikaten in der Regel durch das Fehlen einer Kontingentierung. Den Mitgliedern ist jedoch in jedem Fall die Pflicht auferlegt, diese Verkaufsstelle zu benutzen. Bei E i n k a u f s g e m e i n s c h a f t e n wird die Beschaffung der Mitglieder zentralisiert. V e r a r b e i t u n g s g e m e i n s c h a f t e n sind ein Zusammenschluß von mehreren Produktionsunternehmen, die gemeinschaftlich Haupt-, Neben- oder Abfallprodukte weiterverarbeiten. Die P a t e n t g e m e i n s c h a f t erstrebt einen gemeinsamen Erwerb oder die gemeinsame Verwertung von Patenten.

Im Grunde lassen sich für jeden wirtschaftlichen Zweck Zweckgemeinschaften in der Form der Doppelgesellschaft bilden, von denen abschließend hier nur noch die V e r s u c h s - u n d F o r s c h u n g s - , H a f t u n g s - , T r a n s p o r t - u n d P a c h t u n g s g e m e i n s c h a f t e n angeführt sein sollen[16].

Bezeichnend ist, daß *Naegeli*[17] der Doppelgesellschaft außerhalb des Gebietes der Unternehmerorganisation (Vereinigung) keine nennenswerte Bedeutung beimißt. Demgegenüber aber hat die Doppelgesellschaft, die nicht dem Zusammenschluß von Unternehmern entspringt, in der modernen gesellschaftlichen Organisation in Wirklichkeit eine bedeutende Rangstellung erlangt.

II. Die Doppelgesellschaft der Spaltung eines Unternehmens

Im Gegensatz zur Unternehmerorganisation im Sinne der Kongregation steht die Form, deren bedeutendes Merkmal in der Spaltung eines Unternehmens, der Sezession eines Unternehmens, besteht. Man kann hier den Begriff nur sachlich erfassen, da die Teilung der Person des Unternehmers physisch nicht denkbar ist. Es liegt zwar auch ein Zusammenschluß in einer neu ins Leben gerufenen Gesellschaftsform vor, z. B. bei allen Handels g e s e l l s c h a f t e n , wie umgekehrt auch der Zusammenschluß bei der anderen Form der Doppelgesellschaft nur durch eine Spaltung von mehreren Unternehmungen zu erreichen ist. Nur sind die Wertungen anders. Hier liegt das Gewicht in der Spaltung, dort im Zusammenschluß.

Die Spaltung eines Unternehmens bewirkt eine Verteilung der Aufgaben und des zur Verfügung stehenden Kapitals auf zwei rechtlich selbständige Gebilde, die wirtschaftlich derart miteinander verbunden sind, daß sie trotz rechtsförmlicher Trennung als wirtschaftliche Ein-

---

[16] Vgl. die Zusammenstellung des Anwendungsbereiches der Doppelgesellschaft für Zusammenschlüsse bei *Naegeli,* a.a.O., S. 270 ff.

[17] A.a.O., S. 270.

heit bestehen. Das sind die kennzeichnenden Merkmale der Doppelgesellschaft; die gespaltenen Unternehmungen selbst sind demnach Doppelgesellschaften.

Die gebräuchlichsten Formen der aus der Spaltung eines Unternehmens hervorgehenden Doppelgesellschaft sind die Betriebs- und Vertriebsgesellschaft und die Besitz- und Betriebsgesellschaft[18].

1. Die Betriebs- und Vertriebsgesellschaft

Die Betriebs- und Vertriebsgesellschaft entsteht durch eine Spaltung, bei der die Verkaufsabteilung einschließlich der nachgeschalteten Absatzorganisationen sowie das notwendige Kapital aus einer Unternehmung ausgesondert und in eine rechtlich selbständige Form gekleidet wird. Als rechtliche Formen gelangen die Formen von Handelsgesellschaften und auch Einzelunternehmungen zur Anwendung. Die so gegründete neue Unternehmung wird im Sprachgebrauch als Vertriebsgesellschaft bezeichnet[19].

Aufgabe der Vertriebsgesellschaft ist der Absatz der von dem Produktionsunternehmen, d. h. der von dem Rumpfunternehmen hergestellten Erzeugnisse. Das Rumpfunternehmen wird verpflichtet, die Produktion des von der Spaltung betroffenen Fertigungszweiges an die Vertriebsgesellschaft abzuliefern. Das kann sich auf die gesamte Produktion wie auch auf ein spezielles Erzeugnis erstrecken.

Man begegnet verschiedentlich der Auffassung, daß eine Betriebs- und Vertriebsgesellschaft mit der Konstruktion eines Betriebspersonenunternehmens und einer Vertriebskapitalgesellschaft gleichzusetzen sei. Diese Gleichschaltung ist insofern unberechtigt, als das Vertriebsunternehmen theoretisch jede Rechtsform einer Handelsunternehmung annehmen kann und nur darin gebunden ist, den wirtschaftlichen Bedürfnissen seiner Gesellschafter zu genügen. Die Kombination von Personenunternehmung und Kapitalgesellschaft ist nur eine der gebräuchlichsten Anwendungsformen.

Betriebs- und Vertriebsgesellschaften sind in überaus großer Zahl in den ersten Jahren nach der Währungsreform gegründet worden. Im Bergischen Kreis ist in jener Zeit die heutige Deutsche Bank AG, Wuppertal-Elberfeld, federführend in der Bewegung gewesen. Soweit aber mit diesen Gründungen steuerliche Ziele verfolgt wurden, ins-

---

[18] Der Vollständigkeit halber sei in diesem Zusammenhang auch auf die aus der Spaltung eines Unternehmens hervorgehenden Einkaufsgesellschaften hingewiesen, die aber nur am Rande dieser Untersuchung liegen.

[19] Mit Rücksicht auf die darin eingeschlossene Einzelunternehmung ist die Bezeichnung Gesellschaft nicht zutreffend. Wenn hier ungeachtet dessen der Begriff der Gesellschaft beibehalten wird, so nur deshalb, weil diese Bezeichnung bereits in den Sprachgebrauch eingegangen ist und sich behauptet hat.

besondere die Absicht, den Gewinn zu „poolen“, haben sie den gesetzten Zweck ab 1949 nicht mehr in dem erstrebten Maße erfüllen können, da die Gewinnpoolung durch Erlaß des Finanzministers des Landes Nordrhein-Westfalen vom 26. Januar 1950[20] nur noch für die Veranlagungszeiträume II/1948 und 1949 steuerlich anerkannt wurde.

2. Die Besitz- und Betriebsgesellschaft

a) Die Entwicklungsgeschichte

Die theoretische Konstruktion der Besitz- und Betriebsgesellschaft und ihre Einführung in die Praxis wird verschiedenen Literaturhinweisen zufolge dem 1926 verstorbenen Kölner Rechtsanwalt *Brockhuis*[21] zugeschrieben, der nach dem ersten Weltkrieg vornehmlich in der Textilindustrie des Gladbach-Rheydter Industriegebietes, in Westfalen und im Bergischen Land Betriebsaufspaltungen solcher Art durchführte, die als Brockhuis-Gesellschaften bezeichnet wurden[22]. Nach anderen Quellen[23] wird der Gedanke der Betriebsaufspaltung auf den Dresdner Rechtsanwalt Dr. *Walther* zurückgeführt, der sich in den zwanziger Jahren „der Erforschung von scheinbaren Lücken im Steuergesetz besonders widmete und dabei auch die Aufteilung als gutes Mittel zur Steuerersparnis anriet“[24]. Geht man diesen Quellen nach, so führt das zu keinen greifbaren Ergebnissen[25]. Man darf aber wohl in jedem Fall feststellen, daß sowohl *Brockhuis* als auch *Walther* die Aufspaltung propagiert und ihr zum Durchbruch verholfen haben. Man kann sie wohl nicht als Schöpfer der Aufspaltung schlechthin bezeichnen, denn diese ist mehr eine gewachsene als eine gesetzte Ordnung.

Die Verknüpfung von zwei Unternehmungen durch Abschluß eines Pachtvertrages, der die Übernahme, Nutzung und Führung eines Betriebes durch Personen oder Gemeinschaften zum Inhalt hat, die nicht

---

[20] Abgedruckt in *Herbert:* Das Steuerrecht der Unternehmung, Heft 61, Teil 8, S. 1 f.

[21] Auch in der Schreibweise *Brockhues.* Vgl. *Friedrich:* Formen der wegen der Steuerbelastung gegründeten Betriebsgesellschaften und ihre Bewährung, S. 12.

[22] Vgl. *Mühlhoff:* Die steuerliche Behandlung zweier Gesellschaften, MStR 1931, S. 341; *Theis:* Aufspaltung in Besitzfirma und Betriebs-GmbH, B 1950, S. 602.

[23] *Kick:* Die Verpachtung des Unternehmens einer offenen Handelsgesellschaft oder Kommanditgesellschaft in ihrer rechtlichen Wirkung auf den Fortbestand, S. 2; RFH-U. v. 16. 11. 1944, RStBl. 1945, S. 34. Vermutlich handelt es sich um den Verfasser der von *Herzog:* Die Betriebs- und Vertriebs-GmbH, S. 20, erwähnten Schrift, Besitzfirma und Betriebsfirma, Dresden-Blasewitz, Mitteldeutsche Treuhand AG, 1930.

[24] U. v. 16. 11. 1944, a.a.O.

[25] Bescheid des BFH v. 18. 7. 1955, III 13/55, in dem der BFH auf Anfrage Auskunft gibt, daß sich aus den Unterlagen des U. v. 16. 11. 1944 kein Hinweis ergibt, der eine Priorität feststellen läßt.

durch die Eigner repräsentiert sind, also ein reines Verhältnis von Pächter — Verpächter darstellen, ist seit langem gebräuchlich[26]. Die Aufspaltung eines einheitlichen Unternehmens in eine Besitz- und Betriebsgesellschaft aber wird erst seit dem ersten Weltkrieg häufiger vorgenommen[27]. Zeiträume, in denen die Aufspaltung besonderem Interesse begegnete, sind der Anfang der zwanziger Jahre, der dreißiger Jahre und der Zeitabschnitt nach dem zweiten Weltkrieg[28].

Die Abschnitte sind durch wirtschaftliche Anomalitäten gezeichnet. Determinante des Anfangs der zwanziger Jahre ist die Inflation, der dreißiger Jahre die Arbeitslosigkeit und unmittelbar nach dem zweiten Weltkrieg die mangelnde Möglichkeit der Kapitalbildung durch außerordentlich hohe fiskalische Lasten sowie die Unsicherheit der wirtschaftlichen Entwicklung durch die ständig drohende Gefahr von Eingriffen durch den Kontrollrat. Das Nebeneinander der Ereignisse drängt hier die Folgerung eines Kausalzusammenhanges geradezu auf, daß nämlich die Aufspaltung maßgeblich von der prägenden Zeiterscheinung beeinflußt oder sie gar Ausfluß und Ausweg der prägenden Zeiterscheinung ist. Einschränkend ist dabei jedoch zu vermerken, daß es sich hier nicht um ausschließliche Zusammenhänge handelt, sondern daß daneben die Bereitschaft zur Aufspaltung auch in Perioden eines normalen Wirtschaftsablaufes vorhanden ist und Spaltungen auch unter normalen Verhältnissen vorgenommen werden, nur nicht in der Zahl und nicht in dem Maße wie in den drei angeführten Zeiträumen.

b) Bemerkungen zum Begriff der Besitz- und Betriebsgesellschaften

Der Begriff der Besitz- und Betriebsgesellschaften ist in der Literatur mehrfach deskriptiv umrissen, wobei jeweils einzelne Tatbestände in den Vordergrund gerückt sind. *Waldemar*[29] sieht als eine Besitz- und Betriebsgesellschaft eine Kombination an, in der eine Besitz-oHG (KG) wesentliche Teile des Betriebsvermögens verwaltet und eine Betriebs-GmbH (AG) die laufende Produktion übernimmt, so daß der Gesamtbetrieb aufgespalten ist. Nach *Zitzlaff*[30] liegt eine Betriebsaufspaltung dann vor, wenn der Einzelbetrieb eines Unternehmens in gewissem Umfange fortgeführt, Teile des Betriebes aber in Form einer neugegründeten GmbH weitergeführt werden. *Zart-*

---

[26] Vgl. auch *Friedrich,* a.a.O., S. 12.

[27] Vgl. *Friedrich,* a.a.O., S. 12.

[28] Vgl. *Friedrich,* a.a.O., S. 12; *Fritsch:* Zur steuerlichen Beurteilung der Betriebsteilung, DStZ 1949, S. 278.

[29] Doppelgesellschaft, StP 1952, S. 103; vgl. auch *Schultze-Schlutius:* Probleme der Besitz-, Betriebs- und Vertriebs-GmbH, GmbH-Rdsch. 1955, S. 180.

[30] Zur Frage der Betriebs- oder Vertriebs-GmbH, StW 1951, Sp. 332 f.

mann[31] rückt die Spaltung eines bisher einheitlichen Unternehmens in zwei rechtlich selbständige Glieder in den Vordergrund. *Kohlenbach*[32] versteht darunter eine Konstruktion, in der ein bis dahin einheitlicher Betrieb in einer Weise aufgeteilt wird, daß eine Kapitalgesellschaft gegründet wird, „die den Betrieb übernimmt und deren Gesellschafter der Unternehmer oder die Unternehmergemeinschaft sind"[33]. Auch *Mühlhoff*[34] sieht u. a. das bedeutendere Merkmal darin, daß die Gesellschafter im wesentlichen die gleichen sind und klammert so mit Recht die reinen Pachtverhältnisse aus. Als „im wesentlichen gleiche Gesellschafter" wird man nicht allein die Gleichheit der Persönlichkeit ansehen, sondern darin auch — im Hinblick auf mögliche Erbfolgeregelungen — Angehörige im Sinne des § 10 Steueranpassungsgesetz und auch die mittelbare Beteiligung über die Besitzgesellschaft einbeziehen können.

Theoretisch denkbar sind auch Konstruktionen, in denen statt einer Kapitalgesellschaft ein weiteres Personenunternehmen gegründet wird, und in denen das Rumpfunternehmen nach vollzogener Spaltung in die Form einer Gesellschaft bürgerlichen Rechts übergeführt wird. Man wird daher schwerlich den begrifflichen Inhalt mit der rechtsförmlichen Struktur identifizieren können. Wenn auch Definitionen, in denen die verschiedene Rechtsnatur der verwendeten Formen hervorgehoben wird, bestechend sind, so können diese doch den allgemeinen Tatbestand des „Besitzes" und des „Betriebes" nicht vollständig erfassen. Man neigt in der Literatur[35] dazu, die Besitz- und Betriebsgesellschaft mit der Konstruktion Besitzpersonenunternehmen und Betriebskapitalgesellschaft gleichzusetzen und gelangt so zu einer für eine Untersuchung zwar notwendigen, dem Begriff jedoch nicht entsprechenden Beschränkung des Formeninhaltes. „Besitz" und „Betrieb" bedeutet nichts anderes, als daß bei einem Teil des Gesamtkomplexes das wirtschaftliche Schwergewicht im „Besitz" von Anlagevermögen, bei dem anderen Teil dieses in dem „Betrieb" eines überlassenen Unternehmens liegt. Die Anwendung von Rechtsformen verschiedener Rechtsnatur erscheint demgegenüber als nicht begriffswesentlich und

---

[31] Der Pachtvertrag bei der Betriebsaufspaltung, NB 1952, S. 83.

[32] Die Betriebsaufspaltung als steuerliches Problem, GmbH.-Rdsch. 1950, S. 87.

[33] Vgl. auch *Brönner:* Die Besteuerung der Gesellschaften, 8. Aufl., S. 148; *Kinnebrock:* Die Umwandlung von Kapitalgesellschaften unter besonderer Berücksichtigung der Trennung von Besitz- und Betriebsgesellschaft, Wpg. 1949, S. 513; *Dürkes:* Die Doppelgesellschaft, BB 1949, S. 66; *Köllmann:* Unternehmungsform und Besteuerung, BFuP 1951, S. 558.

[34] Die steuerliche Behandlung zweier Gesellschaften, MStR 1931, S. 341 f.

[35] So *Brönner,* a.a.O., 8. Aufl., S. 147; *Waldemar,* a.a.O., StP 1952, S. 103; *Kohlenbach,* a.a.O., GmbH-Rdsch. 1950, S. 87; *Zartmann,* a.a.O., NB 1952, S. 83; *Dürkes,* a.a.O., BB 1949, S. 66; *Kinnebrock,* a.a.O., Wpg. 1949, S. 512.

lediglich für die praktische Gestaltung von Bedeutung. Begriffswesentlich dagegen sind Merkmale wie wirtschaftliche Verbundenheit, rechtliche Selbständigkeit der nach der Spaltung sich ergebenden Rechtsgebilde, Besitz- und Betriebsfunktion, begründet durch ein Pachtverhältnis und Gleichheit der Gesellschafter.

Die Besitz- und Betriebsgesellschaft ist danach ein wirtschaftlich einheitliches Gebilde, das aus zwei selbständigen Rechtsbildungen besteht, von denen mindestens eine ein Einzelunternehmen oder eine Handelsgesellschaft ist, die sich im Verhältnis eines Verpächters — Pächters gegenüberstehen und deren Gesellschafter im wesentlichen die gleichen sind.

Mit dieser, nicht auf die rechtsförmliche Struktur abstellenden Definition wird die Starrheit des bestehenden juristischen Gefüges aufgelockert. Auf der anderen Seite ist anzuerkennen, daß sich die Rechtsformen der GmbH und AG als Rechtsform der Betriebsgesellschaft besonderer Beliebtheit erfreuen. Würde man aber die Besitz- und Betriebsgesellschaft mit der Konstruktion Besitzpersonenunternehmen — Betriebskapitalgesellschaft gleichsetzen, so ergäbe sich daraus, daß eine Aufspaltung in eine Besitzkapitalgesellschaft und ein Betriebspersonenunternehmen keine Doppelgesellschaft der hier besprochenen Art wäre. Eine solche Folgerung stünde im Widerspruch zu den vorliegenden wirtschaftlichen Gegebenheiten, wobei die Verteilung der Rechtsformen von Personenunternehmung und Kapitalgesellschaft maßgeblich von der Rechtsform des Ursprungsunternehmens bestimmt wird.

Leitze[36] bezeichnet die Konstruktion Besitzkapitalgesellschaft — Betriebspersonenunternehmung als „umgekehrte Betriebsaufspaltung". Er begegnet damit der durch die starre Konzeption geschaffenen Schwierigkeit, auch diese Form zu erfassen, indem er einen neuen Ordnungsbegriff prägt. Die „Umkehr der Spaltung" muß dabei so verstanden werden, wie *van der Bosch*[37] sie beschreibt, daß der Ausgangspunkt der Aufspaltung nicht eine Personenunternehmung sondern eine Kapitalgesellschaft ist. Aus dieser wird entweder der Betrieb oder der Besitz abgespalten. Wenn man dem Begriff der „umgekehrten Betriebsaufspaltung" folgt, so müßte man bei der Abspaltung des Besitzes von einer „doppelten" Umkehr sprechen, indem man nämlich einmal von einer Kapitalgesellschaft ausgeht und zum anderen nicht, wie normal, den Betrieb, sondern

[36] Aufteilung einer GmbH in eine Grundstücks-GmbH und eine Betriebs-oHG, BB 1951, S. 160, übernommen von *Böttcher* in „Aktuelle Probleme zu Fragen der Betriebsaufspaltung", RWP-Blattei 14 RD, Einzelfragen 14.

[37] Die umgekehrte Betriebsaufspaltung, S. 3.

den Besitz abspaltet. Insgesamt betrachtet, scheint diese Definition keine sehr glückliche Lösung zu sein.

c) Die Grundkonstruktion

Geht man davon aus, daß ein bestehendes, wirtschaftlich geschlossenes Fabrikationsunternehmen in eine Besitz- und Betriebsgesellschaft aufgespalten werden soll, so erfolgt die Teilung des Betriebes[38] in der Weise, daß sowohl die dem Unternehmen gestellte Aufgabe als auch das zur Verfügung stehende Kapital aufgeteilt wird.

Auf der einen Seite werden aus dem Ursprungsunternehmen, der Grundgesellschaft, die Funktionen Beschaffung, Produktion und Vertrieb mit entsprechenden Leitungs- und Verwaltungsfunktionen ausgegliedert und einer neu zu gründenden Gesellschaft übertragen. In der praktischen Durchführung bedeutet das die Aufgabe des bisherigen Gesellschaftszweckes der Grundgesellschaft, die sich nunmehr der Verpachtung und Verwaltung von Gegenständen des Anlagevermögens zuwendet. Auf der anderen Seite greift das neu zu gründende Unternehmen den durch die Spaltung freigewordenen Gesellschaftszweck auf. In dem Gesellschaftsvertrag dieser Gesellschaft wird der Gesellschaftszweck so bestimmt, daß Zweck der Gesellschaft „die Fortführung des bisher von dem X-Unternehmen geführten Fabrikationsbetriebes, insbesondere die Herstellung und Vertrieb von Y-Erzeugnissen“ ist[39].

Die Grundgesellschaft überträgt der Betriebsgesellschaft sodann die sich auf den Betrieb beziehenden Verträge, wie Arbeitsverträge, Lieferungsverträge, Lizenzverträge u. ä. und Kapitalteile, hauptsächlich Teile des Umlaufvermögens. Die Bereitstellung des notwendigen Kapitals der Betriebsgesellschaft kann in juristisch verschiedenen, auch nebeneinanderliegenden Formen erfolgen. Das Kapital kann als Bareinlage oder als Sacheinlage eingebracht, es kann zum Teil eingebracht

---

[38] Der Sprachgebrauch verwendet die Begriffe Betriebs-auf-teilung und Betriebs-auf-spaltung statt der betriebswirtschaftlich zutreffenden Bezeichnung der Unternehmungsspaltung u. ä. Der Betrieb ist die Stätte der Leistungserstellung. Dieser Teil eines Unternehmens wird u. a. abgetrennt. Darüber hinaus aber gehen typische Unternehmungsbereiche wie langfristige Planung, Disposition, Entwicklung auf die neue Gesellschaft über; Tätigkeiten, die in dem Zeitpunkt der Ausführung noch nicht mit der Leistungserstellung im direkten Zusammenhang stehen, die auch vielleicht nie oder erst nach geraumer Zeit Gegenstand einer Leistungserstellung werden. Der Begriff der Betriebsspaltung oder Betriebsteilung ist demnach zu eng umgrenzt bzw. es ist ihm ein erweiterter Inhalt beizulegen in dem Sinne, daß „Betrieb“ in dieser Verbindung „Betreiben einer Erwerbswirtschaft“ bedeutet. Zutreffend ist es, den Vorgang als Unternehmungsteilung o. ä. zu bezeichnen. Wenn hier der Begriff der „Betriebsteilung“ verwendet wird, so ist ihm dieser erweiterte, synonyme Inhalt beizumessen.

[39] So auch *Friedrich*, a.a.O., S. 7.

und zum Teil, soweit es das körperliche Umlaufvermögen betrifft, unter Kreditierung des Kaufpreises verkauft werden. Schließlich kann das Kapital von der Grundgesellschaft selbst oder von deren Gesellschaftern bereitgestellt werden. Im Falle der Bereitstellung durch die Gesellschafter können diese das Kapital aus eigenen Mitteln oder aus solchen der Gesellschaft zur Verfügung stellen, indem diese zuvor die notwendigen Kapitalien auf die Gesellschafter überträgt.

In diesem Stadium stellt sich theoretisch das Bild so dar, daß auf der einen Seite die Grundgesellschaft im wesentlichen Gegenstände des Anlagevermögens besitzt[40], deren Nutzung notwendige Voraussetzung der Produktion ist, und daß auf der anderen Seite eine zweite Gesellschaft besteht, deren Zweck der Betrieb[41] eines Unternehmens ist, der aber die zur Produktionsdurchführung notwendigen Produktionsanlagen fehlen.

Die in der Besitzgesellschaft und in der Betriebsgesellschaft getrennt gespeicherten Kapitalien und Arbeitskräfte werden sodann nach der Aufteilung durch besondere Verträge, die nach außen als Pachtverträge, Mietverträge, Betriebsüberlassungsverträge deklariert sind, zusammengeführt und nutzbar gemacht.

Die rechtsförmliche Struktur der nebeneinander bestehenden Gebilde ergibt sich aus der nach der Aufspaltung auszuübenden Tätigkeit. Bei der Betriebsgesellschaft liegen die Verhältnisse klar. Sie betreibt ein Handelsgewerbe im Sinne des § 1 HGB. Sie wird entsprechend als Einzelunternehmen, Personengesellschaft oder als Kapitalgesellschaft errichtet. Die Besitzgesellschaft betreibt in erster Linie Vermietung und Verpachtung. Diese Tätigkeit begründet kein Handelsgewerbe im Sinne des HGB. Die Besitzgesellschaft müßte danach in eine Form des bürgerlichen Rechts zurückgeführt werden.

Dem steht aber entgegen, daß sich die Besitzgesellschaft auch nach der Aufspaltung durch Vornahme von Investitionen und Gewährung von Krediten am wirtschaftlichen Verkehr beteiligt, und es wird die Vermögensverwaltung einen erheblichen Umfang annehmen, so daß sich daraus die Berechtigung herleiten läßt, die Rechtsform einer Handelsunternehmung fortzuführen.

Bedenkt man nun, daß die Gesellschafter beider Gesellschaften im wesentlichen die gleichen sind und beide Gesellschaften nur gemeinsam in der Lage sind, eine Produktion aufzunehmen, so kann mit Recht gesagt werden, daß hier ein wirtschaftlich einheitliches Gebilde vorliegt, das aus bestimmten Gründen in zwei durch verschiedene Verträge miteinander verbundene juristische Formen gekleidet ist[42].

---

[40] Daher Besitzgesellschaft.
[41] Daher Betriebsgesellschaft.
[42] Das sind die Wesensmerkmale der Doppelgesellschaft.

Die hier dargestellte Form der Besitz- und Betriebsgesellschaft ist sowohl im Gründungsvorgang als auch im Aufbau aus Anschauungsgründen stark vereinfacht. Daß es von diesem „Normaltyp" abweichende Gestaltungen in mannigfacher Beziehung, wie z. B. die Aussonderung des Besitzes, gibt, liegt auf der Hand. Auch äußerlich in der beschriebenen Form gestaltete Unternehmungen können in ihrem inneren Aufbau hinsichtlich des Gesellschafterbestandes, der Kapitalverteilung, der Verteilung der Arbeitskräfte usw. recht unterschiedlich sein. Das ist eine Frage des mit der Spaltung erstrebten Zieles und der im Einzelfall gegebenen Möglichkeiten.

3. Versuch einer theoretischen Erfassung der Aufspaltung

Das, was die verschiedenen erwerbswirtschaftlichen Unternehmungen trotz rechtsförmlicher Strukturunterschiede verbindet, liegt darin, daß sie eine unternehmerische Aufgabe erfüllen, Leistungen darbieten, etwas unternehmen. Begrenzt man die Betrachtung auf den industriellen Bereich, so sieht die unternehmerische Aufgabe ihre Erfüllung in der Beschaffung von Gütern und Dienstleistungen, in der Bearbeitung und Verarbeitung und in dem Absatz der Leistungen, die Gegenstand des betrieblichen Schaffens sind. Überlagert sind diese drei Hauptfunktionsbereiche von Leitungs- und Verwaltungsfunktionen. In herkömmlicher Weise werden diese Tätigkeiten in der Regel innerhalb eines auch rechtsförmlich geschlossenen Unternehmens ausgeübt.

Wenn nun Unternehmungen in verschiedenen Entwicklungsstufen durch Änderung volkswirtschaftlicher Daten oder durch Ausdehnung ihres Innenlebens den ihnen von Rechtsform und Wirtschaftstyp gesetzten Rahmen sprengen, so versuchen findige Unternehmer dem dadurch zu begegnen, daß sie Schnitte in verschiedenen Ebenen durch den einheitlichen und zusammengehörenden Organismus Unternehmung legen. Mit dem Zerschneiden, Ausgliedern oder Spalten bereiten sie den Boden für die Konstruktion einer Doppelgesellschaft. Dabei hängt es von den wirtschaftlichen Bedürfnissen des Unternehmens selbst, den Belangen der darin tätigen Unternehmer, der Gesellschafter und volkswirtschaftlichen Daten ab, an welcher der „Nahtstellen" die Spaltung eines Unternehmens vorgenommen wird. Mannigfach wie die Motive zur Trennung, so mannigfach können auch die aus einer Spaltung hervorgehenden Formen sein.

a) Der Funktionsschnitt

Ausgangspunkt der Betrachtung ist die unternehmerische Aufgabe, die in der Ausübung von Funktionen ihre stetige Erfüllung und auch neue Zielsetzung findet. Die Untersuchung sei auf die Hauptfunktionen

Beschaffung, Produktion und Absatz beschränkt. Die Leitungs- und Verwaltungsfunktionen werden hier nicht als selbständige Teilbereiche, sondern als Nebenfunktionen angesehen, die jeweils innerhalb der einzelnen Hauptfunktionsbereiche wirksam werden.

Ein Funktionsschnitt sieht vor, daß Schnitte zwischen die im betrieblichen Ablauf nacheinander geschalteten Funktionen gelegt werden, so daß Funktionsausgliederungen stattfinden (Querschnitt).

Die gebräuchlichsten dieser Ausgliederungsformen sind die Einkaufsgesellschaften und die Verkaufs- oder Vertriebsgesellschaften.

Einkaufsgesellschaften entstehen durch Abtrennen der Beschaffungsfunktion; dabei kann der neu zu gründenden Gesellschaft der gesamte Bereich der Beschaffung oder nur ein Teilbereich zugewiesen werden. Die wohl bekanntesten Gesellschaften dieser Ausgliederungsform sind die Einkaufsgesellschaften für Walzwerkserzeugnisse. Der Anreiz zu einer solchen Ausgliederung liegt für Großverbraucher in der Preisstellung der eisenschaffenden Industrie, die Händlerpreise und Verbraucherpreise unterscheidet[43].

Durch Ausgliederung der Absatzfunktion entstehen die Vertriebsgesellschaften. Diese werden entweder für das gesamte Verkaufsprogramm oder nur für den Vertrieb einzelner Erzeugnisse gegründet. Streben nach einer besseren Marktpflege, nach Marktbeeinflussung, Sicherung einer einheitlichen Preisgestaltung, die Absicht, den Hersteller eines Erzeugnisses nicht in Erscheinung treten zu lassen, zählen zu den Ausgliederungsgründen.

Die dritte Form des Funktionsschnittes sieht die Trennung der einzelnen Funktionen Beschaffung, Produktion und Absatz voneinander vor, die dann jeweils einem rechtlich selbständigen Unternehmen zugewiesen werden.

Eine reine Ausgliederung allein führt jedoch nicht ohne weiteres zu einer Doppelgesellschaft. Es müssen verbindende Elemente hinzutreten, die die dann vorzunehmende rechtsförmliche Ausgliederung überbrücken. Das können Gleichheit der Gesellschafter bei der Neugründung wie bei dem ausgliedernden Unternehmen, Organschaftsverträge, Mietverträge, Pachtverträge, Lieferungsausschließlichkeitsverträge u. ä. sein.

Eine Ausgliederung aller Funktionen für eine einzige Leistungsspezies (Längsschnitt) führt in der Regel nicht zu einer Doppel-

---

[43] Die nach außen als „Eisenhandlung" auftretende Gesellschaft beliefert in der Regel nur einen Abnehmer, der ihr auch gleichzeitig durch ein mittelbares oder unmittelbares Gesellschaftsverhältnis nahesteht. Die einem Konzern angehörenden Einkaufsgesellschaften tragen den Charakter einer Einkaufsgemeinschaft. Sie sind Gebilde des Zusammenschlusses von Unternehmungen.

gesellschaft. Hier handelt es sich um die Aussonderung eines in sich selbständigen Geschäftszweiges und nicht um eine Trennung der geschäftlichen Gesamtaufgabe[44]. Der wesentliche Unterschied zwischen diesen beiden Gestaltungsformen besteht darin, daß „im ersten Fall eine absolute rechtliche Selbständigkeit und, theoretisch zum mindesten, auch wirtschaftliche Unabhängigkeit beider Formen, im zweiten Falle dagegen ein untereinander verkettetes Doppelgebilde, dessen Glieder auf engste rechtliche und wirtschaftliche Beziehungen zueinander angewiesen sind“, vorliegt[45].

b) Der Konstitutionsschnitt

Die Unternehmung ist eine Zusammenfassung von Arbeit und Kapital unter einheitlicher Leitung. Sie unternimmt es, kaufkräftige Bedürfnisse innerhalb ihres Aktionsradius' zu befriedigen[46]. Im industriellen Bereich führt sie die Produktionsfaktoren Arbeit und Kapital zu einer wertschöpferischen Verbindung zusammen. Dem Boden kommt hier mehr Bedeutung als Sachanlageform des Kapitals zu. An dieser Stelle wird er der Sachanlage gleichgesetzt. Die wertschaffende Funktion des Bodens wie bei dem Einsatz in der Landwirtschaft tritt bei der Verwendung im Sektor der Industrie zurück.

Der Konstitutionsschnitt trennt die Produktionsfaktoren. Er steht immer in enger Verbindung mit einer Funktionsausgliederung.

Die einfache Form der Aufgliederung der Konstitution einer Unternehmung scheidet den Faktor Arbeit von dem Faktor Kapital. Eine so gebildete Doppelgesellschaft würde theoretisch aus einem Unternehmen bestehen, das die Arbeitsleistung darbietet, und aus einem anderen Unternehmen, welches das Kapital zur Verfügung stellt.

Nun ist der Faktor Arbeit keine unteilbare Größe. Er ist teilbar nach der Art der zu leistenden Tätigkeiten, wie Einkaufen, Verkaufen, Konstruieren, Entwickeln, Fertigen usw. Ein Konstitutionsschnitt kann danach entweder den gesamten Faktor Arbeit oder einen selbständigen, nach der Art der Tätigkeit orientierten Teil auslösen, so daß sich hier eine Vielzahl von möglichen Schnittebenen ergibt.

Das gleiche gilt für den Faktor Kapital. Auch er ist betriebswirtschaftlich keine mit Bezug auf die Anlageform unteilbare Größe. Bei der Auslösung des Produktionsfaktors Kapital sind soviel Einzelschnitte denkbar wie die ausgliedernden Unternehmungen selbständige Kapitalanlagepositionen aufweisen. Es ist verständlich, daß in der praktischen Handhabung betriebswirtschaftlich vernünftige Kapital-

---

[44] So auch *Beuck:* Steuerlich zweckmäßige Unternehmungsformen, 4. Aufl., S. 81.
[45] *Beuck,* a.a.O., S. 82.
[46] *Findeisen:* Die Unternehmungsform als Rentabilitätsfaktor, S. 1.

gruppen zu bilden sind, da irrationale Schnitte nicht Bausteine lebensfähiger Unternehmungen sein können. Es sei hier als Beispiel erwähnt, daß eine Gruppe das Anlagevermögen, eine andere das Umlaufvermögen einschließen kann. Vom Konstitutionsschnitt werden auch die negativen Kapitalanlagepositionen, d. h. die Passiva, erfaßt. Diese sind der jeweiligen Anlageposition zuzuordnen, die sie finanzieren.

c) Die Kombination von Funktionssegmenten und Konstitutionssegmenten

Der Funktionsschnitt bedeutet eine Trennung der geschäftlichen Gesamtaufgabe. Er führt zu einer neuen Verteilung der gegebenen Zwecke, wie andererseits der Konstitutionsschnitt die zur Zweckerfüllung und Zweckverfolgung notwendigen Faktoren ausgliedert. Das Ergebnis der Schnitte sind die Funktionssegmente und Konstitutionssegmente, die, für sich betrachtet, nicht Unternehmung sind. Sie sind in der Absonderung entweder unerfüllbare Zwecksetzung oder brachliegender Produktionsfaktor. Erst aus der Vereinigung der Aufgabe mit den Produktionsfaktoren wächst der Organismus Unternehmung, der fähig ist, sich wirtschaftlich zu betätigen.

Aus dem Funktionsschnitt und Konstitutionsschnitt ergeben sich die Segmente:

Funktionsschnitt

Segment der:

- ausgegliederten Beschaffungsfunktion
- ausgegliederten Produktionsfunktion
- ausgegliederten Vertriebsfunktion
- Ausgliederung von zwei Funktionen
- Ausgliederung von drei voneinander getrennten Funktionen

Konstitutionsschnitt

Segment des:

- ausgegliederten Arbeitsfaktors; darin selbständige, nach Tätigkeiten orientierte Teilfaktoren
- ausgegliederten Kapitalfaktors; darin selbständige, nach der Anlage orientierte Teilfaktoren einschließlich der zugehörigen Passiven.

Die aus der Spaltung hervorgehenden einzelnen Funktionssegmente und einzelnen Konstitutionssegmente können zu einer Vielzahl von Organisationstypen miteinander verbunden werden. Eine Reihe solcher Kombinationen hat auch in der Vergangenheit bereits die Bewährungsprobe bestanden.

Die Technik der Kombination sei an dem Beispiel einer Einkaufsgesellschaft veranschaulicht. Dabei wird im Funktionsschnitt die Beschaffungsfunktion eines Unternehmens für den gesamten Bedarf oder für ein Erzeugnis oder mehrere Erzeugnisse ausgegliedert. Im Konstitutionsschnitt werden einerseits aus dem vorhandenen Arbeitspotential die Arbeitskräfte ausgelöst und der Beschaffungsfunktion zugeordnet, die mit der Aufgabe des Beschaffens und Einkaufens einschließlich der anfallenden dispositiven und administrativen Tätigkeiten betraut sind, und es wird andererseits Kapital in dem Umfange abgespalten, wie es notwendig ist, um den gesetzten Zweck zu erfüllen. Diese mit der Absonderung entstehenden Segmente werden dann unter einer rechtlich selbständigen Form vereinigt.

d) Die Erweiterung der Kombinationsmöglichkeiten durch die Wahl der Rechtsform

Bezieht man auch die verschiedenen Rechtsformen in die Betrachtungen ein, so ergeben sich daraus weitere Kombinationsmöglichkeiten, die, bei im übrigen gleichen Spaltungen, wegen ihrer möglichen rechtlich unterschiedlichen Struktur andere juristische und wirtschaftliche Elemente in die Kombination tragen.

Bei der Doppelgesellschaft der Kartelle ist die tragende rechtliche Konstruktion die Verbindung einer Handelsgesellschaft mit einer anderen Organisationsform, die im Normalfall eine Gesellschaft bürgerlichen Rechts ist, aber auch ein rechtsfähiger oder nichtrechtsfähiger Verein sein kann[47]. Auch in der Spaltung *eines* Unternehmens ist die Verknüpfung einer Gesellschaft bürgerlichen Rechts mit einer Handelsgesellschaft denkbar in den Fällen, in denen die nach der Spaltung auszuübende Tätigkeit der Grundgesellschaft kein Handelsgewerbe mehr darstellt.

Neben dieser Form können die Grundgesellschaft und die Neugründung Rechtsformen von Personenunternehmungen oder von Kapitalgesellschaften tragen. Die Neugründung kann dann im Vergleich zur Grundgesellschaft innerhalb der Gruppe der Personenunternehmungen oder Kapitalgesellschaften in die gleiche Rechtsform oder in eine andere Rechtsform als diese gekleidet werden. Schließlich kann auch für ein Gebilde eine Form aus der Gruppe der Personenunternehmungen und für das andere eine solche aus der Gruppe der Kapitalgesellschaften gewählt werden. Die Wahl der Rechtsform soll auch bei diesen Vorgängen tunlichst nach betriebswirtschaftlichen Grundsätzen getroffen werden.

Die Kombinationsmöglichkeiten von Handelsgesellschaften mit den Rechtsformen der oHG, KG, GmbH und AG veranschaulicht die nachfolgende Gegenüberstellung:

---

[47] Vgl. dazu die Ausführungen von *Hannemann*, a.a.O., S. 61; *Naegeli*, a.a.O., S. 1.

Einheitliches Unternehmen

Grundgesellschaft	*Ausgegliederter Teil*
oHG	oHG, KG, GmbH, AG
KG	oHG, KG, GmbH, AG
GmbH	oHG, KG, GmbH, AG
AG	oHG, KG, GmbH, AG

Die Vielfalt der Kombinationsmöglichkeiten — Funktionssegmente, Konstitutionssegmente, Rechtsformen — ergibt entsprechend zahlreiche Formen, in denen sich Doppelgesellschaften zeigen können.

Wenn auch aus dem großen Bereich der Möglichkeiten die Besitz- und Betriebsgesellschaft nur einen Teil für sich beanspruchen kann, so erscheint es dennoch notwendig, auch hier eine Beschränkung vorzunehmen auf die Konstruktion, in der als Besitzgesellschaft ein Personenunternehmen und als Betriebsgesellschaft eine Kapitalgesellschaft tätig ist. Sachlich kann auch nur jener Fall behandelt werden, in dem die Betriebsgesellschaft ausgegliedert wird. Die Beschränkung ist nicht deshalb geboten, weil diese Gestaltung gerade in der Zeit nach dem zweiten Weltkrieg sehr großen Anklang gefunden hat, sondern deshalb, weil die andere Gestaltung — Besitzabspaltung und die andere Verteilung der Rechtsformen — mit der genannten Konstruktion zwar eine Reihe gemeinsamer Wesenszüge hat, aber darüber hinaus eine Fülle von Problemen eigener Art aufwirft, die sie einer eigenen Untersuchung für wert befindet und deren Behandlung hier die Geschlossenheit und Übersicht stören würde[48].

---

[48] Einen Beitrag zu dieser eigenen, selbständigen Problematik hat *van der Bosch* bereits mit seiner Untersuchung „Die umgekehrte Betriebsaufspaltung“ gegeben.

B. Die Aufspaltung einer bestehenden Unternehmung in ein Besitzpersonenunternehmen und eine Betriebskapitalgesellschaft

I. Die Triebkräfte der Aufspaltung und ihre Auswirkungen

Die rechtsförmliche Neuordnung einer bestehenden Unternehmung wird in herkömmlicher Weise über eine Umgründung oder Umwandlung durchgeführt. Das Charakteristische der Umgründung liegt darin, daß die Rechtspersönlichkeit der zu liquidierenden und der neuzugründenden Firma eine andere ist, während die Umwandlung die Rechtsform unter Wahrung der Rechtspersönlichkeit ändert[1]. Für die hier zu untersuchende Form der Besitz- und Betriebsgesellschaft ist die Umwandlung unter Wahrung der Rechtspersönlichkeit ausgeklammert. Das Kernstück der hier zu untersuchenden Betriebsaufspaltung liegt in der Anwendung von Rechtsformen verschiedener Rechtsnatur.

Zweifellos steht den Unternehmen, die eine Aufspaltung durchzuführen beabsichtigen, auch die Möglichkeit der Umgründung zur Verfügung. Aus der dann aber folgenden anderen Gestaltung der Verhältnisse, der Aufteilung des einheitlichen Unternehmens auf zwei Rechtsträger verschiedener Rechtsnatur ist zu schließen, daß die Umgründung für den betreffenden Kreis nicht das Maß an Vorteilen bieten kann wie die Aufspaltung und, darin einbezogen, diese vielleicht aus wirtschaftlich beachtlichen Gründen verwehrt ist. In der Aufspaltung wird für einen Teil des Betriebsvermögens eine Quasi-Umgründung durchgeführt. Es ist keine Umgründung im vollinhaltlichen Sinne, da wesentliche und betriebsnotwendige Vermögensteile ausgenommen werden. Andererseits ist die Aufspaltung auch kein Festhalten an der alten Form, da ebenso notwendiges Vermögen in eine andere Rechtsform gekleidet wird. Insofern ist die Betriebsteilung ein Kompromiß zwischen der das gesamte Unternehmen erfassenden Neuordnung und der Fortführung der alten Form.

Die Unternehmungen, die in der Form der Besitz- und Betriebsgesellschaft geführt werden, sind erfahrungsgemäß Familienunternehmungen oder enge Gesellschaften, d. h. solche, die hinsichtlich der

[1] Vgl. *Dürkes:* Die Doppelgesellschaft, BB 1949, S. 65, unter Rückgriff auf die Bestimmungen des alten Handelsgesetzbuches v. 10. 5. 1897 im Gegensatz zum neuen Aktiengesetz; *Lehmann,* H.: Handelsrecht II. Teil, Gesellschaftsrecht, S. 308.

Zahl ihrer Gesellschafter begrenzt und überschaubar sind[2]. Die Begrenzung der Anwendung auf diesen Teil der Unternehmungen ergibt sich notwendig aus der Vielzahl der Aufgaben, die diese Organisationsform gleichzeitig lösen soll und die in der vorliegenden Zusammenballung weder von dem reinen Personenunternehmen noch von der reinen Kapitalgesellschaft gelöst werden können.

Aus der engen Bindung der Betriebsteilung an die Umgründung üben die Motive auch hier einen maßgeblichen Einfluß aus, denen für die Umgründung eines Personenunternehmens in eine Kapitalgesellschaft Bedeutung zukommt. Es liegt dabei auf der Hand, daß Impulse von jenen Bereichen ausgehen, in denen sich die zur Auswahl stehenden Rechtsformen unterscheiden. Die Unterscheidungsmerkmale zwischen Personenunternehmungen und Kapitalgesellschaften sind mannigfacher Art. Losgelöst aus den wirtschaftlichen Bindungen des Einzelfalls und losgelöst aus der zugehörigen Rechtsform, mag jedes einzelne einer Prüfung Aufschluß darüber geben, ob es sich hier um einen absoluten Vorteil oder Nachteil handelt. Im wirtschaftlichen Zusammenhang betrachtet aber stehen die Wertungen in Relation zu einem oder mehreren Blickpunkten. Es kann sich dabei auch ein absoluter Vorteil in einen Nachteil, und umgekehrt, wandeln. Insofern verschließen sich allgemeine, nicht auf den Einzelfall abstellende Untersuchungen der Rechenhaftigkeit. Diese Untersuchung muß daher notwendigerweise auf die Einzelnormen beider Organisationsformen zurückgreifen und sich darauf beschränken, diese herauszustellen.

Es ist auch zu bedenken, daß im praktischen Einzelfall nicht von allen möglichen Faktoren Impulse ausgehen und von den wirklich tragenden Kräften nicht gleich starke Triebmomente[3], wie andererseits aber auch nicht ein einzelnes Motiv allein entscheidet, sondern in Abhängigkeit von anderen steht. Es muß so Aufgabe der Untersuchung sein, einen Katalog von möglichen Motiven zusammenzustellen.

1. Die Beschränkung der Haftung

Lehmann[4] schreibt der Haftung neben der Übertragbarkeit des Mitgliedschaftsrechtes den größten Einfluß auf die Auswahl der Rechtsform bei der Gründung, Umwandlung und Umgründung einer Unternehmung zu; denn die Entscheidung geht in ihrer Auswirkung doch dahin, das Risiko eines Totalverlustes auf das gesamte Vermögen unter Einschluß etwaigen Privatvermögens auszudehnen, oder das

---

[2] Über den Begriff des Familienunternehmens und seinen Inhalt vgl. *Knur:* Die Familiengesellschaft, S. 9 ff.

[3] So auch *Lehmann,* F.: Rechtsformen und Wirtschaftstypen der privaten Unternehmung, S. 17.

[4] A.a.O., S. 17.

Ausfallrisiko von vornherein auf einen bestimmten Betrag zu begrenzen.

„Die Haftung kann eine unmittelbare sein, so daß die Gläubiger unmittelbar die einzelnen Mitglieder belangen können, oder eine mittelbare, bei der die Gläubiger sich nur an die Gesellschaft halten können und lediglich diese ihren Mitgliedern gegenüber Ansprüche auf die Tragung der Schulden durch Opferung der Einlage oder Leistung von Nachschüssen hat[5].“

Der Inhaber einer Einzeluntersuchung haftet für die Schulden seiner Firma unmittelbar und unbeschränkt aus den durch Vertrag oder Gesetz begründeten Schuldverhältnissen. Bei der Einzelunternehmung haben die Anspruchsverhältnisse den Vorzug der Klarheit, da ein gegen die Unternehmung erhobener Anspruch sich auch unmittelbar gegen den Inhaber richtet.

Bei Gesellschaftsverhältnissen bedarf die Frage einer rechtlichen Regelung, inwieweit sich gegen eine Gesellschaft erhobene Ansprüche auch den Gesellschaftern selbst gegenüber durchsetzen lassen; d. h., wie weit die Gesellschafter verpflichtet sind, für die Verbindlichkeiten der Gesellschaft einzutreten, und in welcher Form eine solche Verpflichtung in wechselseitiger Verbindung in dem Verhältnis der Gesellschafter untereinander besteht.

Die Gesellschafter einer offenen Handelsgesellschaft haften für die Schulden der Gesellschaft unmittelbar, primär, unbeschränkt und gesamtschuldnerisch[6]. Jeder Gesellschaftsgläubiger kann sich zwecks Befriedigung seiner Ansprüche an die Gesellschafter wenden, ohne die Gesellschaft in Anspruch zu nehmen (unmittelbare Haftung). Die Leistungsverweigerung oder das Unvermögen der Gesellschaft, die Leistung zu bewirken, ist nicht conditio sine qua non für die Inanspruchnahme der Gesellschafter (primäre Haftung). Jeder Gesellschafter haftet mit seinem gesamten Vermögen, also neben dem in einer oHG gebundenen Zweckvermögen auch mit dem vorhandenen Privatvermögen (unbeschränkte Haftung), allein für die gesamten Verbindlichkeiten der Gesellschaft (gesamtschuldnerische Haftung)[7].

In der Kommanditgesellschaft ist bei wenigstens einem der Gesellschafter die Haftung für Verbindlichkeiten der Gesellschaft auf den Betrag einer bestimmten Vermögenseinlage beschränkt, und es liegt bei mindestens einem weiteren Gesellschafter eine unbeschränkte Haftung vor[8]. Zwar haftet der Kommanditist wie der Kom-

[5] *Lehman*, H.: Handelsrecht, S. 13.
[6] §§ 105, 128 HGB, §§ 421—426 BGB.
[7] Bezügl. des internen Haftungsausschlusses, der Haftung des eintretenden und ausscheidenden Gesellschafters vgl. §§ 128, Satz 2, 130, 159 HGB.
[8] § 161 HGB.

plementär mit seinem Gesellschaftsvermögen und Privatvermögen für die gesamte Schuld dem Grunde nach, jedoch in der Höhe auf den Betrag der Kommanditeinlage beschränkt[9]. Die Haftung des Privatvermögens erlischt mit der Bewirkung der Einlage[10]. Ohne Rücksicht darauf, ob die Einlage geleistet ist oder nicht, haftet auch der Kommanditist als Unternehmer unbeschränkt für Gewerbesteuerschulden der Kommanditgesellschaft[11].

Anders liegen die Haftungsverhältnisse bei den Kapitalgesellschaftsformen der GmbH und AG. Für Verbindlichkeiten dieser Gesellschaftsformen haftet den Gläubigern das Gesellschaftsvermögen[12]. Nur in Ausnahmefällen entstehen direkte Ansprüche zwischen den Gläubigern und den Gesellschaftern[13]. Im übrigen auferlegt das Gesetz den Gesellschaftern eine Haftung der Gesellschaft gegenüber nur für Rechtsverhältnisse, die zwischen den Gesellschaftern und der Gesellschaft selbst begründet werden, jedoch nicht für solche, die die Gesellschaft im Rechtsverkehr mit Dritten begründet. Das gilt für die Haftung für nicht geleistete Stammeinlagen[14], zur Sicherung der Erhaltung des Stammkapitals[15] bei der GmbH und auch für die die AG sichernden Haftungsvorschriften des Aktiengesetzes[16].

Von der Haftung aus gesehen, sind die Einzelunternehmung, die offene Handelsgesellschaft und die Kommanditgesellschaft für die persönlich haftenden Gesellschafter und für den Kommanditisten bei der Gewerbesteuer auch die Kommanditgesellschaft risikoreiche Unternehmungsformen, da sie in jedem Fall das gesamte den Personen gehörende Vermögen dem Zugriff der Gläubiger freihalten, während bei der AG und der GmbH der Rückgriff auf das Privatvermögen der Gesellschafter, mit Ausnahme bei der Annahme aktienrechtlich verbotener Zahlungen, ausgeschlossen ist. Wenn auch bei diesen Gesellschaften eine Beseitigung der Gefahr nur hinsichtlich des in der Unternehmung nicht investierten Vermögens möglich ist, d. h. daß durch diese Formen keine Haftungsbefreiung, sondern nur eine Haftungs-

[9] Vgl. *Lehmann*, H.: Handelsrecht, S. 135.

[10] § 171 Abs. 1 HGB.

[11] Da Steuerschuldner gem. § 2 Abs. 2 Ziff. 1 GewStG in Verbindung mit § 5 Abs. 1 Satz 2 GewStG der Unternehmer ist. Vgl. dazu auch RFH-U. v. 6. 4. 1938, RStBl. 1938, S. 434; v. 27. 4. 1940, RStBl. 1940, S. 547. Bezügl. des internen Haftungsausschlusses, der Herabsetzung von Kommanditeinlagen, der Haftung von eintretenden und ausscheidenden Gesellschaftern wird auf §§ 128, 173, 174 HGB und *Geßler:* Kom. HGB, S. 889, verwiesen.

[12] §§ 1 AktG, 13 Abs. 2 GmbHG.

[13] § 56 Abs. 1 AktG begründet dieses Haftungsverhältnis bei Annahme verbotener Zahlungen.

[14] § 24 GmbHG.

[15] §§ 21, 22, 31 GmbHG.

[16] §§ 52, 56, 59 AktG. Vgl. dazu auch die Ausführungen von *Schaefer:* Die Notwendigkeit der Beibehaltung der GmbH und ihre Verpersönlichung, S. 8.

beschränkung bzw. Risikobefreiung und Risikobeschränkung sich einstellt[17], so ist das doch ein erheblicher Vorteil gegenüber den unbeschränkt haftenden Positionen der Gesellschafter in einer Personenunternehmung.

In der Betriebsteilung bewirkt die Einschaltung einer Betriebskapitalgesellschaft zwischen der Personenunternehmung und dem Markt einmal die Begrenzung der Haftung auf das in dieser Gesellschaft investierte Kapital. Die durch den Betrieb des Unternehmens ausgelösten Risiken werden von ihr aufgefangen; sie können rechtlich nicht bis zur nachgeschalteten Personenunternehmung vordringen. Mit der Begrenzung der Haftung in dieser Form geht eine Begrenzung des Ausfallrisikos einher, indem nämlich das dem Zugriff der Gläubiger auszusetzende Kapital der Betriebsgesellschaft auch nicht annähernd dem Kapital gleichkommt, das in einer vergleichbaren einheitlich geführten Unternehmung zu investieren wäre. Denn eine Unternehmung, die gleiche Aufgaben zu bewältigen hat und die zur Nutzung der Produktionsanlagen nicht auf den Weg der Pacht verwiesen werden kann, muß die Anlagen aus eigenen Mitteln bereitstellen, ohne daß sie die Möglichkeit hätte, diese dem Zugriff der Gläubiger zu entziehen. Dagegen hat eine Betriebsgesellschaft durch ihre enge Bindung an die Besitzgesellschaft die Möglichkeit, sich betriebsnotwendiges Kapital — im Hinblick auf die wirtschaftlichen und personellen Verflechtungen kann man es als wirtschaftliches Eigenkapital[18] bezeichnen — zu verschaffen, ohne es den Gesellschaftsgläubigern preiszugeben. Dem Einwand, daß die Besitzgesellschaft als Personenunternehmung nicht aufhört zu existieren und somit auch weiterhin Risiken in sich trägt, kann entgegengehalten werden, daß die wirklich gefährdenden Risiken im Betrieb des Unternehmens und damit in der Betriebsgesellschaft liegen, wogegen die Besitzgesellschaft im wesentlichen nur solche Risiken aufzufangen hat, die von dem Beschaffungsmarkt für Anlagegegenstände auf sie einwirken. Diese sind erfahrungsgemäß allein schon zahlenmäßig begrenzt und auch in den möglichen Auswirkungen überschaubar.

Unter dem Blickwinkel der Beschränkung der Haftung, darin eingeschlossen der Begrenzung des Risikos, ist die Besitz- und Betriebsgesellschaft eine adäquate Organisationsform für Unternehmungen,

---

[17] Vgl. dazu auch die Ausführungen von *Findeisen*, a.a.O., S. 26.

[18] Es handelt sich hier insofern um wirtschaftliches Eigenkapital, da die Bereitstellung über den Pachtvertrag einerseits in der Absicht der dauernden Nutzung durch die Betriebsgesellschaft erfolgt und andererseits der Entzug die Konstruktion als solche sofort zu Fall bringen würde. Man wird dabei parasitäre Haftungsausschlüsse vom Gläubiger aus nicht vermeiden können. Immer dort, wo sie auftauchen, sollte man ihnen aber entgegentreten.

deren Betrieb mit erheblichen Risiken belastet ist. Darin heben sich verschiedene prägnante Fälle ab, wenn z. B. der Produktionsprozeß einen derartigen technischen Schwierigkeitsgrad erreicht, daß der Erfolg der Produktion überhaupt zweifelhaft ist. So wäre die Besitz- und Betriebsgesellschaft eine geeignete Form für privatwirtschaftliche Forschungs-, Versuchs- und Entwicklungsunternehmungen. Es kann auch ein vom allgemeinen Risiko sich abhebendes Wagnis vorliegen, wenn zwar die Produktion selbst keine besonderen Schwierigkeiten einschließt, aber durch die Eigenart der Erzeugnisse deren Funktionsfähigkeit in einer überschaubaren Zukunft doch berechtigten Zweifeln unterliegt. Das wäre z. B. ein besonders stark ausgeprägtes Garantierisiko. *Köllmann*[19] führt den Fall an, in dem das vom Produzenten zu tragende Garantierisiko bei wenigen Großprojekten derartig groß ist, daß bei einer Inanspruchnahme bereits das gesamte Unternehmen ernstlich gefährdet wird. *Böttcher*[20] weist in diesem Zusammenhang auch auf die Bedeutung eines künftigen Mitbestimmungsrechtes der Arbeitnehmer hin, das den verantwortlichen Unternehmer in seiner Entscheidungsfreiheit beschränken wird und so Risiken aufdeckt, die nicht ohne Beschränkung der Haftung in Kauf genommen werden können.

Nun bietet die „doppelte" Beschränkung der Haftung in der Betriebsaufspaltung nicht nur Vorteile, sondern es werden damit auch Nachteile aufgedeckt, die sich erst bei dem Betrieb zeigen, die aber hier nicht unberücksichtigt bleiben dürfen. Es ergeben sich Auswirkungen bei der Beurteilung der Kreditwürdigkeit der Betriebsgesellschaft.

Der Kaufmann ist heute mehr denn je davon entfernt, allein aus der Rechtsform einer Unternehmung auf ihre Kreditwürdigkeit zu schließen. „Das anfängliche Mißtrauen gegenüber den Kapitalgesellschaften ist längst in den Hintergrund getreten, und man schätzt an ihnen die schöpferische Geschlossenheit des organisch wirksamen Wirtschaftskörpers"[21]. Man wird aber immer geneigt sein, unter gleichen Bedingungen einer Betriebskapitalgesellschaft weniger Kredit einzuräumen als vergleichbaren Unternehmungen, die in geschlossener Form organisiert sind und die so das dem Zugriff der Gläubiger bei der Betriebsteilung entzogene Vermögen der Inanspruchnahme freistellen. Vor allem werden Bankkredite über einen gewissen Betrag hinaus nur

---

[19] Unternehmungsform und Besteuerung, BFuP 1951, S. 559. Er stellt auch hier die Forderung nach einer angemessenen Eigenkapitalausstattung der Betriebsgesellschaft.

[20] Neue Erfahrungen und Erkenntnisse zum Wirtschafts- und Steuerrecht der Familienunternehmen, StJ 1952, S. 78.

[21] *Zielinski:* Grundtypvermischungen und Handelsgesellschaftsrecht, S. 69.

durch Bürgschaft der Besitzgesellschaft zu erlangen sein[22]. Der Grund für eine solche Behandlung ist in der geringeren Eigenkapitalausstattung der Betriebsgesellschaft zu sehen.

Neben diesen nach außen, zu Dritten sich ergebenden Wirkungen und möglicherweise von Dritten zurückstrahlenden Auswirkungen der Haftungsbeschränkung ergibt sich auch durch diese eine Beeinflussung des internen Verhältnisses der beiden Gesellschaften zueinander. Man wird in einigen Fällen die Betriebsgesellschaft aus durchaus begründeten Überlegungen mit einem Eigenkapital ausstatten, das an der unteren Grenze, in anderen hingegen mit einem solchen, das an der oberen Grenze des Notwendigen liegt. Mit einer solchen Verschiebung wird man der Kapitalgesellschaft nicht die Nutzung des zur Verfügung stehenden Gesamtkapitals entziehen; denn die Beträge, die nicht als Eigenkapital in die Betriebsgesellschaft fließen, erhält sie zur Nutzung über die Pacht oder das Darlehen. Im Sekundäreffekt wird so der Pachtzins, Darlehenszins u. ä. gesteuert. Je geringer nämlich der Eigenkapitalanteil der Betriebsgesellschaft am Gesamtvermögen der Doppelgesellschaft ist, um so größer werden die Kennziffern eines von der Kapitalverzinsung abhängigen oder mitbestimmten Nutzungsentgeltes und umgekehrt. So sind haftungspolitische Erwägungen in der Betriebsaufspaltung nicht nur Selbstzweck, sondern sie sind Instrumente der Einflußnahme auf den Leistungsaustausch zwischen der Besitzgesellschaft und der Betriebsgesellschaft.

2. Die Auseinandersetzung

Abgesehen von den reinen Zweckunternehmungen, die mit der Erfüllung eines bestimmten Zweckes ihre erwerbswirtschaftliche Betätigung einstellen, werden gewöhnlich die Unternehmungen mit der Absicht gegründet, auf weder zeitlich noch sachlich begrenzte Dauer wirtschaftliche Ziele zu verfolgen. Erwerbsunternehmungen solcher Art sollen kontinuierlich ihrem Erwerbsstreben nachgehen, ohne daß sie durch den Eintritt auflösender Bedingungen oder durch Zeitablauf a priori in ihrer Existenz auf eine bestimmte Zeitdauer beschränkt werden. Dieser auf zeitlich unbegrenzte Existenz gerichtete Wille der Gründer einer Unternehmung wird sich in der Ausführung nicht in allen Fällen durchsetzen lassen, da sowohl von außen als auch von innen existenzgefährdende Risiken auf die Unternehmung einwirken, denen zu begegnen Aufgabe des verantwortlichen Unternehmers ist

---

[22] Sofern die Kreditgewährung eine durch die Sachlage gebotene Kapitalzuführung ersetzt und die Gesellschafter der Betriebsgesellschaft sich für die Einlösung verbürgen, werden diese Beträge steuerlich als verdecktes Grundkapital oder Stammkapital behandelt. Vgl. dazu RFH-U. v. 28. 1. 1953, BStBl. 1953 III, S. 78.

und für die durch die Wahl einer geeigneten Rechtsform oder durch Einschaltung geeigneter Sicherungen Vorsorge getroffen werden kann.

Der gesetzlich vorgesehene rechtliche Aufbau der einzelnen Unternehmungsformen zeigt, daß die einzelnen Typen die Forderung einer dauernden Existenz in recht unterschiedlicher Weise berücksichtigen bzw. diese gar vernachlässigen.

„Die Einzelunternehmung ist die Betriebsform der starken Persönlichkeit, sie muß daher, organisch betrachtet, in bezug auf ihre Lebensdauer zeitlich begrenzt erscheinen gegenüber unpersönlichen Unternehmungsformen, welche die Trennung zwischen Geschäftsleitung und Kapital, zwischen Person und Unternehmung durchführen[23].“ Das Schicksal der Einzelunternehmung ist eng mit dem Schicksal des Inhabers verknüpft, dessen Tod oder Krankheit die Unternehmung erschüttert, wenn nicht gar deren Fortbestand unmöglich macht oder sie zur Auflösung bringt. Selbst wenn ein Nachfolger vorhanden ist, so braucht dieser nicht zugleich mit der wirtschaftlichen Erbschaft auch die körperliche und geistige anzutreten[24]. Zwar hat auch die Einzelunternehmung die Möglichkeit, entsprechend geeignete Fachkräfte zu engagieren, jedoch ist deren Wirken immer von der Persönlichkeit des Unternehmers bestimmt, der letztlich die volle Verantwortung für die Entscheidungen trägt. Ist im Falle der Invalidität oder des Todes des Unternehmers eine geeignete, zur Nachfolge bestimmte Unternehmerpersönlichkeit nicht vorhanden, so zwingt diese Tatsache dazu, die Unternehmung aufzulösen oder sie zu veräußern. Zwar sichert die Veräußerung vor allen anderen Möglichkeiten die Erhaltung volkswirtschaftlich wertvollen Vermögens, sie kann aber nur durchgeführt werden, wenn sich die Gründergeneration zur Aufgabe der erwerbswirtschaftlichen Tätigkeit in dieser Form bereitfindet. Aber auch hier wird sich der die Unternehmung erwerbende Unternehmer nach Ablauf einer gewissen Zeit den gleichen Nachfolgeproblemen gegenübergestellt sehen.

Sofern in einer Erbfolge mehrere natürliche Personen auftreten, werden Probleme der Umwandlung einer Einzelfirma in eine Personengesellschaft mit den darin liegenden Auseinandersetzungsrisiken aufgeworfen, oder man zieht die Umgründung der Einzelfirma in eine Kapitalgesellschaft in Betracht.

Die Auseinandersetzung in der offenen Handelsgesellschaft ist gesetzlich in den §§ 131 ff. HGB geregelt. Bei der dieser Untersuchung auferlegten Beschränkung auf solche Vorgänge, die zwar Anlaß zu einer Auseinandersetzung geben, die aber nicht aus einer

[23] *Findeisen*, a.a.O., S. 51.

[24] Vgl. derselbe, S. 51.

freien Vereinbarung der Gesellschafter und nicht aus der wirtschaftlichen Tätigkeit der Gesellschaft selbst herrühren, bedürfen die Fragen des vereinbarten Zeitablaufes[25], des Gesellschafterbeschlusses[26] und der Konkurseröffnung[27] über das Vermögen der Gesellschaft hier keiner Erörterung. Daneben aber tragen die Bestimmungen über die Auflösung der Gesellschaft durch Tod eines Gesellschafters, durch Eröffnung des Konkurses über das Vermögen eines Gesellschafters, durch Kündigung oder gerichtliche Entscheidung ein erhebliches Existenzrisiko in sich, da bei Eintritt der Bedingungen die Gesellschaft endet und ihr Vermögen auf die Anspruchsberechtigten verteilt wird. Dagegen bietet auch die Möglichkeit nur wenig Sicherheit, die Gesellschaft im Fall des Todes eines Gesellschafters mit dessen Erben fortzusetzen, weil selbst diese unter Erfüllung gewisser Auflagen ihr Ausscheiden aus der Gesellschaft durchsetzen können[28]. Auch eine für den Fall des begehrten Ausscheidens getroffene Vereinbarung, daß die Gesellschaft unter den übrigen Gesellschaftern fortgesetzt werden soll, kann das Existenzrisiko nicht beseitigen, sondern ihm lediglich die Schärfe nehmen; denn der Austritt eines Gesellschafters aus einer Personengesellschaft, deren Wesen in erster Linie in dem Zusammenwirken der Arbeitskräfte zu sehen ist[29], bedeutet nicht allein den Verzicht auf dessen Arbeitskraft und dessen tätige Mitarbeit, sondern auch den Verzicht auf das von ihm zur Verfügung gestellte Kapital. Gerade die vermögensrechtlichen Auseinandersetzungsansprüche sind wie geschaffen dazu, eine Gesellschaft wirtschaftlich zum Erliegen zu bringen, da der Anspruch auf Auszahlung des Auseinandersetzungsguthabens nur in wenigen Fällen, und auch da nur unter erheblichen Schwierigkeiten, ohne Liquidation der Gesellschaft zu befriedigen ist[30].

Geht man aber davon aus, daß bei der Erbfolge die nachrückenden Erben beabsichtigen, in der Gesellschaft zu verbleiben, so ist in keinem Fall die Gewähr gegeben, daß diese ein würdiger und gleichwertiger Ersatz für den ausgeschiedenen Gesellschafter sind. Ein zwischen den alten Gesellschaftern bestehendes spannungsloses, erfolgreiches Verhältnis innerhalb der Gesellschaft muß sich nicht notwendig auf die Erben übertragen; auch kann nicht immer die Arbeitskraft eines verstorbenen Gesellschafters voll durch die der Erben ersetzt werden. Es kann dann sehr wohl der Fall eintreten, daß die Erben selbst oder die übrigen Gesellschafter sich dadurch veranlaßt sehen, die Gesellschaft mit den eintretenden Folgen der Auseinandersetzung zu kündigen.

---

[25] § 131 Ziff. 1 HGB.
[26] § 131 Ziff. 2 HGB.
[27] § 131 Ziff. 3 HGB.
[28] § 139 HGB in Verbindung mit § 132 HGB.
[29] So *Liefmann:* Die Unternehmungsformen, S. 49.
[30] So auch *Zielinski,* a.a.O., S. 77 ff.

Für die Kommanditgesellschaft ergeben sich hier keine von denen der offenen Handelsgesellschaft abweichende Besonderheiten. Die oHG-Vorschriften finden entsprechend Anwendung[31].

Bei den Personengesellschaften liegt das Risiko für den Fortbestand der Unternehmung darin, daß sich die Ansprüche ausscheidender Gesellschafter, deren Gläubiger im Falle des Konkurses über das Vermögen dieser Gesellschafter oder ihrer Erben unmittelbar gegen die Gesellschaft und ihr Vermögen richten, ohne Rücksicht darauf, ob das zur Befriedigung der Ansprüche erforderliche Kapital zur Fortführung des Unternehmens notwendig ist oder nicht, und ohne Rücksicht darauf, ob ein entsprechender Kapitalersatz durch Eintritt eines Dritten in die Gesellschaft gefunden werden kann.

Bei den Kapitalgesellschaften sind zwar auch gesetzlich besondere Auflösungsgründe vorgesehen[32]; es rechnen dazu jedoch nicht die rein persönlichen Motive der Gesellschafter wie Tod, Konkurs oder Kündigung[33]. Da bei diesen Unternehmungen der Anteil am Vermögen der Gesellschaft in Gesellschaftsrechten verbrieft ist, kann ein anspruchsberechtigter, ausscheidender Gesellschafter sich nur aus der Verwertung des Gesellschaftsrechtes befriedigen. Gegen die Gesellschaft kann er keinen Anspruch erheben, daß diese ihm den Geldwert seines Anteils am Vermögen auszuzahlen habe. So ist die Kapitalgesellschaft unabhängig von der Existenz der Gesellschafter, ihren persönlichen Verhältnissen und, beschränkt auf diesen Bereich, auch von ihren Entschlüssen. Sie ist die Gesellschaftsform, die im Hinblick auf die internen Auflösungsgründe der Forderung einer möglichst dauerhaften Existenz weitestgehend Rechnung trägt.

Wenn in Personenunternehmungen wegen des in einer Auseinandersetzung liegenden Risikos eine Umgründung erwogen wird, so zielen die Absichten auf eine Gestaltungsform, in der sich der Auseinandersetzungsanspruch nicht gegen die Gesellschaft auf Herausgabe von Vermögensgegenständen oder Zahlung eines Geldbetrages richtet, sondern auf die Verwertung des Anteilsrechtes erstreckt. In solchen Fällen würde die volle Umgründung des Unternehmens in eine Kapitalgesellschaft den wirtschaftlichen Interessen besser entsprechen als die Unternehmungsaufspaltung; denn die Besitz- und Betriebsgesellschaft nimmt sich zwar gegenüber der Personenunternehmung recht vorteilhaft aus, ist jedoch in dieser Frage im Vergleich zur Vollkapitalgesellschaft eine minder glückliche Lösung. Da in der Besitz- und Be-

---

[31] Zu beachten wäre lediglich, daß rechtlich der Tod eines Kommanditisten die Gesellschaft nicht auflöst, § 177 HGB.

[32] Vgl. § 203 AktG, § 60 GmbHG.

[33] Ein der Kündigung ähnlicher Vorgang ist die Auflösungsklage gem. § 61 GmbHG bzw. die Nichtigkeitsklage gem. § 216 AktG, der jedoch nur bei Vorliegen von wichtigen Gründen stattgegeben wird.

triebsgesellschaft sowohl die Rechtsform eines Personenunternehmens als auch die einer Kapitalgesellschaft Anwendung findet, ist sie auf der einen Seite auch weiterhin mit den inneren Existenzrisiken von Personenunternehmungen belastet, genießt daneben auf der anderen Seite aber auch die Vorteile der vom Gesellschafterbestand unabhängigen Kapitalgesellschaft. Die Umgründung in eine Vollkapitalgesellschaft verhindert wohl weniger die damit anfallende höhere Kostenlast der Umgründung als vielmehr die bessere Ausnutzung der Haftungsvorteile in der Aufspaltung und auch in vielen Fällen die Doppelbesteuerung der Gewinnausschüttungen. Die Beteiligten werden so genötigt, die auf den einzelnen Bereichen sich widerlaufenden Interessen gegeneinander abzuwägen und auszugleichen. Das Ergebnis des Ausgleichs ist die Betriebsaufspaltung.

Der Betriebsgesellschaft wird durch die Rechtsform der Kapitalgesellschaft die erforderliche Kontinuität gesichert. Des weiteren ist auch ein Vorteil der Teilung darin zu sehen, daß das in der Personenunternehmung dem direkten Auseinandersetzungsanspruch unterliegende Vermögen mit der Aufspaltung verringert wird. Es ist aber zu berücksichtigen, daß ein etwa geltendgemachter Auseinandersetzungsanspruch regelmäßig auch die an die Kapitalgesellschaft verpachteten Anlagen erfaßt, deren Entzug die Existenz der Betriebsgesellschaft in gleichem Maße bedrohen würde wie die eines einheitlich geführten Personenunternehmens. Jedoch kann hier unter gewissen wirtschaftlichen Voraussetzungen die Betriebsgesellschaft sich als regulierendes Ventil einschalten, indem sie selbst aber als Gesellschafter dann in das Personenunternehmen eintritt[34] und mit den erwirtschafteten und thesaurierten Gewinnen die Abfindungsansprüche ausscheidender Gesellschafter befriedigt. Wenn diese darüber hinaus noch freies Kapital zur Verfügung hat, so kann sie auch im Rahmen der Beschränkungen der §§ 33 GmbHG, 65 AktG, das Gesellschaftsrecht dieses Gesellschafters an der Betriebsgesellschaft erwerben. Eine andere Möglichkeit des Ausgleichs ist auch darin gegeben, daß die Betriebsgesellschaft statt des Beitritts und des Erwerbs von eigenen Anteilen der Besitzgesellschaft oder ihren Gesellschaftern Kredite gewährt, die dazu verwendet werden können, Auseinandersetzungsansprüche zu befriedigen[35]. Es kann so auch Vorsorge vor einer Überfremdung der Kapitalgesellschaft getroffen werden.

---

[34] Über die Zulässigkeit des Beitritts von Handelsgesellschaften zu Personengesellschaften besteht kein Zweifel mehr. Vgl. dazu *Zielinski*, a.a.O., S. 77 ff., und *Oppenheimer:* Handelsgesellschaften als Mitglieder von Personalgesellschaften.

[35] Diese Regulierungen sind selbstverständlich nur dann möglich, wenn die Betriebsgesellschaft mit einem angemessenen Eigenkapital ausgestattet ist und ihre Rentabilität es ermöglicht, Gewinne zu thesaurieren.

3. Die Vererbung

In Personenunternehmungen ist die Erbfolgeregelung ein besonders schwieriges Problem. Abgesehen von der sich aus den oben erörterten Fällen ergebenden möglichen Auseinandersetzung bereitet selbst die Regelung der Nachfolge im freundlichen Einvernehmen aller Beteiligten über den Ersatz der reinen Arbeitskraft hinaus erhebliche Schwierigkeiten. Dabei stehen Fragen des zeitlichen Eintritts der Erben, die Höhe der Beteiligung und die Form der weiteren Betätigung der Erblasser im Vordergrund. Es erweist sich immer als vorteilhaft, die Nachfolger frühzeitig in den Aufgabenkreis einzuführen, den zu übernehmen sie bestimmt sind, um sie so rechtzeitig mit der Bürde der Verantwortung des Unternehmers vertraut zu machen. Mit einer Beteiligung an der Leitung des Unternehmens allein wird sich die jüngere, nachdrängende Generation in den meisten Fällen nicht zufriedengeben, vielmehr strebt sie neben der Teilnahme an der Geschäftsführung auch nach der Beteiligung am Kapital, wie auf der anderen Seite die Erblasser davor zurückscheuen, schon zu ihren Lebzeiten Aufgaben und Vermögen auf die Nachkommen verantwortlich zu übertragen. Die vorzeitige Beteiligung der Erben am Kapital im Wege der Schenkung unter Lebenden ist aber nicht allein wegen der möglichen Ersparnis von Erbschaftsteuer und Einkommensteuer[36] interessant, sondern auch deshalb, weil die Schenkung in den Beschenkten das Verantwortungsgefühl stärkt.

Die Überlegungen, die anläßlich einer Erbfolgeregelung angestellt werden, lassen sich gerade an der Rechtsform der Kommanditgesellschaft sehr gut veranschaulichen. Sofern eine Beteiligung jüngerer, in der Regel minderjähriger Erben ansteht, streben die Eltern danach, sie vor den Gefahren der persönlichen Haftung zu bewahren. Man wird ihnen deshalb vornehmlich die Stellung von Kommanditisten einräumen. Das auf der zuzuwendenden Kommanditeinlage ruhende Verlustrisiko hat in diesen Überlegungen wenig Einfluß auf die Gestaltung. Sobald aber die kommanditistisch beteiligten Erben heranwachsen und sie sowohl dem Lebensalter als auch dem fachlichen Wissen nach in der Lage sind, ein Unternehmen verantwortlich zu führen, streben sie zur Geschäftsführung, ohne Rücksicht darauf, daß mit der geschäftsleitenden Stellung eines Komplementärs

---

[36] Die Erbschaftsteuerersparnis ergibt sich daraus, daß für die Besteuerung nur Zuwendungen der letzten 10 Jahre zusammengerechnet werden, § 13 ErbschStG. Die daraus resultierende geringere Besteuerungsgrundlage verhindert das Hineinwachsen in höhere Progressionsstufen. — Bei der Einkommensteuer ermöglicht die Kapitalbeteiligung eine Verteilung des erwirtschafteten Gewinns auf mehrere Berechtigte, deren Einkommen dann niedrigeren Steuersätzen unterliegt als ein zusammengerechnetes Einkommen.

das Risiko der persönlichen Haftung unlösbar verknüpft ist. Die Elterngeneration dagegen zeigt nur wenig Neigung, die Leitung des Unternehmens auf die Nachfolger in diesem Zeitpunkt zu delegieren. Die Abneigung dürfte nicht zuletzt ihren Grund in der Furcht haben, das im Unternehmen investierte Kapital zu verlieren, ohne daß sie Einfluß auf die Geschäftsführung nehmen kann. Das in dem Betrieb eines Unternehmens liegende Risiko wird von den nachrückenden Erben anders eingeschätzt als von den zurücktretenden Erblassern; gewinnen doch damit die Erben eine Handlungs- und Entscheidungsfreiheit, die es ermöglicht, Angriffe auf das Vermögen selbst abzuwehren, während gerade die Erblasser diese Handlungsfreiheit aufgeben. Um zumindest dem Risiko der unbeschränkten persönlichen Haftung zu entgehen, werden die Erblasser sich die Stellung von Kommanditisten einräumen lassen. Gerade hier ist aber auch zu bedenken, daß sie, sofern sie nicht über ausreichendes Privatvermögen verfügen, bei einem Verfall der Unternehmung ihrer Lebensgrundlage, insbesondere für das Alter, beraubt würden, da das gesamte in der Unternehmung investierte Kapital dann untergeht. Davor kann auch eine Vollkapitalgesellschaft nicht schützen.

Hier bietet sich die Besitz- und Betriebsgesellschaft als wirksames Regulativ der Risikobeschränkung an. Man kann mit dieser Organisationsform die Erbfolge vorbereiten oder sie vollziehen. Beim Vollzug wird die Betriebsgesellschaft den Erben verantwortlich übergeben und die Erblasser ziehen sich in die Besitzgesellschaft zurück. Damit findet das Streben der Nachfolgegeneration nach verantwortlicher Geschäftsführung und Kapitalbeteilgung Erfüllung. Diese Übergabe wird u. U. stufenweise erfolgen. Die erste Stufe kann z. B. so ausgestaltet werden, daß die Erben mit den Erblassern zusammen zur Geschäftsführung berufen sind und mit einem geringen Anteil am Kapital beteiligt werden. Danach, in der zweiten Stufe, kann es angebracht erscheinen, daß die Eltern die Geschäftsführung aufgeben und nur noch Aufsichtsfunktionen in entsprechenden Organen der Kapitalgesellschaft ausüben. Wenn sich die Erben in der Betriebsgesellschaft bewähren, wird man vielleicht im nächsten Abschnitt auch die Gesellschaftsrechte auf diese übertragen. An der Aufgabe der Aufsichtstätigkeit werden die Erben weniger interessiert sein, da diese Verbindung mit der Gesellschaft es gestattet, die umfangreichen Erfahrungen, Verbindungen usw. der Erblasser, die diese den Erben gegenüber voraushaben, auch weiterhin für den Betrieb einzusetzen.

In diesem Stadium verfügen dann die Erben und auch die Erblasser nur noch über das ihnen selbst gehörende Vermögen. Es wird in dieser rechtlichen klaren Aufteilung auch ein evtl. Verfall der Betriebsgesellschaft nicht notwendig den Zusammenbruch der Besitzgesellschaft zur Folge haben; denn diese kann den Betrieb des Unternehmens wieder an sich ziehen und, unter Aufnahme von Krediten zur Beschaffung von Umlaufvermögen, fortführen. Die Besitzgesellschaft kann durch den Konkurs einer Betriebsgesellschaft nur dann empfindlich getroffen werden, wenn sie sich für Verbindlichkeiten der Betriebsgesellschaft verbürgt und wenn sie selbst durch den Konkurs wesentliche Forderungsausfälle erleidet.

Als vorteilhaft erscheint es auch, daß den Erblassern in der Besitzgesellschaft eine wenn auch beschränkte unternehmerische Tätigkeit vorbehalten bleibt. Man wird in diesem Zusammenhang auch deren Aufsichtstätigkeit in der Kapitalgesellschaft als eine Maßnahme ansehen können, die die Erwerbsgrundlage der Besitzgesellschaft in der Verpachtung und ihr Vermögen sichert.

Es ist selbstverständlich, daß nicht in allen Fällen der Erbfolgeregelung oder deren Vorbereitung die Betriebsteilung die wirtschaftlich gebotene Organisationsform sein kann. Sie wird immer da ihre Berechtigung haben, wo die vorhandene Zahl von zukünftigen Gesellschaftern zu einem in der Zukunft liegenden Zeitpunkt die Übernahme der Rechtsform einer Kapitalgesellschaft erfordert, oder wenn die Entwicklung auf diese Rechtsform erkennbar wird.

4. Die Geschäftsführung

Die Umgründung eines Personenunternehmens in eine Kapitalgesellschaft kann auch angestrebt werden, um eine unter besonderen Umständen mangelhafte Geschäftsführung durch die Umgründung funktionsfähiger zu gestalten. Da die Berufung, Ausübung und Abberufung in den beiden Rechtstypen der Unternehmung sich unter anderen Bedingungen vollzieht, kann gerade diesen Tatbeständen maßgebliche Bedeutung zukommen.

Bei Gesellschaftsverhältnissen ist die Auswahl und Berufung von Geschäftsführern aus dem Kreis der Gesellschafter seit jeher Gegenstand lebhafter Auseinandersetzungen gewesen. Bei den Personengesellschaften werden die verantwortlichen Geschäftsführer ausschließlich von den Gesellschaftern gestellt[37], da hier die gesetzlichen Vorschriften richtungweisend sind.

In der offenen Handelsgesellschaft sind alle Gesellschafter zur Geschäftsführung berechtigt und verpflichtet. Der Gesellschaftsvertrag kann vorsehen, daß die Geschäftsführung nur einem

---

[37] Das hindert natürlich nicht daran, Dritte als Beauftragte, Sonderbevollmächtigte, Generalbevollmächtigte zu engagieren; aber wichtige Entscheidungen bleiben letztlich doch den Gesellschafter-Geschäftsführern vorbehalten.

oder nur einem Teil der vorhandenen Gesellschafter übertragen wird. Die anderen Gesellschafter sind dann von der Geschäftsführung ausgeschlossen[38].

Bei der Kommanditgesellschaft sind die Komplementäre zur Geschäftsführung berechtigt bzw. verpflichtet, die Kommanditisten dagegen ausgeschlossen[39].

Bei den Personenunternehmungen wird somit die wirklich tragende Geschäftsführungsbefugnis an die Gesellschafterstellung geknüpft.

Anders liegen die Verhältnisse bei den Kapitalgesellschaften. Diese neigen mehr dazu, dem Unternehmen fremde Personen in die Geschäftsführung zu berufen. Zwar werden die Geschäftsführer der GmbH von den Gesellschaftern[40], der Vorstand der AG vom Aufsichtsrat[41] bestellt, in den sich auch Gesellschafter wählen lassen können, aber hier ist der Kreis der für die Geschäftsführung auszuwählenden Personen völlig offen, somit gegenüber dem der Personenunternehmung erweitert. Unter Umständen kann die gesetzliche Regelung bei den Personengesellschaften sich dahin auswirken, daß der fähigste Bewerber aus dem Kreis der Außenstehenden dort erst zum Zuge kommt, wenn auch der am wenigsten geeignete Gesellschafter in der Geschäftsführung versagt, während bei den Kapitalgesellschaften Bewerber aus dem Kreis der Gesellschafter und Außenstehende in Konkurrenz nebeneinander stehen, da die Anteilseigner keine Berechtigung zur Geschäftsführung aufgrund positiver Rechtsnormen haben. Das ist ein beachtliches psychisches Moment, da ihnen im Fall der Nichtberufung zur Geschäftsführung auch nichts genommen wird und sie in ihren gesetzlich verankerten Rechten durch ein solches Handeln nicht beschnitten werden.

Wenn nun so der Kreis der den Personengesellschaften für die Geschäftsführung zur Verfügung stehenden Personen gegenüber dem der Kapitalgesellschaften begrenzt erscheinen muß, so kann man daraus schließen, daß die Kapitalgesellschaften wegen des erheblich erweiterten Auswahlbereiches die besseren Chancen haben, die fähigeren Kräfte für sich zu gewinnen und einzusetzen als die Personengesellschaften, da sich bei diesen die Berechtigung der Gesellschafter zur Geschäftsführung verschiedentlich als Hemmnis auswirkt.

Neben der Art der Berufung kann sich in der Personengesellschaft auch die Form der Ausübung der Geschäftsführung hindernd bemerkbar machen.

---

[38] § 114 HGB.
[39] § 164 HGB.
[40] § 46 Ziff. 5 GmbHG.
[41] § 75 AktG.

Üben in einer offenen Handelsgesellschaft oder Kommanditgesellschaft aufgrund der in § 114 HGB gegebenen Berechtigung und Verpflichtung mehrere Gesellschafter die Geschäftsführung aus, so ist jeder von ihnen allein zu handeln berechtigt[42]. Widerspricht jedoch ein anderer geschäftsführender Gesellschafter der Vornahme einer Handlung, so muß diese unterbleiben[43]. Der Gesellschaftsvertrag kann bestimmen, daß alle Geschäftsführer nur gemeinsam zu handeln berechtigt sind. Dann bedarf eine Handlung der Zustimmung aller Gesellschafter[44]. Das Vetorecht bei der Einzelgeschäftsführungsbefugnis und das Zustimmungsbedürfnis in der Kollektivgeschäftsführung ist zwar eine ausgezeichnete Sicherung gegen geschäftsschädigende Handlungen einzelner Gesellschafter-Geschäftsführer, aber in dem gleichen Maße wie diese Sicherung auch tatsächlich erreicht wird, in dem gleichen Maße wird auch die Geschäftsführung unelastisch. Bedeuten die Sicherungen in ihrer praktischen Auswirkung doch nichts anderes, als daß in den fraglichen Fällen jedem der Mitgeschäftsführer Gelegenheit gegeben werden muß, das Vetorecht auszuüben, die erforderliche Zustimmung zu geben oder zu verweigern[45]. Wenn auch Fähigkeit und Können der Geschäftsführer über jeden Zweifel erhaben sein mögen, so bedeutet doch das Erfordernis der gegenseitigen Abstimmung[46] nicht nur einen Zeitverlust, sondern sie nimmt der Geschäftsführung auch einen Teil ihrer Wirksamkeit und Schlagkraft. Das um so mehr, wenn die Zusammenarbeit unter den Geschäftsführern nicht ganz ohne Spannungen abläuft, die Entscheidungen einzelner Geschäftsführer von persönlichen Erwägungen beeinflußt werden, oder gar die Zusammenarbeit von der Existenz „lästiger" Gesellschafter-Geschäftsführer bestimmt wird.

Bei den Kapitalgesellschaften ist eine Ordnung des gleichen Ranges nicht üblich. Wenn mehrere Personen zur Geschäftsführung berufen werden, so ist einer von ihnen die notwendige Entscheidungsbefugnis über die anderen als Hauptgeschäftsführer oder Vorsitzer des Vorstandes eingeräumt, so daß ihnen die den so geführten Personengesellschaften fehlende Elastizität, Wirksamkeit und Schlagkraft erhalten ist.

Die Abberufung von Gesellschafter-Geschäftsführern der Personengesellschaften gegen deren Willen ist nur schwer durchzuführen. Rechtlich kann zwar aus wichtigem Grund die Ge-

---

[42] § 115 Abs. 1, 1. Halbsatz HGB.
[43] § 115 Abs. 1, 2. Halbsatz HGB.
[44] § 115 Abs. 2 HGB.
[45] Über den Umfang der Geschäftsführungsbefugnis vgl. § 116 HGB. Es fallen darunter alle Handlungen, die der gewöhnliche Betrieb d. Handelsgewerbes d. Gesellschaft mit sich bringt.
[46] Mit Ausnahme bei Gefahrverzug gem. § 115 Abs. 2 HGB.

schäftsführungsbefugnis entzogen werden[47], das wird aber nicht ohne wirtschaftliche Rückwirkungen auf das bestehende Gesellschaftsverhältnis bleiben; denn der aus der Geschäftsführung zu entfernende Gesellschafter wird das damit bekundete Mißtrauen zum Anlaß nehmen, seinerseits das Gesellschaftsverhältnis zu kündigen. Das auferlegt diesen Unternehmungsformen eine gewisse Einschränkung der Entscheidungsfreiheit.

Der Rechtsakt der Berufung von geschäftsführenden Personen der Kapitalgesellschaften erfolgt in der Form eines Auftrages oder eines Dienstvertrages, der grundsätzlich widerruflich oder auflösbar ist. Diesem Rechtsgedanken folgend, ist die Abberufung des Geschäftsführers einer GmbH zu jeder Zeit ohne Angabe von Gründen durch Widerruf der Bestellung möglich; es sei denn, daß dieser vertraglich auf wichtige Gründe beschränkt wird[48]. Die Bestellung von Vorstandsmitgliedern einer AG kann von deren Aufsichtsrat ohne Wahrung einer Frist widerrufen werden, wenn ein wichtiger Grund vorliegt[49]. Da im übrigen die Bestellung von Vorstandsmitgliedern auf fünf Jahre befristet ist[50], bedarf es eines jederzeit ohne wichtigen Grund auszuübenden Widerrufsrechtes nicht. In diesen Unternehmungsformen können unfähige, hinsichtlich ihrer Leistungen und ihrer Zusammenarbeit mit den anderen, nicht den Erwartungen entsprechenden Führungskräfte ohne besondere Umstände aus der Leitung des Unternehmens entfernt werden.

Bei dem Vergleich der Geschäftsführungsfragen zwischen Personengesellschaften und Kapitalgesellschaften wird man nur schwer eine offen sichtbare Beziehung zur Aufspaltung feststellen können. Die Ursache für das Fehlen eines sichtbaren Kausalzusammenhanges wie bei der Haftung, Auseinandersetzung und Vererbung muß darin gesehen werden, daß eine Kausalreihe durch hindernde Faktoren unterbrochen wird. Es geht in erster Linie hier nicht darum, die Schwierigkeiten in der Geschäftsführung von Personengesellschaften durch eine Aufspaltung zu beseitigen, sondern darum, in den Genuß der Vorteile der Kapitalgesellschaft auf diesem Gebiet zu gelangen. Diese würde

[47] § 117 HGB. Dabei sind sowohl das Verhalten des auszuschließenden Gesellschafters als auch das der übrigen Gesellschafter sowie die Gesamtumstände und Interessen zu berücksichtigen. Der Entziehungsantrag muß von allen übrigen Gesellschaftern, auch von dem evtl. bereits von der Geschäftsführung ausgeschlossenen, gestellt werden. Er kann nicht durchdringen, wenn einer sich dem Antrag verschließt. Danach bleibt nur die Klage auf Auflösung der Gesellschaft gem. § 133 HGB oder auf Ausschließung des sich weigernden Gesellschafters aus der Gesellschaft gem. § 140 HGB. So *Geßler:* Kom. HGB, Anmerkungen 2, 5, 6 und 7 zu § 117 HGB.

[48] § 38 GmbHG.

[49] § 75 Abs. 3 AktG.

[50] § 75 Abs. 1 AktG.

man über eine Umgründung in die Vollkapitalgesellschaft auch erreichen. Dem können aber hindernde Umstände wie erhöhte Gründungskosten, Doppelbesteuerung auszuschüttender Gewinne, Erhöhung des haftenden Kapitals u. ä. entgegenstehen, die den auf eine Vollkapitalgesellschaft zielenden Impuls auf die Spaltung ablenken. Insofern begünstigt auch das Motiv der Geschäftsführung die Aufspaltung. Daß daneben auch Fälle denkbar sind, in denen man in bezug auf die Geschäftsführung zweigleisig fahren will, nach den Grundsätzen der Personengesellschaften und auch nach den Grundsätzen der Kapitalgesellschaften, ist denkbar. Hier besteht dann ein direkter, die Aufspaltung begünstigender Zusammenhang.

5. Die Kapitalbeschaffung

Der Gesichtspunkt einer gegenüber der den Personenunternehmungen offenstehenden erleichterten Möglichkeit der Kapitalbeschaffung dürfte wohl nur in den Aufspaltungen als treibendes Motiv anzusehen sein, in denen als Betriebsgesellschaft eine Aktiengesellschaft tätig ist. Über die Institution des organisierten Kapitalmarktes ist eine AG in der Lage, eine breitere und damit aufnahmefähigere Interessentenschicht anzusprechen, wie umgekehrt diese mit Rücksicht auf die Unabhängigkeit der Existenz der Gesellschaft von der Existenz ihrer Gesellschafter sowie auf die Mobilität von Anteilen oder Obligationen eher geneigt ist, einer Kapitalgesellschaft Kapital zur Verfügung zu stellen als einer Personenunternehmung.

Mit der Teilung eines Unternehmens können Vorbereitungen getroffen werden, den organisierten Kapitalmarkt in Anspruch zu nehmen[51]. Aber auch hier muß man zu der Auffassung neigen, daß die Aufspaltung aus einem abgelenkten Impuls hervorgeht, dessen Ablenkung, nämlich die Verhinderung einer Umgründung, aus wirtschaftlich beachtenswerten Motiven, wie sie schon vorher beschrieben sind, gerechtfertigt erscheint.

6. Die Besteuerung

Eine Untersuchung darüber, warum und in welchem Maße steuerliche Gesichtspunkte die Wahl einer Rechtsform und darin auch den Wechsel zwischen zwei Rechtsformen verschiedener Rechtsnatur beeinflussen, ist im Grunde nichts anderes als der seit Jahrzehnten

---

[51] Es ist bisher kein Fall bekanntgeworden, daß ein in der Form der Besitz- und Betriebsgesellschaft geführtes Unternehmen den organisierten Kapitalmarkt durch Begeben von neuen Aktien oder Obligationen in Anspruch genommen hat. Wohl ist dem Verfasser ein Fall bekannt, in dem u. a. mit der Teilung Vorkehrung getroffen werden sollte, zu einem späteren Zeitpunkt an den Kapitalmarkt zu gehen.

wiederholte Versuch, auf die Frage nach der steuerlich günstigsten Unternehmungsform eine Antwort zu finden. Es hat im Verlauf zahlreicher Abhandlungen nie an warnenden Stimmen gefehlt, bei der Auswahl der Rechtsform die steuerlichen Belange über Gebühr zu berücksichtigen oder gar als richtungweisend und ausschlaggebend zu werten[52]. Man neigt sehr leicht dazu, lediglich auf die Steuerersparnis der Form zu sehen und nicht zu beachten, daß das steuerliche Moment in seinen wirtschaftlichen Auswirkungen nur einen Teil eines Bündels von Gesichtspunkten ausmacht, das sehr wohl durch andere Momente nicht nur ausgeglichen, sondern überragt werden kann[53].

Löst man das steuerliche Moment aus dem Bündel wirtschaftlicher Verflechtungen, so kann man auch dann nur im Hinblick auf den häufig erfolgenden Wandel der Steuergesetzgebung in besonders gelagerten Fällen und begrenzt auf einen bestimmten Zeitraum feststellen, daß die eine oder andere Form innerhalb dieses Abschnittes bei den in Betracht kommenden Steuerarten besser gestellt ist. Ein abschließendes Urteil aber wird man erst geraume Zeit später fällen können[54]. In der Regel ist ein abschließendes Urteil erst dann möglich, wenn sich eine Totalrechnung durchführen läßt; d. h., wenn die Unternehmung in Liquidation geht. Es ist geradezu unmöglich, die Entwicklung der Steuergesetzgebung in der Zukunft abzuschätzen oder zu bestimmen.

Ein zeitlich begrenzter Vorteil vermag sich im Wandel der Steuergesetze sehr schnell ins Gegenteil zu kehren, wobei die über eine Ersparnis erlangten Gewinne mehr als nur aufgezehrt werden[55]. Damit wird jede Auswahl von Rechtsformen nach steuerlichen Gesichtspunkten von vornherein problematisch.

Andererseits ist aber auch zu berücksichtigen, daß gerade in der Zeit unmittelbar nach Kriegsende die laufend zu entrichtenden Steuern in der Ertragsrechnung der Unternehmungen ein Ausmaß angenommen haben, an dem man nicht achtlos vorübergehen durfte. Die Entwicklung der Steuertarife ist in der nachfolgenden Übersicht dargestellt. Bei steuerpflichtigen Einkommen betrug die

---

[52] So *Brönner:* Die Besteuerung der Gesellschaften, 9. Aufl., S. 2; *Lehmann, H.:* Handelsrecht, S. 288; *Bühler:* Steuerrecht, S. 193; *Zartmann,* Personenunternehmung oder Kapitalgesellschaft, BB 1948, S. 517; *Derselbe:* Zeitgemäße Unternehmungsformen, NB 1953, S. 121; *Zitzlaff:* Zur Frage der Betriebs- oder Vertriebs-GmbH, StW 1951, Sp. 330.

[53] *Findeisen,* a.a.O., S. 27.

[54] Vgl. dazu den Hinweis von *Zitzlaff:* Zur Frage der Betriebs- oder Vertriebs-GmbH, StW 1951, Sp. 330, daß gerade bei Umgründungen aus steuerlichen Motiven oft sehr viel später für die Beteiligten unangenehme steuerliche Überraschungen eintreten können. *Zitzlaff* führt dafür einige Beispiele an.

[55] So auch *Zartmann:* Zeitgemäße Unternehmungsformen, NB 1953, S. 121.

a) Einkommensteuer[56]

Gewinn RM/DM	1938	1946	1949	1953	1957
25 000	4 120	14 773	11 232	8 074	5 512
50 000	12 710	37 253	30 750	20 549	15 545
100 000	32 600	84 183	75 126	51 534	38 084
250 000	100 000	226 683	213 072	150 826	116 699
500 000	200 000	464 183	450 530	369 365	264 389

b) Körperschaftsteuer

Gewinn RM/DM	1938	1946	1949	1953[57]	1957
bis 50 000	30 %	35 %	50 %	60 %	45 %
bis 100 000	30 %	45 %	50 %	60 %	45 %
bis 500 000	35 %	60 %	50 %	60 %	45 %
über 500 000	35 %	65 %	50 %	60 %	45 %

Die gegenüber der Vorkriegszeit auszuweisende Erhöhung der Steuertarife veranlaßte *Terhalle*[58] zu sagen, daß „es offenbar alles andere eher als ein volkswirtschaftlich gesunder Zustand ist, wenn der Steuerdirektor großer Unternehmen für das Bilanzergebnis seiner Unternehmung ebenso wichtig oder gar noch wichtiger wird als der Kaufmann und der Betriebswirt". „Eine Steuer, die den Gewinn größtenteils wegsteuert und dem Unternehmer nur das Risiko läßt, muß notwendigerweise das Unternehmertum beseitigen[59]."

Das Problem der steuerlich günstigsten Unternehmungsform wird durch die verschiedenartige Besteuerung von Personenunternehmungen und Kapitalgesellschaften geschaffen[60]. Sehr früh ist schon erkannt worden, daß die von den Steuergesetzen auf die Wahl der Rechtsform ausgehenden Einflüsse nicht zu den betriebswirtschaftlich „erstrebenswerten" Nebenwirkungen der Gesetze rechnen. So hat der 33. Deutsche Juristentag im Jahre 1924 an die Spitze seiner Leitsätze die Forderung gestellt, die Einkommensteuer und Körperschaftsteuer so zu gestalten, daß die Gewerbetreibenden nicht genötigt werden, der Einkommen- oder Körperschaftsteuer wegen bestimmte Rechtsformen zu wählen oder von einer Rechtsform zur anderen überzugehen[61].

---

[56] Die tabellarische Übersicht für das Jahr 1938 ist dem Aufsatz von *Kinnebrock:* Die Umwandlung in Kapitalgesellschaften, Wpg. 1949, S. 512, entnommen. Steuerklasse III/2 Kinder.

[57] Für die Veranlagungszeiträume ab 1953 gespaltener Körperschaftsteuertarif mit 30 % für die berücksichtigungsfähigen Ausschüttungen.

[58] Finanzwirtschaft und Volkswirtschaft, Wirtschaftstheorie und Wirtschaftspolitik, Festgabe für Adolf Weber zu dessen 75. Geburtstag, S. 321.

[59] *Schmalenbach:* Wirtschaft und Steuer, Betriebswirtschaftliche Beiträge 1948, Heft 2, S. 1.

[60] Also vor allem die Einführung der Körperschaftsteuer auf Reichsebene durch das Körperschaftsteuergesetz v. 30. 3. 1920; vorher durch die Ländersteuergesetze, z. B. direkte Erfassung der Gewinne der GmbH durch Preußisches Gesetz v. 19. 6. 1906. *Fischer:* Steuersystem und Wirtschaftsordnung, ZfH 1954, S. 137. Ebenso Bayerisches Gesetz v. 14. 8. 1910.

[61] So *Lion:* Gesetzlich erlaubte Steuerersparungen, S. 70.

Lion hat seinerzeit auf eine Art der Betriebssteuer hingewiesen[62]. Der finanzwissenschaftliche Beirat bei der Verwaltung für Finanzen hat den Gedanken der Betriebssteuer aufgegriffen, ohne sich jedoch durchsetzen zu können[63]. In der Gegenwart und überschaubaren Zukunft ist die Zweigleisigkeit des Steuersystems somit auch weiterhin noch bestimmend für die Besteuerung der laufenden Erträge von Personenunternehmungen und Kapitalgesellschaften.

a) Allgemeine Fragen des Belastungsvergleiches

Die Problematik eines Belastungsvergleiches zwischen Personenunternehmungen und Kapitalgesellschaften liegt darin, festzustellen, welche Unternehmungen — nach wirtschaftlichen Merkmalen ausgesucht — und welche Steuerarten und Besteuerungsphasen darin einzubeziehen sind. Zwar ist eine Unternehmungsform „steuerlich zweckmäßig, wenn in ihrer Betätigungsform — für die Unternehmung und die Beteiligten — die geringste Steuerlast entsteht"[64], aber es ist gerade die Steuerlast nicht nur von der Form der Unternehmung abhängig, sondern auch von der Zahl der gewinnberechtigten Gesellschafter, der Höhe der Gewinnausschüttung u. a. m.

Bühler[65] bezweifelt mit Recht, daß es methodisch richtig sei, für einen Belastungsvergleich der Summe der Steuern sämtlicher Gesellschafter von Personengesellschaften die Gesamtsteuerleistung einer Kapitalgesellschaft einschließlich der der Gesellschafter aus einer Gewinnausschüttung gegenüberzustellen. Ein solcher Belastungsvergleich erscheint nur zwischen Unternehmungen gerechtfertigt, deren Gesellschafterzahl überschaubar ist und deren Gewinne und Vermögen wirtschaftlich noch irgendwie als solche der Gesellschafter angesehen werden können; d. h. wenn es sich z. B. bei Kapitalgesellschaften um den Typ der personenbezogenen Kapitalgesellschaft handelt[66]. Ein Be-

[62] A.a.O., S. 71. Danach sollten die in Personenunternehmungen verbleibenden Gewinne nicht höher besteuert werden als die von Kapitalgesellschaften.

[63] Vgl. *Fischer:* Steuersystem und Wirtschaftsordnung, ZfH 1954, S. 140; *Merkle:* Der wechselseitige Einfluß von Rechtsform, Art und Größe der Unternehmung und ihrer Besteuerung, Cahiers S. 210. Gegen die Betriebssteuer sind vor allem aus Kreisen der gewerblichen Wirtschaft Bedenken angemeldet worden, da diese zu einer rechnerischen Verselbständigung der Unternehmen führe, steuerliche Kapitalgesellschaften wider den Willen der Inhaber schaffe und schließlich als neue Steuer in Zukunft die gesamte Steuerlast erhöhen würde, statt diese zu senken. Auch der § 32 b EStG 1951 ist in der Praxis wegen der dem Steuerpflichtigen darin auferlegten Beschränkungen und der Gefahr einer Nachversteuerung nur ungern und nur in wenigen Fällen in Anspruch genommen worden.

[64] *Beuck,* a.a.O., S. 13.

[65] Der Einfluß des Steuerrechts auf die Gesellschaftsformen, ZfH 1941, S. 94 f.

[66] Man wird *Bühler:* Der Einfluß des Steuerrechts auf die Gesellschafts-

lastungsvergleich entbehrt immer dann der Berechtigung, wenn eine unüberschaubare Zahl von Gesellschaftern in einer Kapitalgesellschaft vorhanden ist. In solchen Fällen bestehen zwischen den Gesellschaftern bzw. Aktionären und den Gesellschaften keine engen Bindungen mehr; es ist auch unmöglich, die bei den Personen vorliegenden subjektiven Besteuerungsmerkmale unter Kontrolle zu halten, was unerläßliche Voraussetzung ist, um einen Vergleich durchzuführen. Andererseits fehlt hier die Vergleichsberechtigung auch deshalb, weil die Unternehmung ein so weitgehendes, von dem der Anteilsinhaber völlig unabhängiges Eigenleben entwickelt, das dann nicht mehr als Vergleichseinheit angesprochen werden kann.

Der Kreis der in den Belastungsvergleich einzubeziehenden Steuerarten erstreckt sich auf die Steuern von Einkommen, Ertrag und Vermögen, darin vor allem auf die Einkommen-, Körperschaft- und Vermögensteuer, aber auch die Kirchensteuer[67] und das Notopfer Berlin. Die Kirchensteuer ist nicht nur deshalb einzubeziehen, weil der überwiegende Teil der natürlichen steuerpflichtigen Personen konfessionell gebunden, sondern auch deshalb, weil die Beseitigung dieser Steuerart durch den Steuerpflichtigen ein neuer, selbständiger Wahlakt ist. Das Notopfer gewinnt vor allem jetzt an Bedeutung, da die natürlichen Personen von der Leistung freigestellt sind.

Da die Besteuerung von Erträgen juristischer Personen in zwei Phasen erfolgt bzw. erfolgen kann, ist auch zu entscheiden, ob nur die bei der Kapitalgesellschaft selbst oder auch die bei den Anteilseignern anfallenden Steuern festzustellen sind. Ist es richtig, bei Kapitalgesellschaften auch die zweite Besteuerungsphase, die Erhebung der Einkommensteuer, voll in den Vergleich einzubeziehen, auch dann, wenn der Gewinn nicht oder nur zum Teil ausgeschüttet wird? Das mag im Hinblick auf die bei der Nachholung von Ausschüttungen oder auf die bei der Liquidation anfallende Einkommensteuer berechtigt erscheinen. Die Rechnung wäre aber von zweifelhaftem Wert, wenn sich die Ausschüttung oder Liquidation in unabsehbare Zukunft verschiebt. Es ließe sich nicht übersehen, welche Steuern und in welcher Höhe in dem in der Zukunft liegenden Zeitpunkt zur Erhebung gelangen

formen, ZfH 1941, S. 94—99, nur zögernd folgen können, den Belastungsvergleich zu den Kapital- und Gewinnverhältnissen in Abhängigkeit zu setzen. Im Vordergrund dieser Betrachtungen muß das Persönlichkeitsprinzip stehen, und zwar in beiden Gesellschaftsformen unter gleichen subjektiven Besteuerungsverhältnissen.

[67] Da die gezahlte Kirchensteuer abzugsfähig ist und sie so die Einkommensteuer beeinflußt, andererseits sie selbst aber auch von der zu berechnenden Einkommensteuer abhängt, wird sie hier mit einem geschätzten Betrag angesetzt, der sich aus der Einkommensteuerberechnung etwa ergeben würde.

werden. Es wäre dann auch zu berücksichtigen, daß mit den ersparten Steuerbeträgen Zinsgewinne erzielt werden.

Die zweite Besteuerungsphase kann nicht in den Vergleich einbezogen werden, wenn die Nachholung der Ausschüttung oder die Liquidation als neuer, selbständiger Wahlakt anzusehen ist und daher die Absicht der Beteiligten im Zeitpunkt der Thesaurierung darauf zielt, die thesaurierten Beträge auf unbestimmte Zeit im Unternehmen zu belassen. Da man im Einzelfall die Absicht nicht identifizieren kann, sind beide Vorgänge, die Thesaurierung und die Ausschüttung, zu berücksichtigen.

b) Der ertrag- und vermögensteuerliche Belastungsvergleich

Die Höhe der von den zu vergleichenden Unternehmungsgruppen zu entrichtenden Steuern ist abhängig von der Höhe des Gewinnes, des Betriebsvermögens, des Steuerkurswertes der Anteile an Kapitalgesellschaften, der Zahl der Gesellschafter, deren sonstigem Einkommen, der Steuerklasse und der Höhe der Ausschüttung.

Für Vergleichszwecke werden alle Daten, mit Ausnahme des Gewinns, konstant gehalten. Die Vergleichskennziffern werden dabei wie folgt bestimmt:

Gewinn, nach Abzug der Gewerbesteuer, jedoch vor Abzug der Vermögensteuer und der Gesellschafter-Geschäftsführerbezüge in der Kapitalgesellschaft, in der Höhe von 100 000, 200 000, 500 000, 1 000 000 und 2 000 000 DM.

Das Betriebsvermögen beträgt 1 000 000 DM und ist gleich dem Stammkapital der Kapitalgesellschaft.

Der Steuerkurswert der Anteile ist 100 %.

Es ist nur ein Gesellschafter[68] vorhanden, für den Steuerklasse I anzuwenden ist. Der Gesellschafter ist als Geschäftsführer in der Kapitalgesellschaft tätig und erhält eine Vergütung von 18 000 DM. Er hat kein sonstiges Einkommen.

Die Kapitalgesellschaft hat die Rechtsform einer GmbH, bei der die berücksichtigungsfähige Ausschüttung auf 8 % des Stammkapitals bzw. Einheitswertes begrenzt ist.

---

[68] Die Zahl der Gesellschafter wird hier nicht variiert, da mit fortschreitender Gesellschafterzahl zwar der Gewinn je Gesellschafter niedriger wird, die daraus sich ergebenden Grundsätze aber, mit einigen Abweichungen, aus dem Vergleich ersichtlich sind, wenn man den einheitlichen höheren Gewinn durch entsprechende Teilung auf hier berechnete niedrigere Gewinnstufen reduziert. Die Progression wird bekanntlich dadurch aufgehoben. Änderungen werden sich dabei lediglich aus der Verteilung der Vermögensteuer und aus der mehrfachen Anwendung des Werbungskostenpauschsatzes ergeben.

Die Vergleichsrechnung wird für die Veranlagungszeiträume 1949 und 1957 durchgeführt. Der Zeitraum 1949 ist deshalb besonders aufschlußreich, weil in jener Zeit Einkommensteuertarif und Körperschaftsteuertarif nicht aufeinander abgestimmt waren und, daraus folgend, die Umgründungsbewegung in eine Kapitalgesellschaft stark in den Vordergrund getreten ist.

Es zahlten danach die Vergleichsgruppen an Steuern:

1. Veranlagungszeitraum 1949

Gewinn DM	Personen-unternehmung DM	Kapitalgesellschaft 1.* DM	Kapitalgesellschaft 2.** DM
100 000	79 000	60 000	84 000
200 000	172 000	111 000	179 000
500 000	459 000	264 000	469 000
1 000 000	941 000	519 000	960 000
2 000 000	1 905 000	1 029 000	1 939 000

* = volle Thesaurierung ** = volle Ausschüttung

2. Veranlagungszeitraum 1957[69]

Gewinn DM	Personen-unternehmung DM	Kapitalgesellschaft 1.* DM	Kapitalgesellschaft 2.** DM
100 000	47 000	62 000	70 000
200 000	100 000	121 000	140 000
500 000	280 000	258 000	371 000
1 000 000	584 000	503 000	774 000
2 000 000	1 154 000	994 000	1 566 000

* = volle Thesaurierung ** = volle Ausschüttung

Der Vergleich der zu leistenden Steuern zeigt, daß sowohl 1949 als auch 1957 die Vergleichsgruppe der Kapitalgesellschaft gegenüber der des Personenunternehmens unter bestimmten Voraussetzungen begünstigt ist in der Weise, daß bei steigenden Gewinnen von einem bestimmten Gewinnpunkt an eine Steuerersparnis eintritt, wenn die Kapitalgesellschaft nicht gezwungen ist, die ihr nach Abzug der Steuern verbleibenden Gewinne auszuschütten. Die Steuerersparnis steigt mit zunehmender Gewinnhöhe, sie sinkt mit zunehmender Ausschüttung in einer Weise, daß sich von einer bestimmten Ausschüttungshöhe ab keine Steuerersparnis, sondern eine Steuermehrbelastung ergibt.

[69] Zur Berechnung der für den Gewinn von DM 100 000,— möglichen berücksichtigungsfähigen Ausschüttung vgl. die eingehenden Untersuchungen von *Neinhaus:* Die Feststellung der möglichen Ausschüttung bei Körperschaften, B 1955, S. 101 ff; *Priese:* Die steuerlich günstigste Unternehmungsform, B 1953, S. 892 ff., und *Wepner:* Zum Problem der steuerlich günstigsten Unternehmungsform, B 1953, S. 1017 ff. Die mögliche Ausschüttung ist hier errechnet nach der Formel: $e - 0{,}45\ (e - x) - 0{,}0409\ e - 0{,}3\ x - x - z = 0$. Darin sind e = körperschaftsteuerpflichtiger Gewinn, x = mögliche Ausschüttung, z = im körperschaftsteuerpflichtigen Gewinn enthaltene Zurechnungsposten (in dieser Rechnung die nichtabzugsfähigen Steuern).

Gerade in der Zeit des Wiederaufbaues unmittelbar nach der Währungsreform war es eine Existenzfrage für viele Unternehmungen, dem ungeheuren Druck der Einkommensteuer zu entgehen. Im Hinblick auf die sich in der Spitze seinerzeit bis zu 95 % und bei höheren Einkommen im Durchschnitt bis zu 91 % steigernde Belastung des Einkommens durch die Einkommensteuer ist die Flucht in die Kapitalgesellschaft eine zwangsläufige und verständliche Reaktion gewesen, existenzgefährdende Eingriffe des Staates zu neutralisieren, die es aber auch gleichzeitig erlaubte, über eine Steuerersparnis dem Unternehmen für Investitionszwecke dringend benötigte Mittel zu erhalten.

Das theoretische Fundament der Betriebsaufspaltung aus steuerlichen Motiven beruht auf zwei miteinander verwandten, in der Konzeption jedoch anders gearteten Gedankengängen. Es entspricht den Absichten, mit der Errichtung einer Besitz- und Betriebsgesellschaft quasi zweigleisig zu fahren, indem eine Unternehmung in einen einkommensteuerlichen Rumpfbetrieb und eine körperschaftsteuerpflichtige juristische Person aufgeteilt wird[70], dabei will man in dem einen Fall die einkommensteuerlichen Nachteile, den im Einzelfall sehr hohen Tarif[71] und die Nichtberücksichtigung der Gewinnverwendung bei Personenunternehmungen ausgeschaltet wissen und stattdessen für die im Unternehmen verbleibenden, zur Investition bestimmten Gewinnteile die Gewinnverwendung berücksichtigt und dafür den niedrigeren Körperschaftsteuertarif angewendet sehen. In dem anderen Fall dagegen wird das erstrebenswerte Ziel darin gesehen, die bei einer Gewinnausschüttung von Körperschaften auftretende Doppelbesteuerung zu vermeiden.

Überlegungen, wie sie für die erste Gruppe kennzeichnend sind, werden in Personenunternehmungen angestellt, deren Gesellschafter aufgrund der erwirtschafteten und vor allem nachhaltig erzielbaren zukünftigen Gewinne in eine gegenüber der vergleichbaren Körperschaftsteuer höhere Einkommensteuerbelastung gelangen, und die erheblich mehr erwirtschaften als die Gesellschafter zur Bestreitung ihres Lebensunterhaltes benötigen. Es handelt sich hier erfahrungsgemäß um Unternehmungen, die, nach den übrigen, wirtschaftlichen Merkmalen zu werten, dazu bestimmt sind, die Rechtsform eines Personenunternehmens zu führen. Nur steuerlich scheint die Rechtsform der Personenunternehmung hier nicht die günstigste Form zu sein, da durch die Zusammenrechnung der verbrauchs- und investitions-

[70] So auch *Bühler:* Steuerrecht, S. 190.

[71] 1949 Spitze 95 % bei 91 % Durchschnittsbelastung; 1957 Spitze 63,45 % bei 55 % Durchschnittsbelastung.

bestimmten Ertragsteile entweder in der Grenzwertbetrachtung höhere Progressionsstufen oder eine höhere Durchschnittsbelastung als der Körperschaftsteuertarif sie bewirkt, erreicht wird. Es wird aber auch die Form einer Vollkapitalgesellschaft nicht als die den Verhältnissen entsprechende Form angesehen, da die Gesellschafter zur Führung eines angemessenen Lebensstandards auf Gewinnausschüttungen angewiesen sein würden, die zwar in der Regel nicht durch die Doppelbesteuerung die erzielte Steuerersparnis aufzehren würden, deren körperschaftsteuerliche Vorbelastung aber gerade in den personenbezogenen Kapitalgesellschaften, anders als bei den unpersönlichen großen juristischen Personen, als vermeidbar empfunden wird. Darin liegt die Ursache für die steuerliche Aufspaltung. Im einkommensteuerlichen Rumpfbetrieb sollen im wesentlichen die zum Lebensunterhalt notwendigen Mittel oder die Erträge zusammengefaßt werden, die in der Durchschnittsbelastung niedriger besteuert werden als der Körperschaftsteuertarif es vorsieht. Umgekehrt sollen der Kapitalgesellschaft die Mittel verbleiben, die bei der Einkommensteuer mit höheren Tarifstufen besteuert werden[72]. Da der Ertrag des Rumpfbetriebes aus den bei der Kapitalgesellschaft abzugsfähigen Pachtzinsen zufließt, kann auch die Vorbelastung der Körperschaftsteuer vermieden werden.

Nimmt man an, daß die oben verglichenen Unternehmungen in der Form einer Besitz- und Betriebsgesellschaft geführt und daß Gewinn und Vermögen zulässig[73] im Verhältnis 2 : 3 auf die Personenunternehmung und die Kapitalgesellschaft aufgeteilt würden, so hätte die Doppelgesellschaft an Steuern zu zahlen bei den entsprechenden Gewinnen:

Gewinn DM	1949 DM	1957 DM
100 000	67 000	53 000
200 000	133 000	102 000
500 000	337 000	234 000
1 000 000	681 000	520 000
2 000 000	1 373 000	1 060 000

Bei gleichen Gesamtgewinnen zahlen dann die drei Organisationsformen an Einkommensteuer, Körperschaftsteuer, Kirchensteuer, Notopfer Berlin, Vermögensteuer:

[72] Das ist die theoretische Konzeption, die sich so exakt praktisch nicht immer verwirklichen läßt, da die Aufspaltung des Gesamtertrages über den Pachtzins vorgenommen werden muß. Die Bemessung des Pachtzinses aber unterliegt anderen Bestimmungsgrundsätzen, die zwar zu einem solchen Ergebnis führen können, aber nicht notwendig dazu führen müssen.

[73] Zu der Frage der hier unterstellten Zulässigkeit der Gewinnaufteilung wird auf die Ausführungen über den Pachtzins verwiesen.

1. Veranlagungszeitraum 1949

Gewinn DM	Personen-unternehmen DM	Doppel-gesellschaft DM	Kapitalgesellschaft 1.* DM	Kapitalgesellschaft 2.** DM
100 000	79 000	67 000	60 000	84 000
200 000	172 000	133 000	111 000	179 000
500 000	459 000	337 000	264 000	469 000
1 000 000	941 000	681 000	519 000	960 000
2 000 000	1 905 000	1 373 000	1 029 000	1 939 000

* = volle Thesaurierung ** = volle Ausschüttung

2. Veranlagungszeitraum 1957

Gewinn DM	Personen-unternehmen DM	Doppel-gesellschaft DM	Kapitalgesellschaft 1.* DM	Kapitalgesellschaft 2.** DM
100 000	47 000	53 000	62 000	70 000
200 000	100 000	102 000	121 000	140 000
500 000	280 000	234 000	258 000	371 000
1 000 000	584 000	520 000	503 000	774 000
2 000 000	1 154 000	1 060 000	994 000	1 566 000

* = volle Thesaurierung ** = volle Ausschüttung

Die Steuerbelastung der Doppelgesellschaft ist zwar jeweils höher als die der vergleichbaren Kapitalgesellschaft, wenn keine Ausschüttung vorgenommen wird; es ist dabei aber zu berücksichtigen, daß sich die Belastung eindeutig zugunsten der Doppelgesellschaft verschiebt, wenn man an die Kapitalgesellschaft die Forderung stellt, ihren Gesellschaftern über die Ausschüttung gleich hohe Nettobeträge, wie es bei der Doppelgesellschaft der Fall ist, zur freien Verfügung zu verschaffen.

Der Belastungsvergleich zeigt, daß über die Anwendung der Form einer Doppelgesellschaft bei den in den Vergleich einbezogenen Steuern in höheren Gewinnstufen Steuerersparnisse erzielt werden können. Die Ersparnis war bei den hohen Tarifen der unmittelbaren Nachkriegszeit so groß, daß die davon ausgehenden treibenden Kräfte eine Betriebsaufspaltung förderten.

Heute allerdings ist die mögliche Steuerersparnis nicht mehr so bedeutend, daß davon bei Unternehmungen, die ihren wirtschaftlichen Gegebenheiten entsprechend dazu bestimmt sind, die Rechtsform eines Personenunternehmens zu tragen, wirklich treibende Kräfte ausgehen könnten.

Die zweite Gruppe von Unternehmungen, bei denen das steuerliche Motiv wirksam wird, ist dadurch gekennzeichnet, daß sie aus anderen Gründen dazu bestimmt sind, in die Rechtsform einer Kapitalgesellschaft übergeführt zu werden. Es handelt sich hier um Unternehmungen mit einer großen Gesellschafterzahl und einer Ertragskraft, die nur ausreicht, der Unternehmung eine gleichbleibende Wachstumsrate und den Gesellschaftern einen mäßig hohen Betrag zur Lebensführung zu sichern, die ihrerseits allein auf die Erträge der Unternehmung angewiesen sind. Während das Ziel der ersten Gruppe darin zu sehen ist, den wenigen Gesellschaftern ein angemessenes Einkommen zu verschaffen und alle darüber hinausgehenden Mehrerträge unter Ausnutzung des niedrigeren Körperschaftsteuertarifs in der Kapitalgesellschaft zu thesaurieren, geht hier die Absicht dahin, der Unternehmung eine Wachstumsrate zu belassen, alle Mehrerträge aber den zahlreichen Gesellschaftern zur Verfügung zu stellen.

Die Anwendung einer Vollkapitalgesellschaft würde über die körperschaftsteuerliche Vorbelastung der Ausschüttungen die den Gesellschaftern zufließenden Nettobeträge unter jene Grenze senken, die zur Sicherung der Lebensgrundlage notwendig ist, wie andererseits aber auch kein Zweifel daran besteht, daß eine Kapitalgesellschaft eingefügt werden muß. Es geht also darum, eine Form zu finden, die das wirtschaftliche Verlangen nach einer juristischen Person erfüllt, deren ertragsteuerliche Nachteile aber weitestgehend vermeidet. Eine solche Organisationsform liegt im ertragsteuerlichen Bereich, auch von den Gesellschaftern anerkannt und gebilligt, ungünstiger als eine Personengesellschaft, da sie nie gleich hohe Nettobeträge zur Verfügung stellen kann. Sie soll aber aus dem Ertrag des Unternehmens nach Abzug der für die Reservenbildung bestimmten Mittel den Gesellschaftern die größtmöglichen Nettobeträge zuleiten.

Unter diesen Gegebenheiten ist eine Besitz- und Betriebsgesellschaft ein wirksames Regulativ, indem die Betriebskapitalgesellschaft die Vorteile der juristischen Person in die Unternehmung trägt und die Besitzpersonenunternehmung über das zu begründende Pachtverhältnis dazu beiträgt, die Doppelbesteuerung von sonst notwendigen Ausschüttungen zu vermeiden.

Vergleicht man z. B. eine Personenunternehmung und eine Kapitalgesellschaft (GmbH) mit je 40 Gesellschaftern, einem Betriebsvermögen von 1 000 000 DM und nachhaltigen Erträgen von 1 000 000 DM darauf, über welches Nettoeinkommen jeder Gesellschafter unter den Steuertarifen von 1957 bei Steuerklasse I verfügen kann, wenn das Unternehmen selbst eine Wachstumsrate von 300 000 DM erhalten soll, so kann der Gesellschafter der Personenunternehmung über 10 375 DM, der Gesellschafter der Kapitalgesellschaft dagegen nur über 4408 DM verfügen.

Bei der Einschaltung einer Doppelgesellschaft liegt das Problem in der diesen Überlegungen entsprechenden Aufteilung des Unternehmens, die es gestattet, der Betriebsgesellschaft im wesentlichen nur die Wachstumsrate zu belassen. Es ist selbstverständlich, daß der Anteil der Betriebsgesellschaft am Gesamtgewinn nicht in einem fixen Betrag bemessen werden kann, jedoch erscheint es nicht unmöglich, über die Art der Aufteilung und die Steuerung eines variablen Pachtzinses auch in der praktischen Gestaltung einen Modus zu finden, der dem erstrebten Ziel nahekommt. Theoretisch würde dabei die Besitz- und Betriebsgesellschaft unter gleichen Bedingungen den Gesellschaftern ein Nettoeinkommen von 8038 DM verschaffen können[74].

Die Besitz- und Betriebsgesellschaft ist also bei den hier vorliegenden Anforderungen an die Form der Unternehmung in der Lage, einen Ausgleich auftretender Härten herbeizuführen, indem sie sowohl den wirtschaftlichen Belangen der Unternehmung als auch den Interessen der Gesellschafter ausreichend Raum gewährt.

Untersucht man die Reaktion der beiden Gruppen, in denen das steuerliche Moment in verschiedener Form wirksam ist, auf Tarifänderungen, so ist für die Unternehmungen der ersten Gruppe festzustellen, daß sich mit zunehmender Angleichung von Einkommen- und Körperschaftsteuertarif der gegenüber der Personengesellschaft erlangte Vorteil verringert. Mit der schwindenden Vorrangstellung erlahmt aber auch das Interesse an der Fortführung der Form, die allein aus steuerlichen Motiven gewählt ist, zumal da sie sehr hohe Anforderungen organisatorischer, steuerlicher und rechtlicher Art stellt. Die Form einer Doppelgesellschaft, die ihre Existenz lediglich auf die Tarifgestaltung stützt, ist in ihrer Existenz auch abhängig von der Tarifgestaltung. Sie wird ins Leben gerufen und liquidiert, je nach der im Augenblick vorherrschenden Situation. Mehrfache einschneidende Tarifänderungen bedingen daher auch einen mehrfachen Wechsel der Form. Das ist ein Tatbestand, der betriebswirtschaftlich nicht zu den positiven Wesenszügen der Doppelgesellschaft zählt.

Unternehmungen der zweiten Gruppe dagegen genießen eine Unabhängigkeit von der Tarifgestaltung; das aber nicht allein deswegen, weil aus außersteuerlichen Gründen die Rechtsform einer Kapitalgesellschaft eingefügt wird und die steuerlichen Belange lediglich die volle Umgründung verwehren, sondern auch deshalb, weil die Höhe der Tarife von zweitrangiger Bedeutung ist. Das treibende Element der Aufspaltung liegt hier vielmehr in dem System der Besteuerung, daß Ausschüttungen der Kapitalgesellschaft zweimal von der Ertragsbesteuerung erfaßt werden. Solche Unternehmungen werden nur auf Systemänderungen reagieren, die auszuschüttende Gewinne der Kapitalgesellschaften von der Körperschaftsteuer freistellen.

[74] Zur Berechnung der Vermögensteuer ist die Verteilung des Vermögens auf die beiden Gesellschaften zu je 50 % vorgenommen.

c) Die Kapitalverkehrsteuer und Grunderwerbsteuer

Die Kapitalverkehrsteuer und die Grunderwerbsteuer rechnen zu den Steuern, die die Umgründung eines Unternehmens in eine Kapitalgesellschaft hemmen.

Die Kapitalverkehrsteuer belastet den Erwerb von Gesellschaftsrechten an einer inländischen Kapitalgesellschaft durch den ersten Erwerber und die Leistungen, die von den Gesellschaftern freiwillig oder aufgrund einer im Gesellschaftsverhältnis begründeten Verpflichtung bewirkt werden, in einem einmaligen Besteuerungsvorgang[75]. Steuermaßstab ist der Wert der Gegenleistung oder, wenn eine solche nicht vorhanden ist, der Wert der Gesellschaftsrechte[76]. Der Steuersatz beträgt 3 %.

Bei der Umgründung von Personenunternehmungen in Kapitalgesellschaften wird die Kapitalverkehrsteuer mit 3 % vom eingebrachten Reinvermögen erhoben. Der zu zahlende Steuerbetrag ist demnach um so höher, je höher das einzubringende Vermögen, und um so niedriger, je geringer das einzubringende Vermögen ist. Bei der Doppelgesellschaft ist das in die Kapitalgesellschaft einzubringende Vermögen regelmäßig niedriger als jenes, das bei einer vollen Umgründung einzubringen wäre. Der nichteinzubringende Teil des Vermögens wird hier zur Nutzung gegen Entgelt überlassen. Damit kann durch eine Aufspaltung des Unternehmens die auf die lediglich zur Nutzung überlassenen Teile des Vermögens entfallende Kapitalverkehrsteuer eingespart werden.

Unternehmungen, die über Grundbesitz verfügen, würden im Zuge einer Umgründung auch die Grunderwerbsteuer zu zahlen haben, die mit 2 % bzw. 3 % erhoben wird. Da die Betriebsaufspaltung die Grundstücke von der Einbringung ausnimmt, vermeidet sie die Vollendung des grunderwerbsteuerpflichtigen Tatbestandes und erzielt dadurch eine Steuerersparnis gegenüber der vollen Umgründung.

7. Die Kosten der Umgründung

Die wesentlichsten Kosten, die bei der Umgründung einer Personenunternehmung in eine Kapitalgesellschaft anfallen, sind neben der Gesellschaftsteuer und der Einkommensteuer auf Veräußerungsgewinne, Notariatsgebühren, Kosten der Eintragung ins Handelsregister, der Veröffentlichung und u. U. Prüfungskosten für eine erforderliche Gründungsprüfung.

---

[75] § 2 Ziff. 1, 2, 3 KVG.

[76] § 8 KVG.

Man mag im Einzelfall zugestehen, daß von diesen Kosten ein Einfluß ausgeübt wird, der ein auf die volle Umgründung zielendes Moment in die Bahn der Aufspaltung ablenkt. M. E. wird man aber diesen Einfluß nicht so hoch einschätzen können, daß er allgemeine und grundsätzliche Bedeutung hat; denn im Verhältnis zu einer möglichen Ersparnis und im Verhältnis zu den übrigen anfallenden Aufwendungen, insbesondere den Steuern, erscheinen diese nur als unbedeutender Teil der Gesamtbelastung oder Ersparnis.

8. Gesamtbetrachtung der Triebkräfte

Die Zusammenstellung und Untersuchung der in einer Betriebsaufspaltung wirksamen treibenden Faktoren erscheint deshalb bedeutsam, weil sie beweist, daß nicht lediglich steuerliche Gesichtspunkte für die Wahl besonderer Unternehmungsformen maßgebend sind, sondern daß die Wahl dieser Unternehmungsform von Überlegungen der Haftungsbeschränkung, Auseinandersetzung und Vererbung sowie Geschäftsführung maßgeblich beeinflußt ist, d. h. von Gesichtspunkten, die auf außersteuerlichem Gebiet liegen.

Man wird an dieser Tatsache nicht vorbeisehen dürfen, wenn etwa von der Seite der Finanzverwaltung der Einwand vorgebracht werden sollte, daß die Betriebsaufspaltung eine Steuerumgehung im Sinne des § 6 StAnpG darstelle[77].

II. Die Durchführung der Spaltung

Die Aufteilung einer Unternehmung in zwei Gesellschaften verschiedener Rechtspersönlichkeit wirft in dem Aufteilungsvorgang selbst eine Reihe Fragen auf, von denen die Frage nach der Zulässigkeit dieser rechtsförmlichen Gestaltung am Anfang und im Vordergrund steht.

1. Die rechtliche Beurteilung des Spaltungsaktes

Das rechtliche bedeutsame Element der Aufspaltung eines Unternehmens in ein Besitzpersonenunternehmen und eine Betriebskapital-

---

[77] Vgl. dazu auch die Hinweise von *Böttcher*, C.: „Neue Erfahrungen und Erkenntnisse zum Wirtschafts- und Steuerrecht der Familienunternehmen", StJ 1952, S. 79. Wie sehr gerade wirtschaftliche Motive die Gestaltung dieser Unternehmungsform bestimmen, zeigen die in der Gegenwart laufenden Bemühungen zur Sanierung der Henschel & Sohn GmbH, Kassel. Als Auffanggesellschaft ist am 30. Oktober 1957 die Henschel-Werk GmbH gegründet worden, die aufgrund eines Betriebsüberlassungsvertrages den Betrieb der Henschel & Sohn GmbH fortführt. Nach einer Übergangszeit wird sich hier eine klare Trennung der Unternehmen ergeben, bei der die Henschel & Sohn GmbH als Besitzgesellschaft und die Henschel-Werk GmbH als Betriebsgesellschaft fungiert. Vgl. dazu den Bericht des Handelsblattes v. 1./2. November 1957.

gesellschaft liegt darin, daß Gesellschafter einer Personenunternehmens zwischen sich und den Verkehr eine Kapitalgesellschaft schieben, die den Betrieb des Personenunternehmens fortführt.

a) Die handelsrechtliche Beurteilung

Bevor man darangeht, eine Betriebsaufspaltung durchzuführen, wird man sich zu vergegenwärtigen haben, ob handelsrechtlich die Aufteilung überhaupt zulässig ist, welche Rechtsbeziehungen im Gründungsstadium zwischen den im Personenunternehmen verbundenen Gesellschaftern und Dritten geschaffen werden und welche Rechtsvorschriften hinsichtlich der hier erfahrungsgemäß beabsichtigten Firmierung der Kapitalgesellschaft zu beachten sind.

aa) Die Zulässigkeit der Spaltung

Rechtliche Bedenken gegen die Gründung einer Besitz- und Betriebsgesellschaft könnten nur aus dem Zweck der einzelnen Gesellschaften und seiner Verwirklichung hergeleitet werden.

Die Personenunternehmung betreibt vor der Aufspaltung in der Regel ein Handelsgewerbe im Sinne des § 1 HGB. Nach der Aufspaltung beschränkt sie sich als Besitzgesellschaft auf die Vermietung und Verpachtung von Wirtschaftsgütern. Bürgerlich-rechtlich gehört die Vermietung und Verpachtung zu den unbeschränkt zulässigen Rechtsgeschäften; sie kann daher auch Gesellschaftszweck einer Besitzgesellschaft sein. Zweifelhaft aber mag erscheinen, ob die Vermietung und Verpachtung unter einer Handelsgesellschaft[1] betrieben werden kann.

Wenn man davon ausgeht, daß die Vermietung und Verpachtung kein Handelsgewerbe nach § 1 HGB ist, so kann das Besitzunternehmen seine Kaufmannseigenschaft nicht auf § 1 HGB stützen. Bei der hier vorliegenden Art der Rückentwicklung vom Handelsgewerbe zur Vermietung und Verpachtung wird man den Tatbestand vorfinden, daß entweder die Verpachtung der Werksanlagen einen entsprechenden Verwaltungsumfang annimmt, der die Besitzgesellschaft als Sollkaufmann gem. § 2 HGB in die Erscheinung treten läßt, oder aber daß durch die Beibehaltung der Firma der Status eines Scheinkaufmanns im Sinne des § 5 HGB vorliegt[2]. Sollkaufleute und Scheinkaufleute sind in der Wahl des zu verfolgenden wirtschaftlichen Zweckes nicht gebunden. Daraus folgt, daß gegen die Vermietung und Verpachtung

---

[1] Darin eingeschlossen auch die Form eines Einzelkaufmanns.

[2] Daneben ergibt sich für eine Vielzahl von Doppelgesellschaften, daß tatsächlich noch ein Handelsgewerbe nach § 1 HGB vorliegt, wenn die Besitzgesellschaft investiert, Anlagen veräußert oder Kredite an die Betriebsgesellschaft gewährt.

unter einer Form des Handelsrechtes rechtliche Einwendungen nicht erhoben werden können.

Die Betriebsgesellschaft führt unter der Rechtsform einer Gesellschaft mit beschränkter Haftung oder einer Aktiengesellschaft das bisher von dem Personenunternehmen betriebene Handelsgewerbe auf eigene Rechnung fort. Abgesehen davon, daß die Rechtsformen der AG und GmbH für jeden gesetzlich zulässigen Zweck verwendet werden können[3], finden sie in der Betriebsgesellschaft Anwendung für einen Zweck, für den sie im Grunde bestimmt sind. Die Betriebsgesellschaft unterliegt keiner Beschränkung, die die Fortführung eines anderen Unternehmens unter der Rechtsform einer GmbH oder AG untersagt.

Die gewählten Rechtsformen und der verfolgte Gesellschaftszweck bieten keine Ansatzpunkte dafür, die Betriebsaufspaltung für nichtig oder unzulässig zu erklären.

Auch die beschränkte Kapitalausstattung der Betriebsgesellschaft kann zu keinen Bedenken Anlaß geben; denn es gibt keine gesetzliche Bestimmung, die die Gründer einer Aktiengesellschaft oder Gesellschaft mit beschränkter Haftung zwingt, diese in einem bestimmten, über das gesetzlich vorgesehene Mindestkapital hinausgehenden Maß auszustatten, insbesondere die erforderlichen Baulichkeiten einzubringen, auch wenn die Gründer darüber verfügen[4].

ab) Die Haftungsverhältnisse

Hinsichtlich der Haftungsverhältnisse der Doppelgesellschaft ist zu unterscheiden zwischen der Haftung für von der Betriebsgesellschaft begründete laufende Verbindlichkeiten und der Haftung für Verbindlichkeiten, die bereits vor der Aufspaltung in der Personenunternehmung entstanden sind.

Die Haftung für laufende Verbindlichkeiten ist grundsätzlich auf die juristische Person und deren Vermögen begrenzt. Wenn *H. Lehmann*[5] Zweifel hegt, ob die im Einzelfall beabsichtigte Haftungsbeschränkung für laufende Verbindlichkeiten der Doppelgesellschaft auch rechtlich fest verankert ist, nämlich in jenen Grenzfällen, in denen bei Zusammenbrüchen im Hinblick auf die Art der Geschäftsführung und die etwaige Tarnung der eigentlichen Unternehmungsleiter die Berufung auf die beschränkte Haftung als mißbräuchlich befunden wird, so wird man darunter nur den Tatbestand der verwirklichten aktienrechtlichen Untreue oder einen rechtlich gleich zu beurteilenden Tatbestand

---

[3] Vgl. *Schlegelberger:* Kom. AktG, S. 12; § 1 GmbHG; § 3 AktG.

[4] Vgl. *Schultze-Schlutius:* Probleme der Besitz-, Betriebs- und Vertriebs-GmbH, GmbH-Rdsch. 1955, S. 180.

[5] Handelsrecht, S. 288.

sehen dürfen. Das ist aber keine Besonderheit, die sich ausschließlich bei einer Doppelgesellschaft einstellt, sondern die in gleichem Maße allen Kapitalgesellschaften anhaftet.

Das wirtschaftlich bedeutende Moment in der Haftung für vor der Aufspaltung begründete Verbindlichkeiten liegt im Konstitutionsschnitt, der der Personenunternehmung u. a. reale Vermögenswerte entzieht. An die Stelle des abgespaltenen realen Vermögens treten nur in den Fällen, in denen die Besitzgesellschaft Gesellschafterin der Betriebsgesellschaft ist, unmittelbar die Anteile der Kapitalgesellschaft. Hinsichtlich der wirtschaftlichen Struktur der Haftung ist weiter zu bedenken, daß die Besitzgesellschaft den laufenden Betrieb des Unternehmens aufgibt und, gemessen an der vor der Aufspaltung bestehenden Situation, mehr in das Stadium einer stagnierenden Unternehmung tritt. Kapitalabspaltung und Aufgabe des Betriebes zusammen lassen sehr wohl den Eindruck entstehen, daß den Gläubigern für ihre vor der Teilung begründeten Forderungen eine geringere Sicherheit verbleibt als sie vorher gegeben war.

Abgesehen von den Fällen der vertraglichen Schuldübernahme mit dem Gläubiger durch die Betriebsgesellschaft haftet die Besitzgesellschaft auch weiterhin für die volle Einlösung der in ihrem Betriebe vor der Spaltung begründeten Verbindlichkeiten allein aus der Tatsache, daß sie als Rechtsträger nicht aufgelöst wird. Der Forderungsanspruch der Gläubiger wird damit auch zeitlich unbegrenzt und materiell in dem Umfange den Gesellschaftern gegenüber aufrechterhalten, wie er im Zeitpunkt der Begründung der Forderung bestand unter Berücksichtigung etwa erfolgter Tilgungen. Auch die bei Kommanditgesellschaften im Zuge der Betriebsaufspaltung häufig durchgeführte Herabsetzung von Kommanditeinlagen ist ohne Einfluß auf den materiell-rechtlichen Gehalt des Anspruchs, da Gläubiger eine Herabsetzung von Kommanditeinlagen nicht gegen sich gelten lassen müssen, sofern ihre Forderung bereits im Zeitpunkt der Eintragung der Herabsetzung besteht[6].

Wenn nun auf der einen Seite, vom Gläubiger aus gesehen, ein Anspruch rechtlich keine Einbuße erleidet, so können aber doch auf der anderen Seite in der dem Anspruch ausgesetzten Vermögensmasse Verschiebungen mit weittragenden rechtlichen und wirtschaftlichen Folgen auftreten.

Man kann davon ausgehen, daß die Anteile an der Betriebsgesellschaft ein gleichwertiger Ersatz für die aus der Personenunternehmung in die Kapitalgesellschaft eingebrachten dinglichen Vermögensgegenstände sind, sofern die Anteile selbst dem Zugriff der Gläubiger

---

[6] § 174 HGB.

unterliegen, da diese dann in die Lage versetzt werden, die Betriebsgesellschaft aufzulösen[7].

Die Anteile an der Betriebsgesellschaft unterliegen dem Gläubigerzugriff unbeschränkt, wenn sie sich unmittelbar im Vermögen der Besitzgesellschaft oder aber im Privatvermögen der Gesellschafter von offenen Handelsgesellschaften oder des Komplementärs einer Kommanditgesellschaft befinden. Auch eine Veräußerung an Dritte findet hier ihre Grenze in § 419 BGB, indem die vertragliche Vermögensübernahme zu einer die Übernahme nicht erreichenden Gegenleistung einen entsprechenden Haftungsanspruch gegen den Übernehmenden begründet. Eine Verschiebung in dem der Haftung unterliegenden Vermögen tritt auch dann nicht ein, wenn die Kapitalbereitstellung für die Betriebsgesellschaft ganz oder zum Teil aus der Herabsetzung von Kommanditeinlagen erfolgt[8] und die Anteile anschließend in das Privatvermögen der Kommanditisten übernommen werden.

Anders zu beurteilen sind die Gestaltungen, bei denen das Kapital der Betriebsgesellschaft aus stehengelassenen Gewinnen von Kommanditgesellschaften bereitgestellt wird und die Anteile in das Privatvermögen der Kommanditisten übergehen. Hier wird das Vermögen der Grundgesellschaft gekürzt, ohne daß der Vermögensverminderung, wie bei der Herabsetzung von Kommanditeinlagen, eine entsprechende Erweiterung der Haftung auf das Privatvermögen der Kommanditisten entgegenwirkt[9]. Insofern erleiden die Gläubiger der Grundgesellschaft durch die Betriebsaufspaltung Einbußen an der Bonität ihrer Forderungen.

In die Untersuchungen, die sich auf die Gestaltung der Haftungsverhältnisse zwischen der Besitzgesellschaft und ihren Gesellschaftern zu den Gläubiger beziehen, ist auch die Betrachtung einzubeziehen, inwieweit die Betriebsgesellschaft für die vor der Aufspaltung im Betriebe der Besitzgesellschaft begründeten Verbindlichkeiten haftet.

Die Betriebsgesellschaft haftet für diese Schulden der Besitzgesellschaft allgemein, wenn sie die Verbindlichkeiten durch Rechtsakt, d. h. entweder durch Vertrag mit dem Gläubiger[10] oder durch Vertrag mit der Besitzgesellschaft im Innenverhältnis[11] übernimmt. Eine darüber hinausgehende Haftung aus § 25 Abs. 1 HGB wird man nur in wenigen

---

[7] Die Gläubiger werden die Anteile an sich ziehen und durch einen entsprechenden Beschluß gem. §§ 203 AktG, 60 GmbHG die Gesellschaft auflösen.

[8] Vgl. die Ausführungen über den materiellen Gehalt des Forderungsanspruches, insbesondere § 174 HGB.

[9] Betrügerische Vermögensverschiebungen sind darin nicht einbezogen.

[10] § 414 BGB.

[11] § 415 BGB.

Ausnahmefällen bejahen können, da die Voraussetzungen hierfür nur in einer begrenzten Zahl von Betriebsaufspaltungen vorliegen.

Nach § 25 Abs. 1 HGB haftet derjenige für alle im Betriebe des Geschäfts begründeten Verbindlichkeiten des früheren Inhabers, „wer ein unter Lebenden erworbenes Handelsgeschäft unter der bisherigen Firma mit oder ohne Beifügung eines das Nachfolgeverhältnis andeutenden Zusatzes fortführt“.

Man kann davon ausgehen, daß die Betriebsgesellschaften in der Regel die Firma der Personenunternehmung mit einem die Rechtsform der juristischen Person andeutenden Zusatz fortführen, jedoch stützt sich das Recht zur Fortführung der Firma überwiegend nicht auf § 22 Abs. 1 HGB, sondern auf § 22 Abs. 2 HGB. Damit fehlt bei der Fortführung der Firma aus § 22 Abs. 2 HGB die für die Übernahme der Haftung nach § 25 Abs. 1 HGB unumgängliche Voraussetzung des Erwerbs des ganzen Handelsgeschäfts zu Eigentum[12]. Die Betriebsgesellschaft erwirbt hier exakt abgegrenzte Vermögensteile und evtl. auch Schulden zu Eigentum gegen Gewährung von Gesellschaftsrechten. Das Handelsgeschäft als Ganzes wird jedoch nicht zu Eigentum erworben, sondern lediglich zur Nutzung überlassen bzw. übernommen, so daß eine Haftung der Betriebsgesellschaft aus § 25 Abs. 1 HGB nicht abgeleitet werden kann.

In den anderen, weit weniger gebräuchlichen Gestaltungen dagegen, in denen das Handelsgeschäft als Ganzes in die Betriebsgesellschaft gegen Gewährung von Gesellschaftsrechten eingebracht bzw. von ihr erworben wird und lediglich einzelne Vermögensgegenstände in der Personenunternehmung zurückgehalten werden, haftet auch die Betriebsgesellschaft für die vor der Aufspaltung begründeten Verbindlichkeiten der Besitzgesellschaft aus § 25 Abs. 1 HGB.

ac) Die Firma der Betriebsgesellschaft

In der Betriebsaufspaltung beabsichtigen die Beteiligten, der Betriebsgesellschaft nicht nur die realen Vermögenswerte, sondern auch die ideellen Werte der Besitzgesellschaft nutzbar zu machen; ideelle Werte, die sich in den bestehenden freundschaftlichen Geschäftsverbindungen, dem Ansehen, Vertrauen u. ä. bilden und die mit dem Namen des Unternehmens, der Firma, im unmittelbaren Zusammenhang stehen, damit fest verknüpft sind und die sich in der Firma vereinen und repräsentieren. Den good-will kann die Betriebsgesellschaft nur dann vollkommen ausnutzen, wenn sie den alten Kunden der Personenunternehmung gegenüber unter der mit dem good-will

---

[12] Vgl. *Geßler:* Kom. HGB, Anmerkung 5 ff. zu § 25 HGB, Anmerkung 4 ff. zu § 22 HGB.

verbundenen Firma auftritt; d. h. sie muß die Firma oder die wesentlichen Bestandteile der Firma übernehmen.

Die Übernahme der Firma auf die Betriebsgesellschaft unter Beibehaltung des gleichen Firmennamens in der Besitzgesellschaft, die sich lediglich in dem das veränderte Gesellschaftsverhältnis andeutenden Zusatz unterscheiden, ist wegen der Beschränkung des § 30 HGB nicht möglich, da jede neue Firma sich von allen an demselben Orte oder in derselben Gemeinde bereits bestehenden und in das Handelsregister eingetragenen Firmen deutlich unterscheiden muß. Der Forderung der deutlichen Unterscheidung genügen nicht die Gesellschaftszusätze wie oHG, KG, GmbH, AG[13].

Man wird daher unter Beachtung des § 30 HGB so vorgehen müssen, daß entweder die Betriebsgesellschaft die Firma fortführt und die Besitzgesellschaft anders firmiert[14], oder daß die Besitzgesellschaft die Firma beibehält und die Betriebsgesellschaft den Firmenkern mit einem Unterscheidungszusatz aufnimmt[15].

b) Die steuerrechtliche Beurteilung

Die Frage der steuerlichen Zulässigkeit der Betriebsaufspaltung ist mehrfach Gegenstand von Entscheidungen des Reichsfinanzhofes und Kommentaren aus den Kreisen der Finanzverwaltung gewesen. Wegen der mit einer Aufspaltung des Betriebes verbundenen Möglichkeit, Steuerersparnisse zu erzielen, ist es nur zu verständlich, daß die Finanzbehörden den Betriebsaufspaltungen mißtrauisch und auch anfänglich ablehnend gegenüberstanden.

Reinhardt[16] führt dazu aus: „Soweit nicht diesem Treiben durch Erhöhung der Körperschaftsteuer, die unlängst erfolgt ist, ohnedies ein Ende bereitet worden ist, kann solche Steuerschmälerung künftig nicht mehr geduldet werden, weil sie dem Grundsatz der Gleichmäßigkeit der Besteuerung widerspricht ..."

In der Rechtsprechung des Reichsfinanzhofes zeichnet sich eine Entwicklung ab, in der der anfänglichen Ablehnung die Anerkennung nur

---

[13] Vgl. *Geßler:* Kom. HGB, Anmerkung 6 zu § 30 HGB. Es kann so z. B. eine Betriebsgesellschaft „Friedrich Nottebohm GmbH" nicht neben einer bereits bestehenden Besitzgesellschaft „Friedrich Nottebohm oHG" eingetragen werden.

[14] Z. B. kann eine Firma „Friedrich Nottebohm oHG" in der Aufspaltung „Grundstücksverwaltungsgesellschaft Friedrich Nottebohm oHG" (Besitzgesellschaft) und „Friedrich Nottebohm GmbH" (Betriebsgesellschaft) firmieren.

[15] Z. B. „Friedrich Nottebohm oHG" (Besitzgesellschaft) und „Friedrich Nottebohm Apparatebau GmbH" (Betriebsgesellschaft); hervorgehend aus der einheitlichen Firma „Friedrich Nottebohm oHG".

[16] DStZ 1936, S. 1300.

zögernd folgt, wobei aber auch die Aufspaltung bei den einzelnen Steuerarten recht unterschiedlich beurteilt wurde.

Vor 1933 ist die Betriebsaufspaltung grundsätzlich auch steuerlich anerkannt worden. In dem zur Einkommensteuer ergangenen Urteil vom 14. März 1933[17] faßt der RFH die bis zu dem Zeitpunkt geltende Rechtsprechung in anerkennender Form zusammen:

„In ständiger Rechtsprechung, zuletzt in dem U. vom 26. Oktober 1932 — VI A 2092/31 und VI A 1784/32 hat der erkennende Senat ausgesprochen, daß der Gründung einer GmbH und der Verpachtung eines Betriebs, den die Gesellschafter oder ein Gesellschafter der neuen GmbH bisher als Einzelkaufleute oder in der Form einer Personalgesellschaft geführt haben, die steuerliche Anerkennung grundsätzlich nicht versagt werden kann. Und es ist auch grundsätzlich kein Mißbrauch von Gestaltungsformen des bürgerlichen Rechts, wenn zur Vermeidung der hohen Gründungskosten statt dem Einbringen des Betriebs in die GmbH die Form der Verpachtung dieses Betriebes an diese gewählt wird."

In der darauf folgenden Rechtsprechung aber ist die hier bereits bescheinigte Anerkennung durch eine Reihe von Urteilen durchbrochen worden, indem die Anerkennung in einigen Streitfällen von besonderen Erfordernissen abhängig gemacht wird, in den übrigen Fällen aber die Aufspaltung steuerlich so behandelt wird, als wenn ein einheitlicher Betrieb vorläge.

In einem noch nicht entscheidungsreifen Verfahren führt der RFH aus[18]:

„Das FG hat aber nicht geprüft, ob es sich bei der OHG tatsächlich um eine reine Vermögensverwaltungsgesellschaft gehandelt hat und ob die Gesellschaft nicht doch als gewerbliches Unternehmen anzusehen war. Im vorliegenden Fall scheint die Beschwerdeführerin in engem wirtschaftlichem Zusammenhang mit der GmbH und ihren Teilhabern zu stehen. Wenn dies der Fall ist und die OHG sowie die GmbH von einer Mehrheit derselben Teilhaber beherrscht wird, so dürfte u. U. ein einheitlicher Gewerbebetrieb in Frage kommen."

Die von der Vorzeit abweichende Rechtsauffassung kennzeichnet das Urteil vom 4. Dezember 1940[19]:

„Auf einer anderen Ebene aber wie die Frage, ob ein Organverhältnis gegeben ist, liegen die Fälle, in denen es sich um die formalrechtliche Aufteilung einer an sich wirtschaftlich zusammengehörigen Betriebseinheit handelt. ... Wenn demnach ein Unternehmen von

---

17 RStBl. 1933, S. 1292.
18 Urteil v. 26. 10. 1938, RStBl. 1939, S. 282.
19 RStBl. 1941, S. 26.

dessen Inhaber oder den daran Beteiligten in Gesellschaften aufgeteilt wird, obwohl die Führung eines einheitlichen Betriebs das gegebene wäre, so wird man auf Grund der Würdigung des Einzelfalls derartige Zerlegungen steuerlich ablehnen können. Es sind dies Sonderfälle, die nicht nach den Grundsätzen der Organtheorie, vielmehr unter dem Gesichtswinkel der § 1 Absatz 3, § 6 StAnpG zu beurteilen sind. Es handelt sich hier tatsächlich um ein einheitliches Unternehmen, das im wesentlichen dieselben Gesellschafter betreiben, wobei der Betrieb ohne wirtschaftlich zwingende Gründe auseinandergenommen wird. Hier entstand durch Bildung von mehreren Gesellschaften eine Gestaltung, die mit den wirtschaftlichen Verhältnissen und einer zwangsläufig einheitlichen Betriebsführung im Widerspruch steht. Auch wenn die gewählten Rechtsformen im Hinblick auf besondere Verhältnisse in der Familie zweckmäßig und geboten erscheinen mögen und an sich bürgerlich-rechtlich gültig sind, so kann die steuerliche Würdigung eine andere Beurteilung ergeben.

Dies gilt vor allem, wenn die wirtschaftliche Bedeutung derartiger formeller, scheinbarer Betriebsteilungen nicht auf sachlich gebotener Teilung eines Betriebs in mehrere Einzelbetriebe beruht. Es sind dies vor allem die Fälle, in denen die persönlichen Beziehungen der einzelnen Teilhaber zum Betrieb entscheidend mitwirken, indem die Gesellschafter bestimmte Gewinnbeteiligungen und Auseinandersetzungserlöse sowie eine entsprechende Vererbung der Beteiligten bezwecken. Ist die Teilung daher keine durch den Betrieb notwendige und sachliche, sondern vorwiegend durch die persönlichen Belange bedingt, und ist durch die Zerreißung der Gewinne und Teilung der Vermögensbestände die Möglichkeit unzulässiger Steuerersparungen gegeben, so kann die steuerliche Anerkennung versagt werden. Wann dies zu erfolgen hat, ist im wesentlichen Tatfrage."

Gegenüber diesen Feststellungen nimmt sich die daran anschließend in dem Urteil vorgenommene Einschränkung nahezu als bedeutungslos aus, daß die Frage, wann eine Betriebsteilung abzulehnen ist, eng auszulegen sei, da der Kaufmann in der Ausgestaltung und Organisation seines Betriebes grundsätzlich freie Hand habe.

Zitzlaff[20] nimmt mit Recht gegen diese Verkennung eines sachlichen Erfordernisses Stellung, indem er folgert, daß bei einer solchen Betrachtung die Betriebsteilung wohl kaum jemals durch den Betrieb notwendig sei, da es auch ohne Teilung gehe. Man muß sich unter diesem Aspekt vergegenwärtigen, daß auch eine erstrebte Haftungsbeschränkung letztlich einem persönlichen Interesse der Gesellschafter zuzuordnen ist.

---

[20] Zur Frage der Betriebs- oder Vertriebs-GmbH, StW 1951, Sp. 334.

Die gleiche Auffassung wird im Urteil vom 5. März 1941[21] vertreten:

„Es mag bei dem Beschwerdeführer anzuerkennen sein, daß er aus familiären und erbrechtlichen Gründen eine Teilung zwischen dem in die AG eingebrachten Fabrikationsbetrieb einerseits und dem Grundstück andererseits hat vornehmen müssen. Wirtschaftlich gesehen, besteht aber gleichwohl zwischen dem Steuerpflichtigen als Grundstückseigentümer und Mehrheitsbesitzer der Aktien sowie als Vorstandsmitglied der AG ein enges Verhältnis zu dem gewerblichen Betrieb. Wenn man also auch die bürgerlich-rechtlich vorgenommene Trennung an sich anerkennen will, so kann man aber für die Gewerbesteuer nicht so weit gehen, aus dieser Trennung auch in steuerlicher Hinsicht die gleichen Folgerungen zu ziehen ...“

Erst im Urteil vom 21. März 1944[22] hat der RFH für das Gebiet der Körperschaftsteuer die Betriebsaufspaltung wieder anerkannt. Im Tenor des Urteils faßt der Finanzhof zusammen:

„Ein Verstoß gegen die Grundsätze des § 1 Absatz 3 und des § 6 StAnpG ist nicht ohne weiteres dann gegeben, wenn die Gesellschafter einer OHG das bewegliche Betriebsvermögen in eine von ihnen errichtete AG einbringen, die Grundstücke aber behalten und an die AG verpachten.“

In der Entscheidungsbegründung wird ausgeführt:

„Ob die mit der Gründung der AG verbundene Teilung des bisherigen Betriebsvermögens auf sachliche Erfordernisse des Unternehmens oder auf persönliche Bedürfnisse der Gründer zurückzuführen ist, ist in diesem Zusammenhang ohne Bedeutung. In vielen Fällen, besonders wenn die Errichtung der Kapitalgesellschaft schon ein Jahrzehnt oder länger zurückliegt, würde diese Erforschung der inneren Beweggründe des Gründungsakts kein zuverlässiges Ergebnis bringen, zumal sich persönliche und geschäftliche Rücksichten in solchen Fällen nicht immer scharf voneinander abgrenzen lassen. Bei der Gründung von Einmann-[23] oder Familiengesellschaften wird der Schwerpunkt häufig auf persönlichem Gebiet liegen. Gleichwohl hat der RFH das Dasein solcher Kapitalgesellschaften mit der Struktur, die sie von ihren Gründern erhalten haben, in der Regel bejaht. Die Gründer brauchen nicht alle zur Betriebsführung notwendigen Betriebsgegenstände in die Körperschaft einzubringen, auch wenn sie dazu in der Lage sind. Auch von den Mitunternehmern einer OHG kann man nicht

---

[21] RStBl. 1941, S. 325, und weiter in den Urteilen v. 25. 1. 1940, RStBl. 1941, S. 21; 6. 8. 1942, RStBl. 1942, S. 970.

[22] RStBl. 1944, S. 396.

[23] Strenggenommen sind Gründungen von Einmanngesellschaften nicht möglich.

verlangen, daß sie bei Errichtung einer AG alle bisher vorhandenen Betriebsmittel in die neue Gesellschaft einbringen. Im Streitfall wollten die Mitunternehmer der OHG nach vieljähriger Arbeit sich von der Geschäftsleitung ihres Unternehmens allmählich zurückziehen; sie haben deshalb eine Betriebs-AG errichtet, in deren Leitung sie teilweise fremde Kräfte berufen haben. Es sind weder rechtliche noch wirtschaftliche Gründe ersichtlich, aus denen die Gesellschafter genötigt sein sollten, bei dieser Strukturwandlung alle in ihrem Eigentum vorhandenen Betriebsmittel restlos und endgültig der AG zu übereignen und damit das auf einer solchen Umstellung lastende Risiko sowohl für den Betrieb als auch für die Gesellschafter zu erhöhen. Die Zahlung einer angemessenen Pacht für die Betriebsgrundstücke muß daher als Betriebsausgabe anerkannt werden."

In dem dann noch folgenden Urteil des Bewertungssenats vom 16. November 1944[24] ist zwar auch die Betriebsaufspaltung rechtlich anerkannt worden, jedoch hat der Senat aus der erfolgten Aufspaltung nicht die Folgerung gezogen, daß nunmehr verschiedene rechtlich selbständige Unternehmungen bestehen, sondern die Doppelgesellschaft als einen Konzern angesehen und so die verschiedenen Unternehmungen wieder zusammengefaßt[25].

Für die Rechtsprechung der Nachkriegszeit war das Urteil des OFH vom 7. Mai 1947[26] richtungweisend, das die häufig vertretene, unbestimmte und überwiegend ablehnende Auffassung des RFH endgültig aufgibt:

„Nach der Anfechtungsentscheidung hat die Bf'in mehrere, vernünftige Gründe für die Änderung des Gesellschaftsverhältnisses angeführt, nämlich die Einräumung einer überragenden Stellung für A, wie sie durch seine Stimmenmehrheit und durch das Recht, die Bilanz auf- und festzustellen, den Reingewinn zu verteilen und damit die Selbstfinanzierung zu ermöglichen und zu erleichtern, sowie Prokuristen und Generalbevollmächtigte anzustellen, solange er Geschäftsführer ist, zum Ausdruck kommt; ferner die Zusammenfassung der nicht wirtschaftenden Gesellschafter in der OHG und schließlich die Erleichterung von Eigentums- und Erbübergängen. Im Hinblick auf diese beachtlichen Gründe darf die GmbH im vorliegenden Fall steuerlich nicht ignoriert werden; sie ist vielmehr als selbständiges Steuersubjekt anzuerkennen (allerdings nicht, wie die Vorinstanz meint, weil durch die Betriebsteilung besondere steuerliche Ersparnisse nicht bezweckt gewesen sind).

---

[24] RStBl. 1945, S. 34.
[25] Das Urteil ist als „Luftkonstruktion" allgemein abgelehnt worden.
[26] StW 1947, Nr. 24.

Die Teilung der OHG hat zivilrechtlich die sehr wesentliche Folge, daß nun die Grundstücke von dem Betrieb getrennt sind und zur Bezahlung seiner Schulden nicht mehr herangezogen werden können; für diese haften allein die Geschäftsanteile der GmbH. Aus der allgemeinen Rechtsnatur der beiden Gesellschaften folgt außerdem: Willkürliche Entnahmen, wie sie die Rechtsform der OHG ermöglicht, sind bei der GmbH ausgeschlossen; während die Gesellschafter für die Gesellschaftsschulden der OHG unmittelbar und unbeschränkt haften, haften sie für die der GmbH nur mittelbar und auf ihre Anteile beschränkt. Sie bilden in der OHG im Innenverhältnis eine Gemeinschaft zur gesamten Hand ohne Rechtspersönlichkeit, die durch Tod, Konkurs oder Kündigung auch nur eines Gesellschafters aufgelöst wird, für die nach außen A rechtlich verbindlich zu handeln befugt ist; sie sind in der GmbH dagegen deren Rechtspersönlichkeit untergeordnet, die nach innen und nach außen durch den Geschäftsführer A dargestellt wird. Es kann also nicht wie im Urteil III 22/24 (Teil III Abs. 2 a E)[27] davon gesprochen werden; ‚der Konzern, also beide Teile, gehören einheitlich den Gesellschaftern. Sie bestimmen einheitlich und souverän als Teilhaber oder als Geschäftsführer-Gesellschafter über das Schicksal des ganzen Unternehmens'. Damit wird gegenüber der vagen, unbestimmten und unbestimmbaren Auslegung des Vertragswillens, die zu der im Schrifttum so bezeichneten ‚Luftkonstruktion' eines Konzerns einer Dach- oder Holdinggesellschaft mit zwei unselbständigen Untergesellschaften geführt hat, der juristischen Gestaltung des Rechtsverhältnisses wieder die ihr gebührende Bedeutung zuerkennt, die steuerlich im Mißbrauch von Formen und Gestaltungsmöglichkeiten des bürgerlichen Rechts nach § 6 Abs. 1 StAnpG = § 10 Abs. 1 AO 1931 = § 5 Abs. 1 AO 1919 ihre Grenze findet."

Wenn der OFH hier die juristische Gestaltung des Gesellschaftsverhältnisses als für die steuerliche Beurteilung maßgebend herausstellt, so folgt daraus, daß auch die Wertung der gestaltenden Motive hinter der juristischen Gestaltung zurückstehen muß. Diese Auffassung hat der BFH im Urteil vom 22. August 1951[28] bestätigt. Die Vorinstanz war davon ausgegangen, daß eine Familiengesellschaft steuerlich nicht anerkannt werden könne, „wenn für ihre Einrichtung keine wirtschaftlichen Gründe maßgebend gewesen sind, vielmehr die Aufnahme von Familienangehörigen in einen Betrieb sich lediglich aus außergeschäftlichen Familienbeziehungen erklären läßt. Hier kann steuerlich

[27] Vom 16. 11. 1944, RStBl. 1945, S. 34.

[28] BStBl. 1951 III, S. 181. Das Urteil behandelt Probleme der Familiengesellschaften. Wegen seiner allgemeinen Ausführungen über die Bedeutung der Gründungsmotive und über den Mißbrauch von Gestaltungsmöglichkeiten des bürgerlichen Rechts hat es gerade auch für die Betriebsaufspaltung besondere Bedeutung.

von einer echten Gesellschaft nicht gesprochen werden, weil in solchen Fällen eine im Sinne des § 1 StAnpG mißbräuchliche Rechtsgestaltung auf Kosten der Volksgemeinschaft vorliegt, die zwar unter den Beteiligten bürgerlich-rechtliche Geltung haben kann, der aber für die Einkommensteuer die Anerkennung zu versagen ist". Dem tritt der BFH mit Ausführungen von grundsätzlicher Bedeutung entgegen:

„Der Senat trägt Bedenken, diesen Rechtsausführungen zu folgen. Wie bereits in den Entscheidungen des Obersten Finanzgerichtshofs III 4/45 S vom 7. Mai 1947, Amtsblatt des Bayer. Staatsministeriums der Finanzen (Bay. FM Bl.) 1947 S. 89 und III (IV) 26/47 S vom 9. März 1948, Bay. FM Bl. 1948 S. 125, zum Ausdruck kommt, muß die steuerliche Beurteilung, sofern nicht die Voraussetzungen der §§ 5, 6 StAnpG gegeben sind, auf der nach den Vorschriften des bürgerlichen Rechts aufgebauten Rechtsgestaltung durchgeführt werden. Dieser Grundsatz ist in besonderem Ausmaße vom Körperschaftsteuersenat des Reichsfinanzhofs hinsichtlich der Körperschaftsteuerpflicht der Kapitalgesellschaften stets vertreten worden, so z. B. in der Entscheidung I 216/43 vom 21. März 1944, RStBl. 1944 S. 396. Er muß im wesentlichen auch für die Personalgesellschaften gelten ...

Es kann der Auffassung nicht beigepflichtet werden, daß das Motiv der Gründung einer Gesellschaft für die Frage von entscheidender Bedeutung ist, ob rechtlich, insbesondere auch steuerrechtlich, eine Personalgesellschaft gegeben ist. Das Vorliegen einer OHG oder einer KG wird bürgerlich-rechtlich und damit auch steuerrechtlich nicht dadurch berührt, daß außerbetriebliche Gründe, z. B. die Sicherstellung von Familienangehörigen, die Veranlassung für die Bildung der Personalgesellschaft gegeben haben. Es kann auch nicht als ein Mißbrauch von Gestaltungsmöglichkeiten des bürgerlichen Rechts angesehen werden, wenn ein Stpfl. zur Ersparung von Steuern die für ihn günstigste Rechtsform wählt. Es müssen hier gleichartige Grundsätze zur Anwendung kommen, wie sie der Oberste Finanzgerichtshof insbesondere in der bereits oben mitgeteilten Entscheidung III (IV) 26/47 S ausgesprochen hat. Die Steuerpolitik wird teilweise durch die Wirtschaftspolitik beeinflußt. Der Gesetzgeber versucht auch mit Hilfe der steuerlichen Vorschriften bestimmte wirtschaftliche Vorgänge zu fördern oder ihnen entgegenzuwirken. Deutlich kommt dies z. B. bei den Sonderausgaben zum Ausdruck, wo der Spargedanke durch wesentliche steuerliche Begünstigungen gefördert werden soll. In gleicher Weise wurde die Umwandlung von Kapitalgesellschaften durch das Gesetz über Steuererleichterungen bei der Umwandlung und Auflösung von Kapitalgesellschaften vom 5. Juli 1934 (Reichsgesetzblatt I S. 572) gefördert. Bei der einschneidenden Natur der Steuertarife kann es dem Stpfl. nicht verwehrt werden, die für ihn günstigste rechtliche Form zu wählen ...[29]"

Es ist heute davon auszugehen, daß der Betriebsaufspaltung die steuerliche Anerkennung nicht versagt werden kann, sofern sie im Einzelfall nicht als Mißbrauch von Gestaltungsformen des bürgerlichen Rechts anzusehen ist.

„Durch Mißbrauch von Formen und Gestaltungsmöglichkeiten des bürgerlichen Rechts kann die Steuerpflicht nicht umgangen oder gemindert werden[30]." Ein Mißbrauch liegt dann vor, wenn die gewählte rechtliche Konstruktion mit der tatsächlichen wirtschaftlichen Gestaltung; d. h. mit der praktischen Handhabung und Ausübung im Einzelfall nicht übereinstimmt[31].

In allen anderen Fällen, in denen die Aufspaltung nicht nur zum Schein erfolgt und die betriebführende Kapitalgesellschaft so nicht lediglich ein Scheingebilde ist, ist die Betriebsaufspaltung auch steuerlich anzuerkennen. Die Betriebsaufspaltung ist also, abgesehen von einigen Fällen des Mißbrauchs, grundsätzlich auch steuerlich zulässig[32].

2. Die Technik der Durchführung der Spaltung

Die Betriebsaufspaltung wird durchgeführt, indem einerseits die dem Betrieb des Unternehmens zuzuordnenden Funktionen ausgegliedert werden und andererseits die Konstitution des einheitlichen Unternehmens aufgegliedert wird.

a) Die Funktionsausgliederung

Die Funktionsausgliederung bezieht sich auf sämtliche dem Betrieb des Unternehmens zuzurechnenden und im Betrieb auszuübenden

[29] Man muß sich gerade mit Bezug auf die Möglichkeit, Steuerersparnisse zu erzielen, die Gedanken von Enno *Becker*, StW 1938, Sp. 1 ff., vergegenwärtigen, daß ein Satz des Inhalts, die Steuerpflichtigen müßten ihr Unternehmen „eigentlich" so gestalten, daß die darin verwandten Gesellschaftsformen selbst möglichst hohe Steuerleistungen erbringen, dem deutschen Steuerrecht fremd ist.

[30] § 6 StAnpG.

[31] Vgl. OFH-Urteil v. 9. 3. 1948, StW 1948, Nr. 18. Als Mißbrauch können nur solche Betriebsgesellschaften angesehen werden, die als Scheinfirmen existieren.

[32] Vgl. *Bühler:* Steuerrecht, S. 191; *Schneider-Zartmann:* Familienunternehmen, S. 265; *Brönner:* Die Besteuerung der Gesellschaften, 9. Aufl., S. 409; *Blümich-Falk:* Kom. EStG, S. 553; *Lehmann,* H.: Handelsrecht, S. 287; *Littmann:* Grundstücksverwaltung und Anteilsbesitz bei Betriebsteilung in der Steuerrechtsprechung, WpG. 1950, S. 73; *Zitzlaff:* Zur Frage der Betriebs- oder Vertriebs-GmbH, StW 1951, Sp. 334; *Bauerdick:* Zur steuerlichen Anerkennung von sogenannten Betriebsgesellschaften, S. 121, 124. Vgl. auch die BFH-Entscheidungen v. 26. 8. 1952, BStBl. 1952 III, S. 261, v. 9. 12. 1954, BStBl. 1955 III, S. 88. Hier geht der BFH bei Beurteilung anderer Tatbestände gar nicht mehr auf die Frage der Zulässigkeit der Betriebsaufspaltung ein. So auch FG Stuttgart v. 25. 11. 1951 in Wpg. 1952, S. 18.

Funktionen. Es werden davon also die Funktionen Beschaffung, Produktion, Absatz und die zugehörigen Leitungs- und Verwaltungsfunktionen erfaßt.

Das wesentliche Moment der Funktionsausgliederung liegt in dem rechtsgeschäftlichen Verpflichtungsakt, der bei der Besitzgesellschaft in der Form einer Änderung des bisherigen Gesellschaftszweckes oder einer Neufestsetzung, und bei der zur Betriebsführung bestimmten Kapitalgesellschaft in dieser Teilung in der entsprechenden Fixierung des Zweckes der Betriebsgesellschaft besteht.

Der Gesellschaftsvertrag des Personenunternehmens bedarf einer Änderung, die darin besteht, daß nun nicht mehr der Gegenstand des Unternehmens der Betrieb eines Fabrikationsunternehmens ist, sondern dieses sich als Besitzgesellschaft vertraglich auf die Vermietung und Verpachtung von Grundstücken, Gebäuden, Maschinen und sonstigen Anlagen sowie auf die Verwaltung des ihr verbleibenden Vermögens beschränkt[33]. Als Besitzgesellschaft soll sie auch weiterhin berechtigt sein, alle Geschäfte zu tätigen, die innerhalb des ihr gesetzten Rahmens liegen und die dem Zweck des Unternehmens förderlich sind.

Der Gesellschaftsvertrag der Betriebsgesellschaft bestimmt dann, daß der Zweck der Gesellschaft in der Fortführung des bisher von dem Personenunternehmen geführten Betriebes besteht, insbesondere in der Herstellung und dem Vertrieb von X-Erzeugnissen sowie in der Führung aller Geschäfte, die der Gesellschaft dienlich sind.

Mit der Abfassung der Gesellschaftsverträge der beiden Gesellschaften ist die rechtliche Grundlage der Funktionsausgliederung geschaffen. Die Ausgliederung selbst ist in dem Zeitpunkt vollzogen, in dem einerseits die Besitzgesellschaft sich tatsächlich von dem angestammten Tätigkeitsbereich zurückzieht und sich, wie auch die Betriebsgesellschaft, dem neuen Bereich zuwendet.

b) Die Aufgliederung der Konstitution

Wie bereits zu Anfang bei der theoretischen Darstellung des Konstitutionsschnittes ist auch in seiner praktischen Ausführung zwischen der Ausgliederung der für den Betrieb des Unternehmens erforderlichen Arbeitskräfte und der des Kapitals zu unterscheiden.

ba) Die Bereitstellung der Arbeitskräfte

Die vorhandenen Arbeitskräfte sind durch Dienstverträge an das Personenunternehmen gebunden. Der Dienstherr hat im Zuge der

[33] Es erscheint hier nicht angebracht, das Personenunternehmen auf die Verpachtung an die Betriebsgesellschaft zu verweisen, da sie damit u. U. zu sehr in ihrer Bewegungsfreiheit eingeengt wird.

Aufspaltung zu überlegen, in welcher Weise die Arbeitskräfte der Betriebsgesellschaft zur Verfügung gestellt werden sollen. Theoretisch kann die Übertragung in zwei Formen erfolgen. Einmal kann die Besitzgesellschaft nach wie vor als Vertragspartner in den einzelnen Dienstverträgen auftreten und diese lediglich zur Ausnutzung im Innenverhältnis der Betriebsgesellschaft gegen Freistellung aus der Verpflichtung zur Zahlung des Arbeitslohnes überlassen, zum anderen kann sie so vorgehen, daß sie der Betriebsgesellschaft die Dienstverträge in einer Weise überträgt, daß diese selbst Vertragspartnerin der Einzelverträge wird und als solche auch nach außen hin auftritt. Die zuletzt genannte Form wird in der Regel gewählt, da sie klare Rechtsverhältnisse schafft und so eine reibungslose Abwicklung gestattet. Die entsprechenden Vereinbarungen werden im Betriebsüberlassungsvertrag niedergelegt.

Die Form der Übertragung richtet sich nach den allgemeinen Vorschriften des bürgerlichen Rechts. Es ist dabei zu berücksichtigen, daß Arbeitsverträge Dienstverträge sind, deren Übertragung en bloc nicht möglich sein dürfte, da der Anspruch auf Dienste im Zweifel nicht übertragbar ist[34]. Die Übertragbarkeit wird dann verneint, wenn der Inhalt des Vertrages persönlichkeitsgebunden ist.

Die Persönlichkeitsbindung ist bei den Dienstverträgen der gewerblichen Wirtschaft auf der Seite desjenigen, der die Dienste zu leisten hat, nahezu ausnahmslos gegeben. Man kann z. B. dem Dienstherrn nicht zumuten, daß ein Dienstnehmer wie Schlosser, Dreher, Einkäufer usw. seine Leistungsverpflichtung und seinen Anspruch auf Vergütung einem anderen ohne Genehmigung des Dienstherrn überträgt und dieser verpflichtet wird, die Übertragung anzuerkennen; denn wesentlicher Vertragsbestandteil ist die individuelle Leistung des Dienstnehmers, die dem Vertrag auf seiner Seite die Persönlichkeitsbindung gibt.

Auf der Seite des Dienstherrn erfahren die Verträge überwiegend eine andere Beurteilung. Man muß hier davon ausgehen, daß bei der Mehrzahl der Arbeitsverträge den Arbeitern und Angestellten die Person des jeweiligen Unternehmers gleichgültig ist, daß vielmehr diese dem Unternehmen an sich verpflichtet werden und verpflichtet werden wollen[35]. Hier tritt die Persönlichkeit des Unternehmers hinter die unpersönliche Form des Unternehmens zurück[36], so daß der Vertrag auf der Seite des Dienstherrn die für eine Übertragung notwendige Entpersönlichung besitzt. Bei dieser Art von Verträgen ist er-

---

[34] § 613 BGB.
[35] So *Burkart:* Die Verpachtung von Unternehmungen, S. 36.
[36] Vgl. *Klingler:* Die Unternehmungspacht, S. 63.

kennbar, daß für ihren Abschluß nicht die Person des Unternehmers, sondern das Unternehmen maßgebend ist[37]. Ein Wechsel in der Person des Unternehmers kann damit auf den Fortbestand dieser Verträge keinen Einfluß nehmen, sofern das Unternehmen selbst im wesentlichen erhalten bleibt.

Ausnahmen können sich insbesondere bei den Verträgen der leitenden Angestellten ergeben, für die das Vertrauensverhältnis wesentlich ist, daß sich auf die Person des Unternehmers stützt. Für die Übertragung dieser Verträge ist m. E. die Zustimmung der betreffenden Vertragspartner erforderlich.

Eine Übertragung en bloc aller Arbeitsverträge „zu Eigentum" ist nach diesen herausgestellten Grundsätzen nicht möglich. Es ist vielmehr notwendig, sich in den Fällen der zustimmungsbedürftigen Übertragung der Genehmigung der betreffenden Arbeitnehmer zu versichern, und es erscheint auch ratsam, die Genehmigung selbst dort einzuholen, wo sie an sich nicht erforderlich erscheint.

Neben diesen rein rechtlichen Fragen ist bei der Aufspaltung darüber zu entscheiden, in welchem Umfang die Arbeitsverträge auf die Betriebsgesellschaft übertragen werden sollen. Es rechnen dazu sämtliche Verträge, die zur Fortführung des Unternehmens durch die Betriebsgesellschaft notwendig sind. Auf der anderen Seite aber ist zu bedenken, daß auch in der Besitzgesellschaft — namentlich bei größeren Unternehmungen — Arbeiten auszuführen sind, die ein bestimmtes Arbeitspotential erfordern. Man findet hier verschiedene Regelungen, die einander gleichwertig sind. Es können der Betriebsgesellschaft sämtliche Dienstverträge übertragen werden gegen die Verpflichtung, daß diese mit ihrem Personal die in der Besitzgesellschaft anfallenden Arbeiten erledigt. Man kann aber auch so vorgehen, daß die Besitzgesellschaft einzelne Dienstverhältnisse von der Übertragung ausnimmt und die Verwaltungsarbeiten von eigenen Arbeitskräften ausführen läßt[38]. Eine dritte Möglichkeit ist darin gegeben, daß ein begrenzter Kreis von Arbeitnehmern zur Erledigung dieser Arbeiten in der Besitzgesellschaft verbleibt und daneben auch noch in einem zweiten Vertrag in der Betriebsgesellschaft tätig wird[39].

---

[37] *Derselbe*, a.a.O., S. 63.

[38] *Dürkes*, BB 1949, S. 67, empfiehlt, der Besitzgesellschaft zur Vermeidung eines Organverhältnisses keine eigenen Angestellten zu belassen. Es ist jedoch nicht einzusehen, daß die Zurückbehaltung von Arbeitsverhältnissen steuerschädliche Folgen haben soll. Für die Beurteilung der dort als Hinderung angeführten Organschaft ist nicht das Verhältnis der Angestellten, sondern das des Unternehmers zur Betriebsgesellschaft maßgebend. Es erscheint außerdem heute sehr zweifelhaft ob ein Organverhältnis in dieser Doppelgesellschaft eine steuerlich unzweckmäßige Gestaltung ist.

[39] Für die betreffenden Arbeitnehmer hat das doppelte Dienstverhältnis zwar den Vorteil, daß bei bestimmten, von beiden Gesellschaften gezahlten

bb) Die Bereitstellung des Kapitals

Bei allen Betriebsaufspaltungen wird das der Betriebsgesellschaft als Eigen- oder Fremdkapital zu überlassende Kapital nahezu ausschließlich aus Mitteln zur Verfügung gestellt, die dem Einzelunternehmer oder dem Mitunternehmerverband zuzurechnen sind. Wenn namentlich bei der Aufspaltung von Einzelunternehmungen auch Dritte Kapital — vorübergehend — zur Verfügung stellen, so ist das ein notwendiger Rechtsbehelf, um überhaupt die vorgeschriebene Mindestgründerzahl für die juristische Person zu stellen[40].

bb 1. Die Höhe der Kapitalausstattung der Betriebsgesellschaft

Grundsätzlich ist auch die Betriebsgesellschaft mit so viel Kapital auszustatten, daß sie den ihr gesetzten Zweck optimal erfüllen kann. Unterstellt man, daß das bisher einheitlich geführte Unternehmen optimal mit Kapital ausgestattet ist, so ist damit keineswegs die Frage beantwortet, in welchem Verhältnis das zur Verfügung stehende Gesamtkapital auf die beiden Gesellschaften aufzuteilen ist und in welcher Form der auf die Betriebsgesellschaft entfallende Anteil dieser zur Verfügung gestellt werden soll.

Es ist bereits eingangs bei der Untersuchung der Gründungsmotive vermerkt worden, daß die Kapitalausstattung der Betriebsgesellschaft von Überlegungen beeinflußt wird, die die Kapitalhaftung, die Möglichkeit der Steuerung des Pachtzinses und die Umgründungskosten zum Gegenstand haben. In der Literatur sind die darin liegenden betriebswirtschaftlichen Interessen mit Ausnahme des Hinweises von *Köllmann*[41], daß die Betriebsgesellschaft zur Vermeidung parasitärer Haftungsausschlüsse mit einem adäquaten Eigenkapital auszustatten sei, nicht gewahrt.

Der Kapitalbedarf der Betriebsgesellschaft wird bestimmt von dem

1. Kapital der Betriebsbereitschaft,
   das abhängig ist von:
   a) den erforderlichen Anlagen,
   b) dem eisernen Bestand.
2. Kapital zur Durchführung der Produktion,
   das abhängig ist von:
   a) der Zahl der Produktionsakte,

Gratifikationen steuerlich auch zwei Freigrenzen angewendet werden, doch sollte das für die Gestaltung nicht entscheidend sein.

[40] Vgl. § 99 Abs. 2 AktG, § 2 GmbHG.

[41] Unternehmungsform und Besteuerung, BFuP 1951, S. 559.

b) der Durchlaufgeschwindigkeit (Lagerdauer der Rohstoffe, Halb- und Fertigfabrikate, Produktionsdauer, Kreditdauer der Forderungen),

c) der Ersatzbedürftigkeit.

Nach der Rieger'schen Formel beträgt der Kapitalbedarf einer Unternehmung:

Kapitalbedarf = Anlagekapital + (Wert des täglichen Materialverbrauchs zuzügl. Löhne und Nebenkosten) × (Produktionsdauer + Lagerdauer + Kundenkreditdauer).

Der Kapitalbedarf der Betriebsgesellschaft ist nun nicht gleich dem so ermittelten Wert des notwendigen Kapitals, sondern er vermindert sich um den Wert der Vermögensteile, die der Betriebsgesellschaft auf dem Wege der Pacht, Miete oder Leihe zur Verfügung gestellt werden. Als Abzugskapital kommt somit in erster Linie der Wert der erforderlichen Produktionsanlagen in Frage, die der Betriebsgesellschaft verpachtet werden[42].

bb 2. Die Formen der Kapitalbereitstellung

Bei der Aufspaltung eines Unternehmens ist zu überlegen, in welcher Form der Betriebsgesellschaft das notwendige Kapital zur Verfügung gestellt werden soll, nämlich in welcher Höhe als Fremdkapital und in welcher Höhe als Eigenkapital.

Das Problem der Aufteilung liegt hier darin, einen Modus zu finden, das bei dem einheitlichen Unternehmen[43] gegebene Verhältnis von Eigenkapital und Fremdkapital so auszunutzen, daß auch die Betriebsgesellschaft nach betriebswirtschaftlich begründeten Überlegungen finanziert wird. Da dieses Verhältnis auch durch die Aufspaltung für die Doppelgesellschaft insgesamt nicht verändert wird, ist der Rahmen, innerhalb dessen Veränderungen vorgenommen werden können, ohnehin begrenzt. Soweit aber eine Beeinflussung möglich ist, erscheint es geboten, folgende Grundsätze zu berücksichtigen:

Das Fremdkapital des einheitlichen Unternehmens kann der Betriebsgesellschaft auch nur als Fremdkapital zur Verfügung gestellt werden. Es ist nach dem Grundsatz der Zweckbestimmung aufzuteilen. Dabei verbleiben die Schulden in der Besitzgesellschaft, mit denen Vermögensgegenstände finanziert sind und die auf Vermögensgegen-

---

[42] Der so ermittelte Kapitalbedarf wird sich nach vollzogener Aufspaltung in der Summe der Aktivpositionen der Bilanz der Betriebsgesellschaft ausdrücken.

[43] Unter Umständen mit Vermögen aus Privatbesitz. Vgl. dazu den Hinweis in dem später folgenden Abschnitt „Die Quellen der Kapitalbereitstellung".

stände entfallen, die selbst in der Besitzgesellschaft zurückgehalten werden. Darunter fallen vor allem empfangene Investitionskredite zur Anschaffung von Gegenständen des Anlagevermögens und Waren- und Leistungsschulden aus getätigten Anlagekäufen, rückständige Grundabgaben, Gewerbesteuer u. ä. Auf die Betriebsgesellschaft werden die Schulden übertragen, die auf das zu übernehmende Vermögen und den Betrieb des Unternehmens entfallen. Man wird darin Waren- und Leistungsschulden aus Vorrätekäufen, rückständige Löhne, Gehälter, abzuführende Lohnsteuer und Sozialabgaben u. ä. einzubeziehen haben.

Auch die Rückstellungen, die am Betrieb des Unternehmens hängen, und die Wertberichtigungen auf das zur Übertragung vorgesehene Umlaufvermögen gehen auf die Betriebsgesellschaft über.

Wenn auf diesem Wege die zu übertragenden Verbindlichkeiten, Rückstellungen und Wertberichtigungen ermittelt sind, so ergibt sich daraus zwangsläufig durch Subtraktion derjenige Teil des Eigenkapitals des einheitlichen Unternehmens, der auf die Betriebsgesellschaft übergehen wird, indem nämlich diese Abzugsposten der Summe der Aktivwerte gegenübergestellt werden, die ausgegliedert werden sollen. Zum Beispiel:

			DM
Summe des zu übertragenden Aktivvermögens:			
Vorräte, Halb- und Fertigfabrikate, Waren- und Leistungsforderungen, sonstige Forderungen, Wertpapiere, flüssige Mittel			4 000 000,—
Zu übertragen:			
Verbindlichkeiten	500 000,—		
Rückstellungen	300 000,—		
Wertberichtigungen	200 000,—	./.	1 000 000,—
Übertragungsanteil des Eigenkapitals			3 000 000,—

Es ist zuzugeben, daß diese Subtraktionsmethode in einigen Fällen zu unzuträglichen Ergebnissen führen kann, namentlich daß ein zu übertragendes Eigenkapital auf diese Weise nicht ermittelt werden kann. Die Ursache wird dann darin liegen, daß der Kreis der Aktivpositionen, die zur Übertragung vorgesehen sind, zu gering bemessen ist und die Betriebsschulden demgegenüber unverhältnismäßig hoch erscheinen. Man wird auch vielleicht darauf stoßen, daß die Kapitalstruktur des einheitlichen Unternehmens ungünstig ist und so das Ergebnis beeinflußt wird. In solchen Fällen sind zweckentsprechende Korrekturen vorzunehmen.

Danach ist zu untersuchen, welcher Teil des zu übertragenden Eigenkapitals des einheitlichen Unternehmens der Betriebsgesellschaft als Eigenkapital oder als (internes) Fremdkapital[44] zur Verfügung gestellt

[44] Bei einer Gesamtbetrachtung der Doppelgesellschaft erscheint dieser Teil nur formell als Fremdkapital.

werden soll. Es gibt keine exakte Berechnungsformel für die Höhe des Eigenkapitalanteils am Gesamtkapital, aber auch für die Betriebsgesellschaft gilt die bewährte Erfahrungsregel, daß das Verhältnis von Eigenkapital zu Fremdkapital angemessen sein muß, und zwar soll tunlichst ein Verhältnis von 2 : 1, mindestens aber ein solches von 1 : 1 erreicht werden. Eine abweichende, niedrigere und unangemessene Eigenkapitalausstattung wird sich im laufenden Betrieb sehr störend auswirken, da mit Sicherheit bereits Lieferanten bei der Gewährung von Warenkrediten vorsichtig disponieren.

Der verbleibende Teil des zu übertragenden Eigenkapitals des einheitlichen Unternehmens kann der Betriebsgesellschaft als Fremdkapital zur Verfügung gestellt werden. Wenn dieser Weg beschritten wird, so kann das Fremdkapital in der Form eines Darlehens oder in der Form eines befristet gestundeten Kaufpreises gegeben werden. Man kann z. B. einen Teil der Vorräte an die Betriebsgesellschaft verkaufen und die daraus entstehende Kaufpreisschuld stunden oder in eine Darlehensschuld umwandeln.

Sofern in Einzelfällen diese Grunsätze aufgegeben werden müssen, ist zu überlegen, ob eine andere Aufteilung auch den wirtschaftlichen Gegebenheiten entspricht. Z. B. erscheint die Übernahme von anlagebedingten Schulden auf die Betriebsgesellschaft deshalb wirtschaftlich nicht tragbar und nicht gerechtfertigt, weil diese neben den normalen Pachtzahlungen nicht auch noch die auf den gepachteten Anlagen ruhenden Schulden abdecken kann, ohne sie in irgendeiner Form auf den Pachtzins anzurechnen. Umgekehrt können auch bei der Besitzgesellschaft keine Schulden aus Vorrätekäufen verbleiben, wenn diese im Pachtzins kein entsprechendes Äquivalent erhält, das es ihr ermöglicht, der bestehenden Tilgungsverpflichtung nachzukommen. Man wird hier ein besonderes Augenmerk darauf zu richten haben, daß einander korrespondierende Regelungen getroffen werden.

bb 3. Die Quellen der Kapitalbereitstellung

Zur Kapitalbereitstellung für die Betriebsgesellschaft bieten sich entweder der Einzelunternehmer bzw. die Mitglieder der Unternehmergemeinschaft oder das Einzelunternehmen bzw. die Personengesellschaft an. Bei der Untersuchung der Quellen, aus denen die notwendigen Kapitalteile fließen, ist zu unterscheiden, wer wirtschaftlich das Kapital tatsächlich zur Verfügung stellt und wer formell, d. h. bürgerlich-rechtlich der Betriebsgesellschaft gegenüber als Kapitalgeber auftritt.

In erster Linie wird das Kapital wirtschaftlich von dem einheitlichen Unternehmen zur Verfügung gestellt, da die wesentlichen Vermögensteile darin vereinigt sind. Daneben ist es aber auch denkbar, daß der Einzelunternehmer oder die Gesellschafter im Zuge der Aufspaltung aus ihrem Privatvermögen noch Mittel aufbringen und der Betriebsgesellschaft überlassen.

Bürgerlich-rechtlich können also die Personen, d. h. der Einzelunternehmer und die Gesellschafter, oder, sofern die Grundgesellschaft eine Personengesellschaft ist, diese selbst der Betriebsgesellschaft gegenüber allein oder auch nebeneinander als Kapitalgeber auftreten. Für den rechtsgeschäftlichen Formakt kann auch bei Personengesellschaften der Weg gewählt werden, daß die Gesellschafter Teile des Privatvermögens in die Gesellschaft einbringen und diese sie im eigenen Namen an die Kapitalgesellschaft weitergibt, oder daß umgekehrt die Gesellschaft zuvor das zu überlassende Vermögen auf ihre Gesellschafter überträgt und diese das Kapital im eigenen Namen der Betriebsgesellschaft überlassen. Es sind weiter Gestaltungen gebräuchlich, in denen für einen Teil des Kapitals die Form der direkten Bereitstellung und für den anderen Teil die indirekte Form gewählt wird, d. h. bei der eine andere Rechtsperson eingeschaltet wird.

Je nach der gewählten rechtlichen Konstruktion treten entweder die natürlichen Personen oder die Personengesellschaft in ein Rechtsverhältnis zur Betriebsgesellschaft. Soweit solche Vermögensteile in Anrechnung auf noch ausstehende Einlagen auf das Grund- oder Stammkapital geleistet werden, treten als Gesellschafter der Betriebsgesellschaft entweder die natürlichen Personen oder die Personengesellschaft auf.

3. Die Bilanzen der Doppelgesellschaft im Zeitpunkt der Aufspaltung

Die Aufspaltung eines Unternehmens findet substantiell Ausdruck in der Aufteilung des Vermögens auf zwei Unternehmungen. Zwar bedeutet die Spaltung keine räumliche und körperliche Absonderung und Aussonderung, sie bewirkt jedoch eine Änderung der Eigentumsverhältnisse, die in den Bilanzen der Gesellschaften ihren Ausdruck findet.

Eingangs wurde bereits darauf hingewiesen, daß es sehr viele — auch wirtschaftlich vernünftige und betriebswirtschaftlich begründete — Möglichkeiten gibt, den einheitlichen Vermögenskomplex aufzuteilen. Aus der gegebenen Vielzahl heraus sei hier die wohl gebräuchlichste und klarste Form der Teilung als Beispiel dargestellt, bei der das Anlagevermögen vom Umlaufvermögen getrennt wird.

Auszugehen ist von der Schlußbilanz eines einheitlich geführten Personenunternehmens, der X-oHG (Darstellung 1).

Darstellung 1: **Schlußbilanz der X-oHG**

Aktiva:

	DM	DM
I. Anlagevermögen		
1. Bebaute Geschäfts- und Wohngrundstücke	1 400 000,—	
2. Unbebaute Grundstücke	250 000,—	
3. Maschinen u. masch. Anlagen	3 470 000,—	
		5 120 000,—
II. Umlaufvermögen		
1. Rohstoffe		3 008 000,—
2. Halb- u. Fertigfabrikate		1 529 000,—
3. Geleistete Anzahlungen		145 000,—
4. Forderungen		1 790 000,—
5. Kasse, Postscheck		81 000,—
6. Bankguthaben		95 000,—
		11 768 000,—

Passiva:

		DM
I. Rückstellungen		212 000,—
II. Verbindlichkeiten		
1. Hypothek		150 000,—
2. Erhaltene Anzahlungen		591 000,—
3. Warenverbindlichkeiten		660 000,—
4. Bankverbindlichkeiten		812 000.—
III. Kapital		
Kapitalkonto I	9 050 000,—	
Gewinn	293 000,—	9 343 000,—
		11 768 000,—

Darstellung 2: **Eröffnungsbilanz der Betriebs-GmbH**

Aktiva:

	DM
1. Rohstoffe	3 008 000,—
2. Halb- und Fertigfabrikate	1 529 000,—
3. Geleistete Anzahlungen	145 000,—
4. Forderungen	1 790 000,—
5. Kasse, Postscheck	81 000,—
6. Bankguthaben	95 000,—
	6 648 000,—

Passiva:

	DM
I. Stammkapital	3 500 000,—
II. Rücklage	73 000,—
III. Rückstellungen	212 000,—
IV. Verbindlichkeiten	
1. Erhaltene Anzahlungen	591 000,—
2. Warenverbindlichkeiten	660 000,—
3. Bankverbindlichkeiten	812 000,—
4. Darlehen	800 000,—
	6 648 000,—

Darstellung 3*: **Bilanz der Besitz-oHG**

Aktiva:	DM	Passiva:		DM
I. Anlagevermögen		I. Verbindlichkeiten		
1. Bebaute Geschäfts- und Wohngrundstücke	1 400 000,—	Hypothek		150 000,—
2. Unbebaute Grundstücke	250 000,—	II. Kapital		
3. Maschinen u. masch. Anlagen	3 470 000,—	Kapitalkonto I	9 050 000,—	
4. Beteiligungen	3 573 000,—	Gewinnvortrag	293 000,—	9 343 000,—
	8 693 000,—			
II. Umlaufvermögen				
Darlehen an Betriebs-GmbH.	800 000,—			
	9 493 000,—			9 493 000,—

Darstellung 4*: **Bilanz der Besitz-oHG**

Aktiva:	DM	Passiva:		DM
Anlagevermögen		I. Verbindlichkeiten		
1. Bebaute Geschäfts- und Wohngrundstücke	1 400 000,—	Hypothek		150 000,—
2. Unbebaute Grundstücke	250 000,—	II. Kapital		
3. Maschinen u. masch. Anlagen	3 470 000,—	Kapitalkonto I	4 677 000,—	
		Gewinnvortrag	293 000,—	4 970 000,—
	5 120 000,—			5 120 000.—

* Die Bilanz der Betriebsgesellschaft bleibt unverändert. Siehe Darstellung 2.

Das Rohvermögen der X-oHG von 11 768 000 DM wird so aufgeteilt, daß das Anlagevermögen mit der darauf ruhenden hypothekarischen Belastung von 150 000 DM bei der oHG verbleibt, das Umlaufvermögen mit den übrigen Passiven, die hier als dem Betrieb verbunden angenommen werden, auf die Kapitalgesellschaft (GmbH) übergeht. Das Vermögen wird der Betriebs-GmbH überlassen gegen:

1. Gewährung von Gesellschaftsrechten von nominal 3 500 000 DM,
2. Einräumung einer Darlehensforderung von 800 000 DM,
3. Einstellung des Restbetrages von 73 000 DM in eine Rücklage.

Die Bilanz der Betriebs-GmbH weist die in der Darstellung 2 angeführten Einzelpositionen aus. Tritt nun die X-oHG selbst als Gesellschafterin auf, so übernimmt sie die Stammanteile und ist Gläubigerin der Darlehensforderung. Für die Gründung der GmbH wird unterstellt, daß ein Gesellschafter der oHG als Gründer mitgewirkt hat. Seine Einlage wurde aus dem Vermögen der oHG in der Schlußbilanz entnommen gegen Einlage des auf ihn entfallenden Stammanteils, so daß diese Vorgänge sich in den Bilanzen nicht ausdrücken. An die Stelle des übertragenen Vermögens treten die Stammanteile und die Darlehensforderung (Darstellung 3).

Überträgt dagegen die oHG das in die Betriebsgesellschaft einzubringende Vermögen auf ihre Gesellschafter, die selbst die GmbH gründen, so erhalten diese auch die Gesellschaftsrechte und den Anspruch aus der Darlehensgewährung von 800 000 DM und übernehmen diese Vermögensteile in das Privatvermögen (bürgerlich-rechtlich). Die Handelsbilanz der Besitzfirma wird durch die Vermögensübertragung verkürzt. Stammanteile und Darlehensforderungen werden in der Buchführung der Besitzgesellschaft handelsrechtlich nicht erfaßt (Darstellung 4).

III. Besteuerungsprobleme des Aufspaltungsaktes in Einzelsteuergesetzen

Die Aufspaltung eines bisher einheitlich geführten Unternehmens in ein Besitzpersonenunternehmen und eine Betriebskapitalgesellschaft wirft eine Reihe von steuerlichen Zweifelsfragen auf, über deren Bedeutung die beteiligten Unternehmer sich Klarheit verschaffen müssen, ehe sie darangehen, die Aufspaltung durchzuführen. Bei einem Gebilde, das so maßgeblich auch von steuerlichen Überlegungen beeinflußt sein kann wie die Besitz- und Betriebsgesellschaft, kann die steuerliche Problematik des Gründungsvorganges nicht außer acht gelassen werden, wenn man beabsichtigt, die mit der Spaltung verfolgten Ziele der der zivilrechtlichen Gestaltung entsprechenden geringsten

Steuerlast zu verwirklichen. Über die finanzielle Belastung werden die Besteuerungsprobleme zu einem betriebswirtschaftlichen Problem.

Es ist unter diesem Gesichtspunkt nicht zu bestreiten, daß in der Betriebsaufspaltung vielfach die zivilrechtliche Gestaltung von vornherein eine Ausrichtung auf bestimmte Steuertatbestände erfährt, die zivilrechtliche Konstruktion gleichsam aus einem zu erfüllenden oder zu vermeidenden Steuertatbestand abgeleitet wird und leider nicht umgekehrt, der Steuertatbestand aus der zivilrechtlichen Gestaltung.

1. Einkommensteuergesetz

Bei der einkommensteuerlichen Beurteilung des Aufspaltungsvorganges steht die Frage im Vordergrund, ob durch die Übertragung des Vermögens von der Grundgesellschaft auf die Betriebsgesellschaft die in dem zu übertragenden Vermögen ruhenden stillen Reserven aufgelöst werden und die Einkommensteuerpflicht für diese realisierten Gewinne eintritt oder nicht, und ob die Vermögensübertragung einkommensteuerlich als Veräußerung des ganzen Gewerbebetriebs oder eines Teilbetriebs angesehen werden kann.

Dürkes[1] unterscheidet bei der Betriebsaufspaltung zwei gebräuchliche Gestaltungsformen, in denen entweder

1. das Betriebsvermögen der Personenunternehmung ohne die Grundstücke und Gebäude, oder
2. das Betriebsvermögen der Personenunternehmung ohne das Anlagevermögen, insbesondere ohne die Grundstücke, Gebäude, Maschinen und Betriebseinrichtungen

in die Kapitalgesellschaft eingebracht wird.

Mit dieser Gruppenbildung ist auch die einkommensteuerliche Problematik der Ausstattung der Kapitalgesellschaft mit Vermögensteilen des Personenunternehmens charakterisiert.

Im Schrifttum und in der Rechtsprechung zur Betriebsaufspaltung besteht einheitlich die Auffassung, daß ein steuerpflichtiger Veräußerungsgewinn (§ 16 EStG) unter bestimmten Voraussetzungen vermieden werden kann.

Zur einkommensteuerlichen Beurteilung von Betriebsveräußerungen i. S. des § 16 EStG hat der RFH folgende Grundsätze entwickelt:

„Grundsätzlich liegt nach ständiger Rechtsprechung des Senats bei dem Einbringen eines Einzelunternehmens oder einer Personalgesellschaft in eine Kapitalgesellschaft gegen Gewährung von Gesellschaftsrechten dann noch keine Gewinnverwirklichung vor, wenn die Kapital-

---

[1] Die Doppelgesellschaft, BB 1949, S. 66. Vgl. auch *Schultze-Schlutius:* Steuerrechtliche Probleme der Besitz-, Betriebs- und Vertriebs-GmbH, GmbH-Rdsch. 1955, S. 181.

gesellschaft die übernommenen Vermögensteile zu den steuerlichen Buchwerten der Einzelfirma oder Personalgesellschaft übernommen hat[2]."

„Der bisherige Betriebsinhaber bleibt in einem solchen Falle mit der weiteren Fortentwicklung des nunmehr durch die Kapitalgesellschaft betriebenen Unternehmens durch seine Beteiligung verknüpft, das durch den Betrieb des Einzelunternehmens eingegangene Engagement wird in einer anderen Form fortgeführt. Eine Realisierung der in dem Einzelunternehmen zur Zeit der Umwandlung steckenden stillen Reserven kann daher für den bisherigen Betriebsinhaber regelmäßig — eine Ausnahme dürfte dann gelten, wenn die erworbene Beteiligung so gering ist, daß sie dem Erwerber keinen irgendwie ins Gewicht fallenden Einfluß auf die Kapitalgesellschaft einräumt — erst in dem Zeitpunkt angenommen werden, in dem er die ihm als Entgelt gewährte Beteiligung an der Kapitalgesellschaft veräußert, wobei der Veräußerung der Beteiligung die Liquidation der Kapitalgesellschaft gleichzustellen ist (vgl. die angeführte Entsch. des RFH vom 17. Juni 1931)[3]."

Führt also eine Kapitalgesellschaft bei der Einbringung die steuerlichen Buchwerte des Personenunternehmens fort und versetzt die gewährte Beteiligung den Unternehmer in die Lage, die Kapitalgesellschaft zu beherrschen, d. h. ist er im Sinne der steuerlichen Vorschriften wesentlich an der Kapitalgesellschaft beteiligt, so entsteht kein steuerpflichtiger Veräußerungsgewinn[4].

„Von der Realisierung der stillen Reserven wird aber nicht völlig Abstand genommen, sie wird nur verschoben, und zwar auf den Zeitpunkt der Veräußerung der Beteiligung. Nach der genannten Fiktion (des Tauschgedankens, d. Verf.) behalten die erworbenen Gesellschaftsrechte gewerblichen Charakter, der allerdings während des Besitzes ruht und erst im Zeitpunkt der Veräußerung der Gesellschaftsrechte der Kapitalgesellschaft wieder in Erscheinung tritt mit der Folge, daß der Veräußerungsgewinn als nachträglicher gewerblicher Veräußerungsgewinn behandelt wird[5]."

Übernimmt dagegen die Kapitalgesellschaft die Vermögensgegenstände ausnahmslos zu den gemeinen Werten, d. h. stellt sie, wie es dabei wohl regelmäßig der Fall sein wird, das eingebrachte Vermögen

---

[2] RFH v. 25. 3. 1936, RStBl. 1936, S. 804.

[3] RFH v. 9. 5. 1933, RStBl. 1933, S. 999.

[4] Vgl. dazu auch die Rechtsprechung: RFH v. 12. 4. 1934, RStBl. 1934, S. 838; BFH v. 27. 1. 1955, BStBl. 1955 III, S. 126, und *Blümich-Falk*, Kom. EStG, S. 578.

[5] *Brönner:* Die Besteuerung der Gesellschaften, 9. Aufl., S. 625; vgl. RFH v. 12. 4. 1934, RStBl. 1934, S. 838; vgl. auch die Kritik von *Blümich-Falk;* Kom. EStG, S. 581, hinsichtlich der Fiktion des „ruhenden Gewerbebetriebs".

mit einem höheren Betrag zu Buch als es in der auf den Zeitpunkt der Übertragung aufgestellten, den Bestimmungen des Einkommensteuergesetzes entsprechenden Schlußbilanz des Personenunternehmens bilanziert ist, so ist der dadurch realisierte Veräußerungsgewinn nach § 16 EStG in Verbindung mit § 34 EStG steuerpflichtig[6].

Werden nur einzelne Gegenstände zu den gemeinen Werten, die anderen des einzubringenden Vermögens zu den niedrigeren Buchwerten des Personenunternehmens eingebracht, so liegt insoweit, als es die zu gemeinen Werten bewerteten Vermögensteile betrifft, eine teilweise Realisierung eines Veräußerungsgewinns vor[7].

Bei der Einbringung von ganzen Personenunternehmungen in eine Kapitalgesellschaft ist es für die Anwendung der §§ 16, 34 EStG unschädlich, wenn von der Einbringung einzelne, für den Betrieb unwesentliche Teile des Betriebsvermögens ausgenommen und diese in das Privatvermögen übergeführt werden[8].

Für die Veräußerung oder Einbringung von Teilbetrieben sind die gleichen Grundsätze und Rechtsvorschriften anzuwenden wie bei der Veräußerung oder Einbringung eines Gewerbebetriebs im Ganzen. Eine Teilbetriebsveräußerung ist dann gegeben, wenn ein in sich geschlossener Teil des Gewerbebetriebs veräußert wird. Es ist conditio sine qua non für die Annahme eines Teilbetriebs, daß dieser im Aufbau des Gesamtunternehmens eine gewisse wirtschaftliche Selbständigkeit aufweist. Es liegt eine Teilbetriebsveräußerung aber nicht schon dann vor, wenn lediglich eine große Zahl von Wirtschaftsgütern eines Unternehmens veräußert wird[9].

Bei der Betriebsaufspaltung kann man regelmäßig nicht davon ausgehen, daß hier die Veräußerung eines Gewerbebetriebs im Ganzen vorliegt, sondern es ist zu prüfen, ob bei der Aufspaltung die Voraussetzungen für die Veräußerung eines Teilbetriebs gegeben sind.

Damit der Tatbestand der Einbringung eines in sich geschlossenen, organisch selbständigen Teilbetriebs erfüllt werde — und man im Gegensatz dazu nicht davon ausgehen kann, daß lediglich eine Vielzahl von Vermögensgegenständen veräußert werde —, wird empfohlen, den Umfang der in die Betriebskapitalgesellschaft einzubringenden Wirtschaftsgüter nicht zu gering zu bemessen. *Bühler*[10] rechnet die Maschinen zu den Wirtschaftsgütern, die zur Vermeidung eines Veräuße-

[6] Vgl. RFH v. 9. 5. 1933, RStBl. 1933, S. 999; v. 12. 4. 1934, RStBl. 1934, S. 838.
[7] RFH v. 12. 4. 1934, RStBl. 1934, S. 838.
[8] So auch *Dürkes:* Die Doppelgesellschaft, BB 1949, S. 66; *Kinnebrock:* Die Umwandlung in Kapitalgesellschaften, Wpg. 1949, S. 559; *Schneider-Zartmann:* Familienunternehmen, S. 267; RFH v. 9. 5. 1933, RStBl. 1933, S. 999.
[9] Vgl. *Blümich-Falk:* Kom. EStG, S. 580, und die dort angeführte Rechtsprechung.
[10] Steuerrecht, 1951, S. 139.

rungsgewinns in die Betriebsgesellschaft eingebracht werden sollten. *Kinnebrock*[11] hat keine Bedenken, außer den Grundstücken und Gebäuden auch fest eingebaute Maschinen von der Einbringung auszunehmen, dagegen sind die leicht montierbaren Maschinen, Geräte, Werkzeuge und Modelle nach seiner Auffassung unbedingt der Kapitalgesellschaft zu übertragen. *Schneider-Zartmann*[12] und *Zartmann*[13] argumentieren e contrario, daß eine Teilbetriebsveräußerung nicht gegeben sei, wenn die Vorräte als die wohl wesentlichste Grundlage für die Weiterführung des Betriebes von der Einbringung in die Betriebsgesellschaft ausgeschlossen würden. *Brönner*[14] hingegen stellt heraus, daß es streitig sei, ob bei der Einbringung im wesentlichen des Umlaufvermögens unter Auslassung der Grundstücke und Maschinen eine Teilbetriebsveräußerung vorliege. Für diese Fälle würde sich nach seiner Auffassung zumindest aus dem RFH-Urteil vom 24. Juli 1935[15] eine eindeutige Ablehnung der Meinung ergeben, daß hier ein organisch selbständiger Teilbetrieb eingebracht werde. In dem dieser Entscheidung zugrundeliegenden Fall sind Vorräte, Forderungen und Schulden in eine GmbH eingebracht, die Grundstücke, Gebäude und Maschinen an diese verpachtet worden.

Dürkes[16] hält das eingebrachte bewegliche Betriebsvermögen für einen mit einer gewissen Selbständigkeit ausgestatteten Teilbetrieb:

„Wenn einzig und allein die Grundstücke und Maschinen — also lediglich Teile des Anlagevermögens — von der Veräußerung ausgenommen werden, erstreckt sich diese u. U. zwar nicht auf diejenigen Betriebsteile, die der Produktion dienen; dagegen sind durch die (unter Beibehaltung des ganzen seither schon beschäftigten Personals erfolgte) Übernahme der Kundschaft, der Firma mit Aktiven und Passiven, des gesamten Verkaufsapparates und einer u. U. vorhandenen Vertriebsorganisation für die in der Produktionsabteilung hergestellten Wirtschaftsgüter alle diejenigen Betriebsteile veräußert (eingebracht) worden, die dem Vertrieb dienen. Es kann aber meiner Ansicht keinem Zweifel unterliegen, daß eine solche geschlossene Übertragung der sämtlichen dem Vertrieb (Verkauf) dienenden Betriebsteile die Veräußerung eines ‚organisch selbständigen Teils' — nämlich zumindest der Vertriebsabteilung — darstellt, auf die § 16 anzuwenden ist."

---

[11] Die Umwandlung in Kapitalgesellschaften, Wpg. 1949, S. 560.

[12] Familienunternehmen, S. 266.

[13] Der Pachtvertrag bei der Betriebsaufspaltung, NB 1952, S. 86.

[14] Die Besteuerung der Gesellschaften, 8. Aufl., S. 154. Zu beachten ist auch, daß in der 9. Aufl., S. 421 f., diese Auffassung nicht mehr mit dem gleichen Nachdruck vertreten wird.

[15] RStBl. 1935, S. 1467. *Kinnebrock*, a.a.O., Wpg. 1949, S. 559, kritisiert dieses Urteil wegen Fehlens einer ausreichenden Begründung.

[16] Zur Frage der Doppelgesellschaft, BB 1949, S. 266.

Daß hier kurz skizzierte Schrifttum zeigt, daß in der Frage der Realisierung eines Veräußerungsgewinns bei der Betriebsaufspaltung noch eine erhebliche Rechtsunsicherheit besteht. Bedauerlich ist, sofern man diesen Texten folgt, die sich daraus ergebende Konsequenz, daß die auf eine bestimmte steuerliche Gestaltung gerichteten Vorschläge auch gleichzeitig ein Zugeständnis an den Fiskus enthalten in dem Sinne, daß danach für betriebswirtschaftliche Überlegungen in der Frage der Ausstattung der Kapitalgesellschaft nur wenig Raum verbleibt.

Es ist darüber hinaus auch zu bedenken, ob tatsächlich in der Betriebsaufspaltung regelmäßig bei im übrigen gegebenen sachlichen Voraussetzungen eine Teilbetriebsveräußerung, d. h. eine Überlassung des Betriebes zu Eigentum, vorliegt. Es tauchen vor allem dann Zweifel auf, wenn z. B. zwar die Grundstücke und Gebäude in der Personenunternehmung zurückbehalten werden, das übrige Vermögen eingebracht wird, aber der Betrieb als Organismus nicht zu Eigentum, sondern lediglich zur Nutzung überlassen wird. Diese Fälle sind bisher noch nicht als selbständiger Sachverhalt festgestellt worden.

Solche Überlegungen lassen auch Zweifel aufkommen, ob sich in den Gestaltungsformen die Möglichkeiten der Betriebsaufspaltung erschöpfen, daß lediglich bei Zurückbehaltung von Grundstücken und Gebäuden über ein formwandelndes Engagement stille Reserven nicht realisiert zu werden brauchen und in allen anderen Fällen ein Zwang zur Realisierung ausgeübt wird mit der Folge, daß der dabei erzielte Gewinn laufender Unternehmungsgewinn ist. Es folgt weiter daraus, daß im Falle der Veräußerung (Einbringung) eines Teilbetriebs der Gedanke des Tausches, im anderen Falle der Gedanke eines Verkaufes (Veräußerung) Platz greifen soll. M. E. besteht im Gegensatz dazu vielmehr ein Zwang, wenn man von der wirtschaftlichen Entwicklung und dem wirtschaftlichen Zusammenhang der Doppelgesellschaft ausgeht, einen gleichen Beurteilungsmaßstab anzulegen.

Der § 16 EStG ist eine Vergünstigungsvorschrift, nach der realisierte Veräußerungsgewinne bei der Veräußerung von ganzen Gewerbebetrieben oder organisch selbständigen Teilbetrieben mit ermäßigten Steuersätzen nach § 34 EStG besteuert werden. Voraussetzung des § 16 EStG ist, daß:

1. eine Veräußerung zu Eigentum vorliegt,
2. ein ganzer Gewerbebetrieb oder ein organisch selbständiger Teilbetrieb veräußert wird,
3. ein Veräußerungsgewinn realisiert wird.

Man darf den § 16 EStG aber nicht als eine Vergünstigungsvorschrift des Inhalts auffassen, daß er es erlaubt, unter besonderen Voraussetzungen stille Reserven nicht zu realisieren, sondern diese Folgerung ergibt sich aus der Anwendung des Tauschgedankens, der m. E. auch dort Platz greift, wo die Voraussetzungen der Einbringung eines Teilbetriebs nicht gegeben sind.

Für die Betriebsaufspaltung ist das Problem der Realisierung stiller Reserven ein entscheidender Faktor. In der Regel beabsichtigen die Unternehmer nicht, Reserven aufzulösen. Es erscheint unter diesem Gesichtspunkt auch nicht notwendig zu verfolgen, wie realisierte Gewinne — also bei beabsichtigter Einbringung zu gemeinen Werten — besteuert werden, sondern zu untersuchen, ob die Pflicht zur Realisierung der stillen Reserven eintritt.

Man kann davon ausgehen, daß auch steuerlich die Einbringung des Betriebsvermögens einer Personenunternehmung ohne die Grundstücke und Gebäude, jedoch einschließlich des lebenden Betriebes als Einbringung eines organischen Teilbetriebs anerkannt wird; dabei stellt die Einbringung zu Buchwerten regelmäßig nur die Vorbereitung zur Realisierung eines Veräußerungsgewinns dar. Es ist hier jedoch die Vorbereitung der Realisierung bei der Unternehmungsaufspaltung von der bei der Veräußerung von ganzen Gewerbebetrieben allgemein zu unterscheiden.

Im letzteren Fall wird von der Rechtsprechung angenommen, daß der bis dahin geführte Gewerbebetrieb ruht und eine Realisierung der stillen Reserven in dem Zeitpunkt eintritt, wenn die gewährten Anteilsrechte an der Kapitalgesellschaft an Dritte veräußert werden. Da die Einbringenden mit der Einbringung des ganzen Betriebes in eine Kapitalgesellschaft ihre Unternehmereigenschaft verlieren, erlaubt die Fiktion der formveränderten Fortführung eines ruhenden Gewerbebetriebes keine klare Trennung zwischen dem Privatvermögen der Gesellschafter und dem fiktiven Betriebsvermögen, repräsentiert durch die Anteile. Da die Gesellschafter nicht Unternehmer sind, so können sie dem Grunde nach die Anteile nur als Privatvermögen besitzen. Wenn der RFH gleichwohl erst bei einem späteren Verkauf annimmt, daß nachträglich gewerbliche Gewinne realisiert werden, so doch wohl deshalb, weil der Übergang des fiktiven Betriebsvermögens in das Privatvermögen der Gesellschafter ein sich in den Personen abspielender, unkontrollierbarer Vorgang ist. Darum kann hier eine Realisierung erst in dem Zeitpunkt angenommen werden, wenn sie sichtbar wird, d. h. bei einem Verkauf an Dritte.

Anders liegen die Verhältnisse bei der Betriebsaufspaltung. Nach ständiger Rechtsprechung des RFH[17] bilden die zurückbehaltenen und

---

[17] v. 30. 11. 1939, RStBl. 1940, S. 361; v. 7. 11. 1940, RStBl. 1941, S. 985; v. 4. 12. 1940, RStBl. 1941, S. 26; v. 1. 7. 1942, RStBl. 1942, S. 1081; BFH v. 22. 1. 1954, BStBl. 1954 III, S. 91.

an die Kapitalgesellschaft verpachteten Wirtschaftsgüter Betriebsvermögen und einen Gewerbebetrieb. Bei der Aufspaltung sind demnach Betriebsvermögen und Privatvermögen exakt voneinander zu trennen, so daß auch die im anderen Fall gegebene Fiktion nicht notwendig wird. Die Vorbereitung der Realisierung ist dann auch nur so lange gegeben, als die Anteile steuerlich im Betriebsvermögen verbleiben. Werden die Anteile in das Privatvermögen übernommen, so kann die Entnahme nur zum gemeinen Wert erfolgen, so daß in diesem Zeitpunkt die in den Anteilen liegenden Reserven zu realisieren sind.

Hinsichtlich der Fixierung dieses Zeitpunktes bestehen in der Betriebsteilung, worauf *Herbert*[18] zutreffend hinweist, einige technische Schwierigkeiten, insbesondere in den Fällen, „in denen die Stpfl. die Geschäftsanteile nicht in der Bilanz ihrer alten Firma führen, ohne allerdings i. d. R. damit konkrete Vorstellungen über die Zugehörigkeit der Anteile oder gar über die Möglichkeit unterschiedlicher steuerlicher Folgen der Handhabung zu verbinden“. „Das in Gesellschaftsrechte umgewandelte Betriebsvermögen bleibt auch weiterhin gewerbliches Vermögen, das in die Steuerbilanz aufzunehmen ist ... Wenn aber in Einzelfällen die notwendige Betriebszugehörigkeit der Gesellschaftsanteile verneint und die Möglichkeit einer Entnahme aus dem Betriebsvermögen der Besitzfirma bestehen sollte, so wäre es doch nicht gerechtfertigt, eine Entnahme der Anteile allein schon aus dem Umstand herzuleiten, daß ihre Aufnahme in die Bilanz der Besitzfirma unterblieben ist. Nur eindeutige Buchungen, wie z. B. die Entnahme von bisher in der Buchführung erfaßten Anteilen sind als verbindlicher Ausdruck des kaufmännischen Willens zu betrachten. Die Unterlassung jeglicher Buchung bzgl. der Anteile läßt aber insbesondere im Hinblick auf die vorliegende schwierige Rechtslage keinen Rückschluß in der Richtung zu, daß eine Entnahme erfolgt sei. In den wenigen Ausnahmefällen, in denen eine Entnahme der Anteile überhaupt in Betracht gezogen werden kann, wird es zweckmäßig sein, spätestens bei der Betriebsprüfung die Beteiligten nach Darlegung der Rechtslage zu einer Erklärung zu veranlassen, ob die Anteile weiterhin zum Betriebsvermögen der Besitzfirma gehören oder in das Privatvermögen überführt sein sollen.“

Wenn die Finanzverwaltung allgemein sich der Auffassung *Herberts* als eines berufenen und sachkundigen Vertreters anschließt, so wird man dieses Entgegenkommen vor allem in den Fällen zu schätzen wissen, in denen die Beteiligten bürgerlich-rechtlich die Gesellschaftsanteile der Kapitalgesellschaft übernehmen, ohne zu erkennen zu geben, wie sie die Anteile steuerlich behandelt wissen wollen.

---

[18] Steuerrecht der Unternehmung, Heft 61, Teil 3, S. 9.

Zusammenfassend ist festzustellen, daß bei der Einbringung eines organischen Teilbetriebs zu Buchwerten in die von den Einbringenden beherrschte Betriebsgesellschaft die Realisierung eines Veräußerungsgewinns erst für den Zeitpunkt in Frage kommt, in dem die Anteile in das Privatvermögen übernommen werden. Auf den erzielten Veräußerungsgewinn ist § 34 EStG anzuwenden. § 34 EStG kann m. E. auch nicht dadurch ausgeschlossen werden, daß in einigen Aufspaltungen die Anteile im Tausch noch vorübergehend zu dem Rumpfbetrieb gehören, da ja aus der Übernahme der Anteile die Fortführung des gewerblichen Teilbetriebes gefolgert wird.

Nun geben die o. a. Quellen zu bedenken, daß eine solche Handhabung in der Betriebsaufspaltung nicht möglich sei, wenn nicht das gesamte Betriebsvermögen des Personenunternehmens mit Ausnahme der Grundstücke und Gebäude in die Betriebsgesellschaft eingebracht wird. *Brönner*[19] weist in diesem Zusammenhang auf das RFH-Urteil vom 24. Juli 1935[20]. Darin führt der RFH aus:

„Eine Teilveräußerung der beweglichen Teile des Betriebsvermögens (Vorräte, Forderungen, Schulden) an eine GmbH gegen Gewährung von Stammanteilen ist keine Veräußerung im Sinne des § 30 Abs. 1 EStG 1925[21], sondern nur eine Veräußerung im laufenden Gewerbebetrieb, für die die Vergünstigungen der §§ 30 bis 32 EStG 1925 nicht in Anspruch genommen werden können."

Dem RFH ist insofern beizupflichten, als die Veräußerung des beweglichen Betriebsvermögens, wie Vorräte, Forderungen, Schulden, nicht als Veräußerung eines organisch selbständigen Teilbetriebs angesehen werden kann, für die auch die Steuervergünstigungen der §§ 30 bis 32 EStG 1925[22] zu versagen sind. In der Urteilsbegründung führt der RFH aus:

„Das FG hat die Frage, ob es sich bei Einbringung der beweglichen Teile des Betriebsvermögens in die GmbH um Veräußerung eines Gewerbebetriebs im Sinn des § 30 Abs. 1 handle, verneint, weil es sich bei den genannten Wirtschaftsgütern nicht um einen organisch selbständigen und lebensfähigen Teil des bisherigen Unternehmens des Beschwerdegegners handle; es hat die Einbringung aber als eine Veräußerung im laufenden Gewerbebetrieb und den dabei erzielten Gewinn als gewerblichen Gewinn des Beschwerdegegners angesehen, für den die Vergünstigungen der §§ 30 bis 32 EStG 1925 nicht anzuwenden seien. Diesen vom FG eingehend begründeten Ausführungen tritt der Senat bei."

---

[19] Die Besteuerung der Gesellschaften, 9. Aufl., S. 421.
[20] RStBl. 1935, S. 1467.
[21] § 16 EStG 1955.
[22] § 34 EStG 1955.

Der RFH geht von einem bereits realisierten Gewinn aus, indem er von einem „dabei erzielten Gewinn" spricht. Das Urteil kann daher auch nur im Zusammenhang mit einer bereits erfolgten — d. h. über die Einbringung zu gemeinen Werten oder die Entnahme der Anteile bedingten — Realisierung gesehen werden, für die die Steuervergünstigung versagt wird. Das Problem der Realisierung selbst ist darin aber nicht erörtert und eine Auffassung, daß sich hieraus ein Zwang zur Realisierung ergäbe, findet darin keine Stütze.

Auch in diesen Gestaltungen wird das Vermögen gegen die Gewährung von Gesellschaftsrechten eingebracht. Insofern liegt auch hier, wie bei der Einbringung eines organisch selbständigen Teilbetriebs, ein Tauschgeschäft vor. Bei der Veräußerung zum Umsatz bestimmter Güter, in denen stille Reserven ruhen, spricht steuerlich die Vermutung für die Absicht des Kaufmanns, die stillen Reserven zu realisieren[23]. Im Urteil vom 17. Mai 1952[24] schränkt der BFH diesen allgemeinen Grundsatz jedoch dahin ein, daß die Gewinnverwirklichung stiller Reserven bei der Veräußerung von Wirtschaftsgütern des Betriebsvermögens gewerblicher Betriebe auf der Grundlage der wirtschaftlichen Betrachtungsweise zu entscheiden und dabei die eigene Auffassung des Kaufmanns zu berücksichtigen ist. Aufgrund dieser wirtschaftlichen Betrachtungsweise, so stellt der BFH fest, hat der RFH eine Gewinnverwirklichung nicht angenommen, wenn unter Berücksichtigung der Verhältnisse des Einzelfalls die Absicht nicht gegeben sein konnte, die stillen Reserven zu realisieren. Auch bei Tauschgeschäften hat der RFH einen Zwang zur Auflösung stiller Reserven verneint, wenn das eingetauschte Wirtschaftsgut im wesentlichen den gleichen Zweck im Betrieb wie das hingegebene Gut zu erfüllen hat. Das wird man in förmlicher Betrachtung bei der Betriebsaufspaltung nicht ohne weiteres bejahen können. Jedoch hat der RFH in ähnlich gelagerten Fällen, beim Austausch von Patenten gegen Anteile an einer zur Patentverwertung gegründeten GmbH und beim Austausch von Filmmanuskripten gegen Anteile an einer zur Verwertung solcher Manuskripte gegründeten Gesellschaft, gestattet, die stillen Reserven auf die neue Gesellschaft zu übertragen[25].

Beim Tausch körperlich verschiedener Wirtschaftsgüter wird man zu unterscheiden haben, ob bei wirtschaftlicher Betrachtungsweise die

---

[23] Vgl. BFH v. 17. 5. 1952, BStBl. 1952 III, S. 208; *Blümich-Falk*, Kom. EStG, S. 289.

[24] A.a.O.

[25] Vgl. *Blümich-Falk*, Kom. EStG, S. 289, und die dort zitierte Rechtsprechung, Urteil v. 5. 12. 1924 VI 48/33; Urteil Bd. 38, 347 = RStBl. 1936, S. 412.

Hingabe des Tauschobjektes als Umsatzakt oder lediglich als Formwandlung des gewerblichen Engagements anzusehen ist. Ersteres liegt zweifellos vor, wenn z. B. eine Maschinenfabrik eine Maschine gegen Aktien einer anderen Gesellschaft eintauscht. Solche einzelnen Tauschgeschäfte sind stets als Umsatzakt zu beurteilen, bei dem Reserven aufzulösen sind.

Wenn man aber bei der Betriebsteilung bedenkt, daß der Unternehmer oder die Unternehmergemeinschaft sämtliche Anteile der Betriebsgesellschaft entgegennehmen, die Kapitalgesellschaft die hingegebenen Wirtschaftsgüter verwertet und bei dieser Verwertung auf das den Einbringenden verbliebene Anlagevermögen zurückgreift sowie das Unternehmen der Grundgesellschaft fortführt, so spricht hier die Vermutung nicht für die Absicht des Kaufmanns, die stillen Reserven zu realisieren. Das gewerbliche Engagement der Beteiligten bleibt erhalten; es tritt lediglich für einen Teil des gewerblich gebundenen Vermögens eine Formänderung ein. Die vom RFH und BFH für die Umwandlung von Personenunternehmen in Kapitalgesellschaften vertretene wirtschaftliche Betrachtungsweise erlaubt es, auch in diesen Fällen der Betriebsleitung die stillen Reserven auf die Kapitalgesellschaft zu übertragen; denn es ist nach wie vor ein einheitliches gewerbliches Engagement gegeben, das dem Unternehmer oder der Unternehmergemeinschaft einheitlich zuzurechnen ist. Die Anteile an der Kapitalgesellschaft treten steuerlich an die Stelle der hingegebenen Wirtschaftsgüter. Es läßt sich bei Anwendung dieser geforderten wirtschaftlichen Betrachtungsweise ein Zwang zur Auflösung von Reserven nicht feststellen.

Die hier vorliegende Form der Aufspaltung unterscheidet sich jedoch von jener, die als Einbringung eines organisch selbständigen Teilbetriebs anzusehen ist, dadurch, daß die Anteile an der Kapitalgesellschaft nur einzelne Teile der für den Begriff „Teilbetrieb“ notwendigen Wirtschaftsgüter repräsentieren. Daraus folgt, daß die bei einer Veräußerung oder Entnahme realisierten Gewinne nicht die Steuervergünstigung der §§ 16, 34 EStG genießen. Ihre Veräußerung oder Entnahme ist laufender Betriebsvorgang[26], auf den das erwähnte Urteil des RFH vom 24. Juli 1935 anzuwenden ist.

Soweit das für die Einbringung gewährte Entgelt nicht ausschließlich aus Anteilsrechten besteht, sondern neben der Hingabe von Anteilen auch Darlehensforderungen eingeräumt werden, sind auch diese Fälle nach wirtschaftlichen Merkmalen zu beurteilen. Die Einräumung von Darlehensforderungen neben der Gewährung von Gesellschafts-

---

[26] Vgl. auch *Vangerow:* Zur einkommensteuerlichen Behandlung von Betriebsverpachtungen, Umwandlungen und Betriebsaufspaltungen, StW 1956, Sp. 163 f.

rechten hat ihren Grund in dem Verlangen der Beteiligten, der Betriebsgesellschaft zwar eine in sich geschlossene Vermögensmasse zu übergeben, diese aber nicht als Eigenkapital anzulegen. Das Nebeneinander der Rechtsinstitute des Mitgliedschaftsrechtes und des Darlehens ermöglicht eine von der eingebrachten Vermögensmasse losgelöste Gruppenbildung. Sofern die in diesem Vorgang gewährten Mitgliedschaftsrechte es erlauben, die Kapitalgesellschaft zu beherrschen, besteht kein Anlaß, diese Gestaltung anders zu beurteilen als jene, in denen als Entgelt ausschließlich Anteilsrechte entgegengenommen werden.

2. Umsatzsteuergesetz

Die Betriebsaufspaltung ist umsatzsteuerlich jenen Fällen gleichzustellen, in denen Betriebsvermögen von Personenunternehmungen in Kapitalgesellschaften gegen Gewährung von Gesellschaftsrechten eingebracht wird. Es ist zu unterscheiden, ob die Einbringung von einem Einzelunternehmen oder von einer Personengesellschaft aus erfolgt. Falls die Personengesellschaft Ausgang der Vermögensübertragung ist, wird umsatzsteuerlich die Übernahme der Anteile durch die Gesellschafter selbst anders beurteilt als die Übernahme durch die Personengesellschaft.

Man muß unterstellen, daß die für die formgerechte Errichtung der Kapitalgesellschaft notwendige Gründerzahl sowohl bei der Auslösung aus dem Einzelunternehmen als auch bei der aus der Personengesellschaft vorhanden ist, auch dann, wenn diese die Anteile übernimmt.

Ist in der Betriebsteilung die Grundgesellschaft[27] eine Einzelfirma und bringt der Einzelunternehmer zur Erfüllung seiner Einlageverpflichtung Betriebsvermögen in die zum Betriebe des Unternehmens errichtete Kapitalgesellschaft ein, so stellt die Einbringung als Sachgründung einen umsatzsteuerbaren Vorgang dar. Das Entgelt wird in der Form der Beteiligung an der Kapitalgesellschaft vereinnahmt. Der Leistungsaustausch ist jedoch gem. § 4 Ziff. 9 UStG steuerbefreit, da die Einlage von der Gesellschaftsteuer des Kapitalverkehrsteuergesetzes erfaßt und besteuert wird.

Ist die Grundgesellschaft eine Personengesellschaft und bringt diese die ausgegliederten Vermögenswerte in die Betriebskapitalgesellschaft ein, indem sie selbst die Anteile an der Kapitalgesellschaft übernimmt, so liegt nur eine einmalige Übertragung des Betriebsvermögens vor[28]. Wie bei dem Einzelunternehmen ist der Leistungsaustausch bei der Personengesellschaft steuerbar, jedoch auch gem. § 4 Ziff. 9 UStG steuerbefreit.

---

[27] Hier Grundgesellschaft gleich Ausgangsunternehmung.
[28] Vgl. *Plückebaum*, Kom. UStG, 6. Aufl., S. 280.

Wird dagegen Betriebsvermögen zur gesamten Hand in die Betriebsgesellschaft gegen Gewährung von Gesellschaftsrechten an die Gesellschafter eingebracht, so liegen nach der Rechtsprechung des RFH und des BFH zwei Veräußerungen vor, von denen die eine, von der veräußernden Gesellschaft an die Gesellschafter, Umsatzsteuerpflicht auslöst, die andere, von den Gesellschaftern an die Kapitalgesellschaft, nach § 4 Ziff. 9 UStG steuerbefreit ist[29].

Die von der Rechtsprechung aufrechterhaltene Auffassung des zweimaligen Vermögensübergangs ist in der Literatur sehr heftig kritisiert worden[30], jedoch bietet auch die im Umsatzsteuerrecht vorherrschende wirtschaftliche Betrachtungsweise keine Möglichkeit, zu einer anderen Beurteilung zu gelangen. Das Vermögen der Personengesellschaft kann durch deren Gesellschafter nur dann in die Kapitalgesellschaft eingebracht werden, wenn diese zuvor das Vermögen erwerben. Der Erwerb wiederum kann umsatzsteuerlich nur im Wege der Entnahme durch die Gesellschafter erfolgen[31].

Bei der Beurteilung der Steuerpflicht der Vermögensübertragung ist wiederholt die Frage aufgetaucht, ob für den Erwerb durch die Gesellschafter der Personengesellschaft § 85 UStDB anwendbar sei, d. h., daß hier der ermäßigte Steuersatz von 1 % für Geschäftsveräußerungen erhoben würde. Die Anwendung dieser Vergünstigung bei der Betriebsteilung würde daran scheitern, daß einmal sachlich in einer Reihe von Fällen die notwendige Voraussetzung der Veräußerung des Unternehmens im Ganzen oder eines gesondert geführten Betriebes gem. § 85 UStDB nicht vorliegt[32], zum anderen aber auch teilweise personell nicht die Veräußerung an einen Abnehmer gegeben ist. Wenn nämlich die Gesellschafter der Personengesellschaft den Betrieb übernehmen, so handelt es sich um mehrere Erwerber, so daß damit § 85 UStDB nicht angewendet werden kann[33].

Da in der Betriebsaufspaltung die Übertragung der als Einlage dienenden Wirtschaftsgüter auf die Gesellschafter von Personengesellschaften grundsätzlich steuerbar ist, können sich für die einzelnen Vermögensarten Steuerbefreiungen gem. § 4 UStG ergeben. Vor allem

---

[29] Vgl. RFH v. 21. 12. 1934, RStBl. 1935, S. 373; OFH v. 12. 5. 1950, StBl. 1950, S. 442; BFH v. 27. 11. 1952, BStBl. 1953 III, S. 44.

[30] Vgl. *Angerer:* Die Umsatzsteuer bei Geschäftsveräußerungen und Neugründungen. StW 1949, Sp. 335 ff.; *v. Wallis:* Ums.St. bei der Umwandlung einer Personen- in eine Kapitalgesellschaft, GmbH-Rdsch. 1949, S. 33.

[31] Vgl. *Plückebaum,* Kom. UStG, 6. Aufl., S. 549 f.; S. 280 f.; *v. Wallis,* a.a.O.

[32] So *Brönner:* Die Besteuerung der Gesellschaften, 9. Aufl., S. 633.

[33] Vgl. *v. Wallis,* a.a.O.; BFH v. 27. 11. 1952, BStBl. 1953 III, S. 44; *Plückebaum,* Kom. UStG, 6. Aufl., S. 280. Anderer Auffassung sind *Dürkes:* Die Doppelgesellschaft, BB 1949, S. 68, und *Suhr:* Die Umsatzsteuer bei Geschäftsveräußerungen, DStZ 1948, S. 188.

kommen in diesen Fällen die Befreiungen nach § 4 Ziff. 8 UStG zum Zuge. Darunter fallen insbesondere als steuerbefreite Umsätze die Umsätze von Geldforderungen (z. B. von Wechseln, Schecks), Wertpapieren und Geld. Die Steuerfreiheit gilt jedoch nicht für Debitoren, soweit das der Forderung zugrundeliegende Umsatzgeschäft steuerpflichtig ist und noch nicht zur Besteuerung herangezogen wurde[34]. Andererseits ist die Steuerfreiheit der Wertpapierumsätze nur mittelbar, da für diese die Börsenumsatzsteuer erhoben wird.

3. Kapitalverkehrsteuergesetz

Der Geselllschaftsteuer unterliegt der Erwerb der Gesellschaftsrechte an der Betriebsgesellschaft durch den ersten Erwerber[35]. Steuermaßstab ist der Wert der Gegenleistung; d. h. der Wert des in Anrechnung auf die Einlageverpflichtung eingebrachten Betriebsvermögens. Der Steuersatz beträgt 3 ‰[36].

Die sich ergebende Steuerleistung kann auch nicht dadurch geringer gehalten werden, daß das Stamm- oder Grundkapital niedrig bemessen, das notwendige Vermögen dagegen auf dem Darlehensweg von den Gesellschaftern oder der Besitzgesellschaft zur Verfügung gestellt wird. Die Darlehensgewährung kann unter bestimmten Voraussetzungen als Ersatz einer durch die Sachlage gebotenen Kapitalzuführung angesehen und damit auch der Steuer unterworfen werden. Dabei kommt es nicht auf die subjektive Auffassung der Gesellschafter an, ob sie das Darlehen als dauernd in der Betriebsgesellschaft gebunden ansehen, sondern entscheidend ist allein der objektive Gesichtspunkt, daß dem Darlehen die Funktion von (kapitalverkehrsteuerpflichtigem) Ersatz-Stammkapital zukommt, weil die Darlehensgewährung als wesentliche Voraussetzung für den Beginn oder die Fortführung des Betriebs betrachtet werden muß. Als ein besonders wichtiger Anhaltspunkt gilt in dieser Hinsicht die Tatsache, daß der Kapitalgesellschaft das Darlehen von allen Gesellschaftern zur Verfügung gestellt wird[37].

Neben den rein körperlichen Werten, die der Einbringung in die Betriebsgesellschaft unterliegen, überläßt die Besitzgesellschaft der Betriebsgesellschaft die ganze Organisation, die Handelsbeziehungen, den Kundenstamm, den Vertreterstab, Ruf und Kreditwürdigkeit der Stammfirma und in der Regel auch zumindest wesentliche Teile des Firmennamens. Indem der Betriebsgesellschaft diese immateriellen

[34] So *Plückebaum*, Kom. UStG, 6. Aufl., S. 503.
[35] § 2 Ziff. 1 KVStG.
[36] § 9 KVStG.
[37] *Veiel*, Kom. KVStG, § 4 II c, S. 95.

Werte zur Verfügung gestellt werden, kann sie den Betrieb ohne besondere Schwierigkeiten und ohne besondere Unkosten anlaufen lassen. Darin ist eine wirtschaftliche Leistung gegeben, die nach der Entscheidung des BFH vom 26. März 1952[38] als freiwillige Leistung eines Gesellschafters an eine inländische Kapitalgesellschaft der Gesellschaftsteuer unterliegt, wenn die Überlassung unentgeltlich oder ohne genügende Gegenleistung erfolgt.

Die Überlassung der immateriellen Werte kann in der Betriebsspaltung sowohl zu Eigentum als auch zur Nutzung erfolgen. Diese Möglichkeiten läßt auch das o. a. BFH-Urteil zu. Welche Form der Überlassung vorliegt, ist aber der Würdigung des Einzelfalles vorbehalten und Tatfrage. Bei Spaltungen, die in der Ausgestaltung einkommensteuerlich eine Betriebsveräußerung oder Teilbetriebsveräußerung darstellen, spricht die Vermutung für die Übertragung auch der immateriellen Werte zu Eigentum.

In dem anderen Fall, in dem lediglich ein abgrenzbarer Kreis von Vermögensgegenständen auf die Betriebsgesellschaft übertragen wird, liegt Grund zu der Annahme vor, daß auch die immateriellen Werte ebenso wie die bei der Besitzgesellschaft verbliebenen Grundstücke, Gebäude, Maschinen usw. nur zur Nutzung überlassen werden sollen.

Zur Berechnung der Gesellschaftsteuer ist bei der Übertragung zu Eigentum außerhalb der Bilanz von dem Vermögenswert der immateriellen Güter auszugehen[39].

Bei der unentgeltlichen Überlassung zur Nutzung bildet das für die immateriellen Güter zu ermittelnde jährliche Nutzungsentgelt die Grundlage der Steuerberechnung bzw. der Differenzbetrag zwischen dem zu ermittelnden und dem tatsächlich gezahlten Nutzungsentgelt, soweit die Leistung zu einer den Wert der Leistung nicht erreichenden Gegenleistung bewirkt wird. Es ist zu beachten, daß die Nutzung einerseits kontinuierlich gewährt und kontinuierlich entgegengenommen wird, so daß sich auch jeweils der kapitalverkehrsteuerpflichtige Tatbestand erfüllt und somit das errechnete Nutzungsentgelt fortlaufend der Besteuerung unterworfen werden müßte. Es wäre hier durchaus denkbar, daß die Summen der jährlichen Vergütungen den Vermögenswert der immateriellen Güter zu einem in der Zukunft liegenden Zeitpunkt übersteigen und sich so eine höhere Steuerbemessungsgrundlage ergibt als bei der Einbringung zu Eigentum.

---

[38] BStBl. 1952 III, S. 139. Dem Urteil liegt eine Betriebs- und Vertriebsgesellschaft zugrunde.

[39] Vgl. § 8 KVStG; *Brönner:* Kom. KVStG, S. 118, und die Aufsätze von *Lorenz:* Der Firmenwert bei der Gesellschaftsteuer, Wpg. 1949, S. 560 f.; *Hohensee-Diel:* Der Firmenwert bei der Gesellschaftsteuer, Wpg. 1950, S. 125 ff.

Böttcher[40] ist der Auffassung, daß die Besteuerung des Nutzungsentgeltes nach Ablauf von drei bis fünf Jahren aufgegeben werden muß. Zur Begründung führt er an, daß die Besitzgesellschaft nach der Aufspaltung nichts mehr tun kann, die von ihr bis dahin geschaffenen immateriellen Werte zu erhalten oder zu erhöhen. Sie unterliegen so zwangsläufig einem Verschleiß. Die Betriebsgesellschaft trägt wohl zur Erhaltung bei, man muß aber annehmen, daß diese sich revolvierenden Teile des good-will tatsächlich nunmehr von der Kapitalgesellschaft für sie selbst erhalten und geschaffen werden. Im Ablauf der Zeit treten danach ideelle Werte der Kapitalgesellschaft an die Stelle der von der Grundgesellschaft überlassenen Werte. Bei dieser gedanklichen Konzeption muß die Besteuerung nach Ablauf einer gewissen Zeit aufgegeben werden.

Böttcher kann man nur in einem Fall folgen, in dem es nämlich der Kapitalgesellschaft gestattet wird, die zur Nutzung überlassenen immateriellen Werte zu gebrauchen und zu verbrauchen. Wenn aber die Kapitalgesellschaft in dem die Nutzung einräumenden Vertrag verpflichtet wird, bei Beendigung des Vertrages auch die immateriellen Werte im gleichen Umfang wie sie bei Pachtbeginn vorhanden sind, zurückzugeben, so bleibt für die Annahme kein Raum mehr, daß der Firmenwert verbraucht wird. Durch die Betriebsgesellschaft ersetzte Teile des good-wills gehen im Zeitpunkt des Ersatzes in das Eigentum der Besitzgesellschaft über und werden erneut zur Nutzung zur Verfügung gestellt und aus der Nutzung heraus besteuert.

Bei der Besteuerung des errechneten Nutzungsentgeltes ist zu berücksichtigen, daß das Eigentumsrecht an einem Wirtschaftsgut das Recht der Nutzung einschließt. „Das Nutzungsrecht kann daher keinen größeren Wert haben als das genutzte Wirtschaftsgut selbst[41].“ Also ist auch bei solchen Nutzungsverträgen, bei denen sich mit einiger Wahrscheinlichkeit ergibt, daß die Summe der jährlichen Nutzungsentgelte höher ist als der Vermögenswert der immateriellen Güter, der Besteuerung nicht der Nutzungswert, sondern der Vermögenswert zugrundezulegen[42]. Es rechnen dazu in jedem Falle Verträge auf unbestimmte Zeit und auch befristete Verträge, wenn sich bei ihnen aus der Laufzeit des Vertrages und der Höhe des zu ermittelnden Nutzungsentgeltes ergibt, daß der Nutzungswert den Vermögenswert übersteigt.

---

[40] Neue Erfahrungen und Erkenntnisse zum Wirtschafts- und Steuerrecht der Familienunternehmen, StJ 1952, S. 81.

[41] VStR 1953, Abschn. 72, Abs. 3; RFH v. 19. 3. 1942, RStBl. 1942, S. 542.

[42] So hat der RFH im Urteil v. 17. 12. 1930, II A 546/30, entschieden, daß bei der unentgeltlichen Überlassung eines Holzlagers auf unbestimmte Zeit der Wert der Holzbestände die Bemessungsgrundlage der Besteuerung ist. Zit. nach *Brönner:* Kom. KVStG, S. 66.

Da die Besteuerung nach § 2 Ziff. 3 Buchst. b KVStG nur eintritt, wenn eine freiwillige Leistung zu einer ihren Wert nicht erreichenden Gegenleistung bewirkt wird, wird der Steuertatbestand nicht verwirklicht, wenn das Entgelt für die Leistung ihrem Wert entspricht. *Böttcher,* a.a.O. empfiehlt daher, im Pachtvertrag zu vereinbaren, daß die immateriellen Werte gegen Entgelt zur Nutzung überlassen werden.

Schmitz[43] hat untersucht, ob nicht die Verpachtung des Vermögens an eine Kapitalgesellschaft in analoger Anwendung von § 3 KVStG als eine durch die Sachlage gebotene Kapitalzuführung angesehen werden könne. Er nimmt in dieser Untersuchung gegen *Veiel* Stellung und führt aus: „*Veiel* (Kom. Anm. 2 c zu § 3 KVStG, S. 77) behandelt die pachtweise Zuführung von Betriebsvermögen in sinngemäßer Anwendung des § 3 KVStG als steuerpflichtig, wenn die Gegenstände in der Hand der GmbH sogenanntes geborenes Betriebsvermögen sind und unter ihre Aktiven unter gleichzeitiger Passivierung der Rückgabeverpflichtung gebucht werden. Es ist nicht von der Hand zu weisen, daß bei dieser Art der Behandlung des Pachtvermögens gewisse Umstände gegen ein echtes Pachtverhältnis sprechen. Insbesondere dann, wenn Anhaltspunkte dafür vorhanden wären, daß der Betrieb nicht nur vorübergehend, sondern dauernd der Gesellschaft nutzbar gemacht werden soll. Eine sinngemäße Anwendung von § 3 KVStG findet jedoch im Gesetz keine Stütze. Auch die Anwendung von § 6 StAnpG — Mißbrauch von Formen und Gestaltungsmöglichkeiten des bürgerlichen Rechts — ist bedenklich, da es den Beteiligten nicht verwehrt werden kann, einen Betrieb in der Weise zu teilen, daß Eigentum und Pachtrecht zwei verschiedenen Personen zusteht (RFH vom 26. Juni 1925. — II A 309/25).

Eine andere Beurteilung ist dagegen für den Fall denkbar, daß zwar zwischen dem Gesellschafter und der GmbH ein Pachtverhältnis als vorliegend angenommen, zugleich aber als festgestellt angesehen wird, daß als Pachtzins ein Anteil am Gewinn der Gesellschaft vereinbart ist (partiarischer Pachtvertrag RFH vom 27. November 1925 — II 346/25). In diesem Fall ist Steuerpflicht aus § 2 Ziff. 1 KVStG in Verb. mit § 6 Abs. 1 Ziff. 3 a.a.O. (Forderungen, die eine Beteiligung am Gewinn der Gesellschaft gewähren) gegeben."

Schmitz hat hierdurch für die Betriebsaufspaltung entgegen der Auffassung von *Veiel* zutreffend festgestellt, daß das normale Pachtverhältnis — unter der Voraussetzung eines angemessenen Pachtzinses — zur Kapitalverkehrsteuer nicht herangezogen werden kann.

---

[43] Betriebsverpachtung an Kapitalgesellschaften im Gesellschaftssteuerrecht, B 1953, S. 321.

IV. Die vertragliche Gestaltung

Das Vertragswerk der Betriebsaufspaltung besteht aus mindestens drei Einzelverträgen. Zwei dieser Verträge sind die Gesellschaftsverträge der Besitzgesellschaft und der Betriebsgesellschaft. Darin werden der Zweck der Besitzgesellschaft geändert, der der Betriebsgesellschaft festgelegt, bestimmte Vereinbarungen über die Höhe und Art der Kapitalausstattung getroffen und so die Grundlagen der Aufspaltung geschaffen. In einzelnen Fällen werden diese Verträge durch Kaufverträge und Darlehensverträge ergänzt.

Verpflichtende Rechtsbeziehungen entstehen durch die Gesellschaftsverträge zwischen der Besitzgesellschaft und der Betriebsgesellschaft regelmäßig nur darin, daß der Betriebsgesellschaft auferlegt wird, das bisher von der Besitzgesellschaft geführte Unternehmen fortzuführen, und bei Übernahme der Anteile die Besitzgesellschaft sich verpflichtet, die Kapitaleinlage zu leisten. Die die Spaltung betreffenden Einzelbestimmungen sind bereits eingangs herausgestellt worden, so daß es sich hier erübrigt, darauf noch einmal einzugehen.

Die Gesellschaftsverträge bewirken die rechtsförmliche und tatsächliche Trennung des Gesamtunternehmens. Zur Aufnahme der Betriebstätigkeit ist es jedoch notwendig, die vorgenommene Aufspaltung zu überbrücken, damit die wirtschaftliche Nutzung in einer Hand ermöglicht und herbeigeführt wird. Dazu sind Vereinbarungen notwendig, die die Besitzgesellschaft verpflichten, das zum Betrieb des Unternehmens notwendige, ihr jedoch verbliebene materielle und immaterielle Vermögen der Betriebsgesellschaft zu überlassen und die der Betriebsgesellschaft auferlegen, die Überlassung entgegenzunehmen.

Aufgabe eines solchen Vertragswerkes ist es, die Verpflichtung festzulegen, ihre Erfüllung herbeizuführen und darüber hinaus in Einzelbestimmungen das Verhältnis der nun nebeneinanderstehenden Gesellschaften zueinander und ihre gemeinsame wirtschaftliche Betätigung zu regeln.

1. Pacht und Betriebsüberlassung als Vertragsformen der Betriebsaufspaltung

Bei der Betrachtung der Vertragsarten[1] stößt man in der Betriebsteilung darauf, daß ein solcher Vertrag in einigen Fällen als Pachtvertrag, in anderen als Betriebsüberlassungsvertrag und in wieder anderen Fällen als Pacht- und Betriebsüberlassungsvertrag bezeichnet

[1] Der Vertrag in der Betriebsaufspaltung erfordert Schriftform, da auch Grundstücke zur Nutzung überlassen werden. Vgl. § 566 BGB, *v. Godin:* Kom. HGB, S. 286.

wird. Diese scheinbar wahllos getroffenen Bezeichnungen erfordern es, kurz auf das Wesen der Pacht und der Betriebsüberlassung einzugehen.

Ein Pachtvertrag verpflichtet den Verpächter, dem Pächter den Gebrauch des verpachteten Gegenstandes und den Genuß der Früchte während der Pachtzeit zu gewähren, letzteren nur soweit, als diese nach den Regeln einer ordnungsmäßigen Wirtschaft als Ertrag anzusehen sind, und den Pächter, den vereinbarten Pachtzins zu zahlen[2]. Der Pachtgegenstand wird dem Pächter zum Gebrauch und zur Fruchtziehung auf dessen eigene Rechnung überlassen. Begriffswesentlich für die Pacht ist die Überlassung des Pachtgegenstandes zur Nutzung gegen Entgelt[3].

Betriebsüberlassung ist die vertragliche Überlassung des Betriebes eines Unternehmens an einen Dritten in dessen eigenem Interesse. Auch für die Betriebsüberlassung ist danach das Handeln auf eigene Rechnung begriffswesentlich[4], so daß Pacht und Betriebsüberlassung sich in dem Handeln auf eigene Rechnung vereinen. Sie unterscheiden sich aber darin, daß bei der Pacht die Nutzungsüberlassung begriffswesentlich ist, bei der Betriebsüberlassung dagegen nicht[5]. Die Betriebsüberlassung kann auch andere Formen als solche der Nutzung einschließen, wie z. B. Pfandrecht, oder es kann die Nutzung auf die Fruchtziehung beschränkt werden, wie z. B. beim Nießbrauch. Sie kann eine Vielzahl von Besitzverschaffungen an Dritte zum Gegenstand haben, ohne Rücksicht darauf, ob in der Überlassung eine Nutzung einbegriffen ist oder nicht, ob diese gegen Entgelt oder unentgeltlich erfolgt.

Wegen des weitreichenden Anwendungsraumes der Betriebsüberlassung wird sie als Ordnungsbegriff der einzelnen Vertragsarten angesehen, so daß die Pacht in dieser Konzeption lediglich als ein Unterfall der Betriebsüberlassung erscheint[6]. Da die Betriebsüberlassung im Gegensatz zur Pacht gesetzlich nicht geregelt ist, erlaubt sie eine freiere Vertragsgestaltung. Man findet deshalb in Betriebsüberlassungsverträgen auch häufig Vereinbarungen, die in Pachtverträgen nicht üblich oder für sie nicht typisch sind, z. B. Verwaltungsverpflichtungen für den verpachteten Betriebsteil, Überlassung von Verträgen, Konzessionen, Lizenzen u. ä.

---

[2] § 581 BGB.

[3] *Klingler:* Die Unternehmungspacht, S. 30; *Burkart:* Die Verpachtung von Unternehmungen, S. 12.

[4] *Klingler,* a.a.O., S. 29.

[5] *Klingler,* a.a.O., S. 29.

[6] Vgl. *Klingler,* a.a.O., S. 30, und *Rasch:* Deutsches Konzernrecht, S. 63.

Da in der Betriebsaufspaltung die Überlassung des dem Personenunternehmen verbliebenen Vermögens einschließlich des organischen Betriebes zur Nutzung an die Betriebsgesellschaft geregelt werden soll, sind Pacht und Betriebsüberlassung die dafür zuständigen Vertragsformen. Wenn neben der Pacht auch eine Betriebsüberlassung darin einbezogen wird, so vor allem deshalb, um eine freiere Vertragsgestaltung zu erlangen und frei zu sein von gesetzlich vorgefaßten Regelungen.

Die Unterscheidung in Pacht und Betriebsüberlassung wird im folgenden nicht beibehalten, um nicht die im Grunde neben der Aufgabe dieser Untersuchung liegenden Abgrenzungsprobleme der Vertragsarten in einzelnen Vereinbarungen aufzudecken, deren Bereinigung umfangreiche Ausführungen erfordern und dadurch den Zusammenhang dieser Untersuchung stören würde. Mit Rücksicht darauf werden hier die Begriffe einheitlich verwendet und pars pro toto gebraucht.

2. Die Abgrenzung des Vertragsgegenstandes

Der Kern der obligatorischen Vereinbarung des Pachtvertrages ist darin zu sehen, daß der Verpächter dem Pächter zum Zwecke der Nutzung den Besitz an der Pachtsache verschafft und diese in einem Zustand überlassen wird, der es dem Pächter gestattet, in dem der Sache anhaftenden Zustand Früchte zu ziehen[7]. Unter „Zustand" wird aber nicht allein die den Vertragszweck ermöglichende Beschaffenheit gesehen, sondern es werden damit auch ganz bestimmte Vorstellungen über den Umfang der Pachtsache verbunden. Wenn dieser bei der Verpachtung auch in erster Linie von dem Willen der Parteien bestimmt wird, so muß man besonders bei der Verpachtung von Unternehmungen oder Teilunternehmungen davon ausgehen, daß mindestens Sachgesamtheiten in einem Umfang überlassen werden, die eine Fortsetzung des Betriebes durch den Pächter und dessen Fruchtgenuß ermöglichen[8]. Da beide Parteien in der Betriebsaufspaltung ein eigenes Interesse an der Fortführung des Unternehmens besitzen, ist die Gefahr einer zu gering bemessenen Überlassung von Pachtvermögen zwar selten gegeben; sie muß jedoch als existent anerkannt werden. Die Minderung der Gefahr liegt vor allem darin, daß auch der Verpächter ein Interesse daran hat, dem Pächter eine brauchbare Basis zur Fortführung des Unternehmens zu schaffen.

In Anwendung dieser von der Rechtsprechung entwickelten Grundsätze auf die Unternehmungsspaltung wird man sich nach vollzogener Übertragung eines Teils des Gesamtvermögens auf die Betriebsgesell-

[7] Vgl. *Burkart:* Die Verpachtung von Unternehmungen, S. 42.
[8] Vgl. *Klinger:* Die Unternehmungspacht, S. 51.

schaft Gedanken darüber machen müssen, in welchem Umfange das der nunmehr als Besitzgesellschaft fungierenden Unternehmung verbliebene Vermögen an die Betriebsgesellschaft verpachtet werden soll. Es ist denkbar, daß in einigen Fällen das gesamte Vermögen der Besitzgesellschaft in den Pachtvertrag aufgenommen wird, in anderen hingegen wird es notwendig sein, eine Auswahl zu treffen.

Die Entscheidung, einzelne Vermögensteile einzubeziehen oder auszulassen, wird davon abhängen, ob Art und Umfang des Vermögens eine Auslassung überhaupt und dann ohne Störung des Betriebsablaufes erlauben und, falls das bejaht werden kann, ob es in der Absicht der Beteiligten liegt, die Besitzgesellschaft sich aktiv am wirtschaftlichen Verkehr beteiligen zu lassen.

Zu überlegen ist ferner, daß als zur Grundgesellschaft gehörend nicht nur die realen Vermögenswerte wie z. B. Grundstücke, Gebäude, Maschinen, anzusehen sind, sondern daß dazu auch vertragliche Vereinbarungen wie Arbeitsverträge, Lieferungsverträge u. a. m. rechnen, und daß besondere Umstände daran hindern können, diese im Pachtweg der Betriebsgesellschaft zur Nutzung zu überlassen.

a) Das reale Pachtvermögen

In der Gruppe des realen Vermögens tauchen Schwierigkeiten in der Beurteilung selten auf, ob die Einbeziehung oder Auslassung möglich oder notwendig ist. Sie können darin bestehen, daß die Beziehung des einzelnen Gegenstandes zum Betrieb des Unternehmens nicht eindeutig erkennbar ist.

aa) Das geborene Pachtvermögen

Bei der Verpachtung von Gesamtunternehmungen geht man sowohl wirtschaftlich als auch juristisch davon aus, daß mindestens jene Teile in die Verpachtung einzubeziehen sind, die ihrer Natur nach bestimmt sind, dauernd in den Dienst des Unternehmens gestellt zu sein und die für den Betrieb wesentlich sind. Es geht nicht an, solche Bestandteile auszuschließen, die für den Begriff des Unternehmens und dessen Betrieb unentbehrlich sind[9]. Nun kann man die Betriebsteilung nicht ohne Einschränkung der Verpachtung von Gesamtunternehmungen gleichsetzen. Je nach ihrer Ausgestaltung neigt sie mehr zur Unternehmungspacht oder aber zur Einbringung eines Unternehmens in Verbindung mit der Verpachtung von Sachgesamtheiten. Gleichwohl gilt für diese Möglichkeiten aus wirtschaftlichen Überlegungen der Grundsatz, daß auch und besonders hier die für den Betrieb des Unternehmens wesentlichen Gegenstände der Betriebsgesellschaft pachtweise

---

[9] Vgl. *Klingler:* Die Unternehmungspacht, S. 51; *Burkart:* Die Verpachtung von Unternehmungen, S. 42.

zur Verfügung gestellt werden müssen. Darunter fallen regelmäßig mindestens die der Produktion und dem Vertrieb dienenden Anlagewerte, wie z. B. Fabrikgrundstücke, Fabrikgebäude, Maschinen, Werkzeuge und die Betriebs- und Geschäftsausstattung.

Als für die Fortführung des Unternehmens unumgänglich notwendig sind auch die Vorräte, die zum Verbrauch und zur Veräußerung bestimmten Gegenstände, anzusehen, sofern diese nicht bereits bei der Kapitalspaltung in die Betriebsgesellschaft eingebracht worden sind. Diese findet man relativ wenig als Pachtobjekte in den Verträgen. Selbst bei der Verpachtung von Gesamtunternehmungen werden sie in der Regel an den Pächter verkauft, um Schwierigkeiten insbesondere bei der Beurteilung von Ersatz- oder Neuanschaffungen und der Errechnung der Ausgleichsbeträge am Ende der Vertragszeit zu vermeiden[10]. *Krieger*[11] tritt dafür ein, nicht nur den umlaufenden Betriebsmitteln den Verkaufsvorrang einzuräumen, sondern auch jene Gegenstände des Anlagevermögens darin einzubeziehen, die infolge kurzer Lebensdauer durch Verschleiß oder Veralten schnell verbraucht sind und während der Pachtdauer mehrfach ersetzt werden müssen. Dem ist für die Betriebsteilung mit dem Vorbehalt beizutreten, daß hier die Regel durchbrochen werden kann, indem nämlich Erwägungen über die Kapitalausstattung der Betriebsgesellschaft, die absolute Höhe des Pachtzinses zu beeinflussen, einen Kauf verbieten und stattdessen die Einbeziehung in das Pachtvermögen erfordern.

ab) Das gewillkürte Pachtvermögen

Wenn man den Vermögensbestand von Unternehmungen auf seine betriebsnotwendige Ausrichtung untersucht, so wird man darauf stoßen, daß über die zum Betrieb unentbehrlich notwendigen Teile hinaus auch solche angeschafft sind, die nur in einem mittelbaren oder in gar keinem Zusammenhang zur Unternehmung stehen. Je nach der Art der Betätigung können darunter Wohnhäuser, unbebaute Grundstücke, die nicht Vorratsgelände sind, Beteiligungen u. ä. fallen.

Soweit ein mittelbarer, den Betrieb des Unternehmens fördernder Zusammenhang gegeben ist, müssen die betreffenden Gegenstände in den Pachtvertrag einbezogen werden, damit nicht ein wenn auch nur lose bestehender Zusammenhang unnötig zerrissen wird und damit u. U. mögliche, an den Betrieb gebundene Nutzungen gezogen werden können. Die Betriebsgesellschaft erlangt mit der Einbeziehung in die Pacht eine größere Verfügungsfreiheit über diese Vermögensgruppe, als wenn man ihr lediglich die in der Teilung übliche Verwaltungs-

---

[10] Vgl. *Klingler:* Die Unternehmungspacht, S. 53.
[11] Verpachtung von Industriebetrieben, S. 52 f.

pflicht auferlegen würde. Sie kann mit der dann vorliegenden größeren Verfügungsgewalt eher und bessere Möglichkeiten einer Nutzung suchen, als es in der im Verhältnis dazu inaktiven Besitzgesellschaft der Fall sein würde. Nach diesen Überlegungen sollen z. B. Wohnhäuser, die der Unterbringung von Arbeitskräften der Betriebsgesellschaft dienen, Beteiligungen, die Beschaffungs- oder Absatzmärkte erschließen, Einflußnahme auf andere Unternehmungen der gleichen Branche ermöglichen u. a., der Betriebsgesellschaft verpachtet werden.

Auf der anderen Seite ist es falsch, das der Grundgesellschaft verbliebene Vermögen als Ganzes der Betriebsgesellschaft zu verpachten, ohne die Gegenstände auszusondern, die keinen Zusammenhang mit dem Unternehmen erkennen lassen. Es kann sich dabei sowohl um Teile handeln, die dem Betriebszweck entwachsen sind, als auch um solche, die aus außerbetrieblichen Gründen angeschafft wurden. Diese Handhabung ergibt sich nicht nur zwingend aus der wirtschaftlichen Forderung, einer Betriebsgesellschaft nur das ihrem Zweck entsprechende Vermögen zur Verfügung zu stellen, sondern auch aus einem Vergleich mit Pachtverhältnissen, die zwischen Dritten, sich fremden Personen bestehen. Darin wird nämlich bei dieser Art Vermögensanlagen, soweit sie ertragreich sind, der Verpächter kaum geneigt sein, sie zu verpachten; soweit sie ertraglos oder verlustbringend sind, wird der Pächter es ablehnen, sie gegen Entrichtung eines Pachtzinses zu übernehmen. Dieser Punkt gewinnt darin noch an Bedeutung, daß der Pachtvertrag der Doppelgesellschaft steuerlich so gehalten werden muß wie ihn Dritte eingehen würden, andernfalls die Gefahr naheliegt, daß der Vereinbarung die steuerliche Anerkennung versagt werden kann.

b) Bestehende Verträge mit Dritten

Die Übernahme der laufenden Verträge ist eine notwendige Voraussetzung für die Fortführung des Betriebes ohne Unterbrechung durch die Betriebsgesellschaft. Die Auflösung der Verträge ohne im gleichen Zeitpunkt erfolgten Neuabschluß mit der Betriebsgesellschaft oder die Zurückbehaltung in der Grundgesellschaft würde die Fortführung des Unternehmens unmöglich machen, den neuen Anlauf nur unter erheblichen Verlusten ermöglichen und dem Zweck der Spaltung zuwiderlaufen.

Die für das reale Pachtvermögen vorgenommene Gruppierung in geborenes und gekorenes Pachtvermögen ist auch auf die einzelnen Verträge anzuwenden. Der Betriebsgesellschaft sollen die Verträge übertragen werden, die sachlich für die Fortführung des Unternehmens notwendig sind, d. h. die mit dem Betrieb des Unternehmens im Zusammenhang stehen. Dazu rechnen vor allem die Arbeitsverträge, Lieferungsverträge und Lizenzverträge, die als Betriebsgrundlage unentbehrlich sind.

Eine Auswahl der zu überlassenden Verträge nach Merkmalen durchzuführen, ob es sich um besonders günstige oder um ungünstige handelt, und sich letzterer im Zuge der Spaltung ohne Einhaltung der Auflösungszeiten zu entledigen, würde kaum Gewinn bringen, da diese das gesamte Unternehmen über die Verpflichtung der Grundgesellschaft wieder belasten würden. *Klingler*[12] weist bei der Unternehmungspacht, die nicht die hier vorliegenden personellen Verflechtungen aufweist, darauf hin, daß es dem Pächter nicht zugemutet werden könne, sämtliche laufenden Verträge zu übernehmen, jedoch entspräche es der beiderseitigen Interessenlage von Pächter und Verpächter, daß der Pächter einerseits dem Verpächter gegenüber einen Anspruch auf Überlassung aller Verträge habe, die er zu übernehmen wünsche, andererseits aber auch die Verpflichtung trage, alle Verträge zu übernehmen, die ihn nicht ungerechtfertigt belasten würden. Er folgert daraus, daß der Pächter nicht nur für ihn günstige Verträge übernehmen könne, sondern auch ungünstige nicht ohne besonderen Grund ablehnen dürfe. Diesen Überlegungen kommt in der Spaltung wegen der dort vorliegenden wirtschaftlichen Verknüpfung weniger Bedeutung zu. Man wird sich allerdings überlegen müssen, ob es nicht sinnvoller ist, sich der ungünstigen Verträge im Rahmen der dazu vorgesehenen Möglichkeiten zu entledigen.

Bei der Abgrenzung der für die Überlassung vorgesehenen und notwendigen Verträge ist darauf besonders zu achten, ob der Vertragscharakter juristisch eine Überlassung überhaupt zuläßt. Verträge sind schuldrechtliche Verpflichtungen, die nach bürgerlichem Recht nicht ohne weiteres durch Vereinbarung zwischen dem Überlassenden und dem Übernehmenden übertragen werden können. Verträge, in denen der Person des Partners wesentliche Bedeutung zukommt, sind nicht ohne Genehmigung des Dritten übertragbar. Die Übertragung ist im anderen Falle nur dann zulässig und wirksam, wenn sämtliche darin enthaltenen Leistungen und Verpflichtungen übertragbar sind und von jedem beliebigen Dritten angenommen und erbracht werden können[13].

Die Überleitung der übertragbaren Verträge vollzieht sich in der Weise, daß die Betriebsgesellschaft in die bestehenden und zu übernehmenden Verträge an die Stelle der Besitzgesellschaft eintritt. Die diese Überleitung bezweckenden Vereinbarungen sehen vor, daß die

---

[12] Die Unternehmungspacht, S. 66 f.

[13] Vgl. *Klingler:* Die Unternehmungspacht, S. 63.

Besitzgesellschaft die Betriebsgesellschaft berechtigt, die Leistungen der Vertragsgegner entgegenzunehmen, und die Betriebsgesellschaft sich verpflichtet, die Gegenleistung unter Freistellung der Besitzgesellschaft zu bewirken.

ba) Die Arbeitsverträge

Die Überlassung der zur Fortführung des Unternehmens notwendigen Arbeitsverträge ist bereits eingangs in dem Abschnitt B II 2 bba[14] eingehend untersucht worden. Es braucht daher an dieser Stelle das wesentliche juristische Moment der Überlassung nur noch kurz zusammengefaßt werden.

Es ist dort ausgeführt worden, daß die Arbeitsverträge der Betriebsgesellschaft zwecks klarer Gestaltung der Rechtsverhältnisse nicht nur zur Nutzung, sondern zu „Eigentum" übertragen werden sollen. Diese Übertragung ist an die Entpersönlichung eines Arbeitsvertrages gebunden, wenn sie ohne Zustimmung des Vertragspartners durchgeführt werden soll. Die notwendige Entpersönlichung ist für die Dienstverträge bejaht worden, mit Ausnahme der Verträge der leitenden Angestellten, für die das Vertrauensverhältnis zum Unternehmer wesentlicher Bestandteil des Dienstvertrages ist.

Mit Rücksicht auf diese mögliche unterschiedliche Beurteilung einzelner Verträge wurde empfohlen, bei allen Verträgen die Zustimmung der Arbeitnehmer zur Übertragung einzuholen.

bb) Die Lieferungsverträge

Bei den Lieferungsverträgen tritt das unpersönliche Element weit stärker in den Vordergrund als bei den Dienstverträgen, und es bestehen keine Bedenken, in diesen Fällen die Übertragbarkeit anzuerkennen. Ob die Übertragung jedoch mit schuldbefreiender Wirkung für den Verpächter durchführbar ist, erscheint zweifelhaft, wenn man bedenkt, daß in der Aufspaltung die persönliche Haftung in eine reine Kapitalhaftung umgewandelt wird. M. E. ist das ein so wesentlicher Wechsel, daß eine Schuldbefreiung nicht ohne weiteres in Frage kommen kann. Man wird zur Vermeidung solcher latenten Risiken zweckmäßigerweise zur Übertragung die Genehmigung des Vertragsgegners einzuholen haben.

Wenn nun bei den Lieferungsverträgen die Übertragbarkeit anzuerkennen ist, so können diese grundsätzlich in das zu überlassende Vermögen einbezogen werden. Inwieweit die Übertragung jedoch wirtschaftlich geboten ist, bedarf im Einzelfall sorgsamer Prüfung.

Man unterscheidet bei den Lieferungsverträgen Zulieferungsverträge

---

[14] Vgl. die Ausführungen über die Bereitstellung der Arbeitskräfte bei der Aufgliederung der Konstitution.

und Auslieferungsverträge. Diese können sich auf eine einmalige Lieferung oder auf eine dauernde Zu- und Auslieferung erstrecken.

Die Auslieferungsverträge sind der Betriebsgesellschaft in vollem Umfange zur Verfügung zu stellen, soweit der Gegenstand des Vertrages die Erzeugnisse sind, die zukünftig das Ergebnis ihrer betrieblichen Tätigkeit darstellen. Es handelt sich hier um die zum Verkauf bestimmten Erzeugnisse. Auf der anderen Seite benötigt die Betriebsgesellschaft auch jene Verträge, welche sich auf die Lieferung von Materialien beziehen, die der Produktion dienen. Dazu rechnen vor allem Lieferungsverträge über die Roh-, Hilfs- und Betriebsstoffe. Eine Zurückbehaltung dieser Verträge würde einer wirtschaftlichen Begründung entbehren und dem erstrebten Zweck der Unternehmensfortführung zuwiderlaufen.

Es gibt daneben eine Reihe von Verträgen, die sich vornehmlich auf einmalige Lieferungen erstrecken und deren Gegenstand nicht das Produktionsmaterial oder die zum Absatz bestimmten Erzeugnisse sind. Dafür kommen vor allem Verkaufs- und Kaufverträge über Gegenstände des Anlagevermögens in Betracht. Bei diesen Vertragsarten ist es notwendig, die Übertragung oder Zurückbehaltung von der vertraglichen Gestaltung bezüglich der Investitionen abhängig zu machen. Wird die Betriebsgesellschaft im Pachtvertrag verpflichtet, das Pachtvermögen in dem übernommenen Umfang zu erhalten, also die Ersatzinvestitionen vorzunehmen, so müssen ihr auch die zu diesem Ersatz notwendigen schwebenden Verträge übertragen werden. Übernimmt es dagegen die Besitzgesellschaft, die Ersatzanschaffungen zu tätigen, so stehen ihr auch die betreffenden Verträge zu. Das gilt auch für die Verkaufsverträge in sinngemäßer Anwendung.

bc) Sonstige Verträge

Von den übrigen Vertragsgruppen haben nur zwei besondere Bedeutung, die eine Prüfung erfordert. Das sind bestehende Kreditverträge und Lizenzverträge.

Kreditverträge rechnen zu den höchstpersönlichen Verträgen, für die nur eine zustimmungsbedürftige Übertragung in Frage kommt. Man muß davon ausgehen, daß die in diesem Kreditvertrag zur Verfügung gestellten Mittel betriebsnotwendig sind und daher ein kurzfristiger Verzicht auf diese Beträge weder der Besitzgesellschaft noch der Betriebsgesellschaft möglich ist. Andererseits ist die Aufspaltung in Verbindung mit der Verpachtung eines Unternehmens eine so weitgreifende Änderung der rechtlichen und materiellen Substanz, die den Kreditgeber berechtigt, gewährte Kredite aufzukündigen. Der Kreditgeber wird weit weniger Investitionskredite aufkündigen, für die er in der Regel Sicherungen in Form von eingetragenen Grundschulden oder Hypotheken erhalten hat, sondern eher kurzfristige Kontokorrent-

Kredite, die in der Form einer Swing-Grenze zur Verfügung gestellt werden; d. h. die ein Unternehmen berechtigen, einen Kontokorrentkredit bis zur Höhe von x DM in Anspruch zu nehmen. Auch diese Verträge rechnen zum notwendigen Pachtvermögen. Die Übertragung des Rechtes von der Grundgesellschaft auf die Betriebsgesellschaft bedarf in jedem Falle der Zustimmung des Kreditgebers. In der praktischen Auswirkung ist diese Zustimmung jedoch nur zu erlangen, wenn sich die Besitzgesellschaft für die Einlösung des Debetsaldos des dann der Betriebsgesellschaft übertragenen Kontokorrent-Kredites verbürgt.

Bei den Lizenzverträgen muß man dagegen zu einer anderen Beurteilung gelangen. Sie sind in der Regel Verträge der Unternehmung und nicht des Unternehmers und somit unpersönlich, so daß allgemein die Übertragbarkeit anerkannt werden kann. Soweit es sich um übernommene Lizenzen handelt, sind sie zur Produktion notwendig und daher in das Pachtvermögen einzubeziehen. Soweit es sich um gegebene Lizenzen handelt, gelten die gleichen Grundsätze, da die Vergabe von Lizenzen zum Betrieb eines Unternehmens rechnet. Die Übertragung dieser letzten Gruppe erscheint auch deshalb geboten, weil die Betriebsgesellschaft mit der übernommenen Organisation, insbesondere der Vertriebsorganisation, eher in der Lage ist, die Einhaltung der Verträge vom Markt her zu beobachten und zu überwachen.

Bei übernommenen Lizenzen ist jedoch häufig vereinbart, daß die Rechte des Vertrages vom Lizenznehmer nicht übertragen oder abgetreten werden können, mit der Wirkung, daß die wirtschaftlich notwendige Eingliederung in das zu überlassende Vermögen durch die dem entgegenstehende vertragliche Vereinbarung verhindert wird. In diesen Fällen muß die Grundgesellschaft versuchen, von dem Lizenzgeber das Übertragungsrecht bzw. eine Ausnahmegenehmigung zu erlangen, andernfalls der Lizenzvertrag aufgelöst wird.

3. Die Leistungsvereinbarungen, ihre Möglichkeiten und Wirkungen im laufenden Vertragsverhältnis

Bei Pachtverhältnissen entsteht zwischen dem Verpächter und dem Pächter ein Leistungsaustausch, den das BGB mit der Gewährung des Gebrauches und der Fruchtziehung[15] als Leistung des Verpächters und der Zahlung des Pachtzinses[15] sowie der Vornahme der laufenden Ausbesserungen[16] als Leistung des Pächters beschreibt. Darüber hinaus sind in den §§ 583, 586 ff. BGB Leistungsvereinbarungen für Pachtverhältnisse in allgemeiner Form verankert. Man wird bei den der Verpachtung von Unternehmungen innewohnenden vielgestaltigen

[15] § 581 BGB.
[16] § 582 BGB.

Problemen und den für eine Parteivereinbarung vielfachen Möglichkeiten sich nicht auf eine Übernahme dieser gesetzlichen Bestimmungen beschränken können. Zur Lösung der in einem solchen Pachtobjekt liegenden Aufgaben, zur Berücksichtigung der Eigenheiten des Einzelfalls und zur Vermeidung von Vertragsdissenzen ist es notwendig, allgemein gehaltene gesetzliche Regelungen mit konkreten Vereinbarungen auszustatten, sie, wo es notwendig erscheint, durch andere Bestimmungen zu ersetzen und zu ergänzen.

Die Betrachtung der Leistungsvereinbarungen soll nun nicht erschöpfend auf die in Pachtverhältnissen sich kristallisierenden umfangreichen wirtschaftlichen, juristischen und steuerlichen Möglichkeiten erstreckt werden, sondern sich auf die wesentlichen Vereinbarungen beschränken unter Berücksichtigung der durch die Spaltung geschaffenen Besonderheiten. Des weiteren beschränkt sich an dieser Stelle die Untersuchung auf die sachlichen Leistungen, während der geldliche Ausgleich, der Pachtzins, einem besonderen Abschnitt vorbehalten ist.

Da es für die vielen Arten der Spaltung kein allgemein gültiges Rezept gibt, das normativ anzuwenden ist und das die wirtschaftlichste aller Lösungen darstellt, sollen die einzelnen Leistungsvereinbarungen herausgestellt, die darin liegenden Möglichkeiten aufgezeigt und ihre Wirkungen beleuchtet werden.

Ziel der Einzelvereinbarungen ist es, eine vertragliche Grundlage mit obligatorischen Verpflichtungen zu schaffen, die den kontinuierlichen Leistungsaustausch zwischen dem Verpächter und Pächter sichern, welche die sich aus dem Pachtobjekt ergebenden Lasten und Entwicklungsmöglichkeiten unter Berücksichtigung der den Parteien zur Verfügung stehenden Möglichkeiten verteilen und die für den Fall der Auflösung des Vertrages notwendige Vorsorge treffen.

Der Sicherung des kontinuierlichen Leistungsaustausches dienen Abreden über ordnungsmäßige Betriebsführung, Instandhaltung, Ersatzbeschaffung und Neuanschaffungen. Vereinbarungen über die Lastenverteilung beziehen sich auf zu erstellende Verwaltungsleistungen, öffentliche Abgaben und sonstige Aufwendungen. Die Auflösungsbestimmungen sollen vorweg den Umfang und die Form der Rückgabe und Rücknahme des Objektes festlegen.

Steuerlich ist besonders hervorzuheben, daß die Gestaltung des gesamten Vertrages und darin insbesondere die Vereinbarungen über die Leistungen und die Höhe des Pachtzinses so gehalten werden müssen, wie sie auch unter Dritten üblich sind[17]. Der Pachtvertrag unter-

---

[17] Vgl. *Brönner:* Die Besteuerung der Gesellschaften, 9. Aufl., S. 434; *Schneider-Zartmann:* Familienunternehmen, S. 274; RFH v. 18. 12. 1928, StW 1929, Nr. 195; BFH v. 31. 7. 1956, BStBl. 1956 III, S. 288; *Herbert:* Das Steuerrecht der Unternehmung, Heft 61, Teil 1, S. 18 ff.

liegt der Nachprüfung durch die Steuerbehörden, die in Höhe des unangemessenen Differenzbetrages bei unangemessen niedrigen Leistungen des Pächters eine verdeckte Kapitalzuführung, bei unangemessen hohen Leistungen eine verdeckte Gewinnausschüttung feststellen. Es ist somit Aufgabe der vertragschließenden Gesellschaften, zur Vermeidung dieser Steuertatbestände einen Vertragsinhalt zu finden, der unter Berücksichtigung aller Leistungen als angemessen anzusehen ist.

a) Die einzelnen Leistungen

aa) Die ordnungsmäßige Betriebsführung

In gleicher Weise wie der Pächter berechtigt ist, die nach den Regeln einer ordnungsmäßigen Wirtschaft erzielten Früchte zu ziehen[18], trägt er die Verpflichtung, den Betrieb ordnungsmäßig und nach wirtschaftlichen Grundsätzen zu führen, damit der Verpächter die Möglichkeit und die Sicherheit hat, bei Beendigung der Pacht das verpachtete Vermögen in einem Zustand wiederzuerlangen, der dem im Zeitpunkt der Überlassung gleichwertig ist.

ab) Die Instandhaltung

Die Erhaltung des verpachteten Unternehmens in einem zur vertragsmäßigen Nutzung geeigneten Zustand ist zunächst ein Teil der Gewährleistungspflicht des Verpächters[19]. Diese Gewährleistungspflicht erstreckt sich jedoch nur auf die außergewöhnlichen Verschlechterungen der Pachtsache, die der Pächter nicht zu vertreten hat[20]. Die gewöhnlichen, laufenden Instandhaltungen sind eine Leistungsverpflichtung des Pächters, die sich für die Pacht von Unternehmungen in analoger Anwendung der Vorschriften des § 582 BGB aus der Pacht für landwirtschaftliche Grundstücke ergibt.

Für die Betriebsteilung folgt daraus, daß die laufenden Instandhaltungen von der Betriebsgesellschaft vorzunehmen sind und daß die Besitzgesellschaft lediglich für den Ersatz der außergewöhnlichen Abnutzungen einzutreten hat. Die aus der Erfüllung der Instandhaltungspflicht anfallenden Kosten werden demnach in dem einen Fall von der Betriebsgesellschaft, im anderen von der Besitzgesellschaft getragen.

Soweit sich danach aus anfallenden Reparaturen für die Besitzgesellschaft Verpflichtungen ergeben, ist es zweckmäßig, den dinglichen Ausführungsakt unter entsprechender Rückbelastung der Kosten auf die Betriebsgesellschaft zu delegieren, da in der Regel die Besitzgesellschaft keine eigenen Arbeitskräfte hat und somit Dritte mit der Durchführung der Reparaturen beauftragen müßte.

---

[18] Vgl. § 581 BGB.
[19] Vgl. *Klingler:* Die Unternehmungspacht, S. 105.
[20] Vgl. § 586 BGB; *Krieger:* Verpachtung von Industriebetrieben, S. 64.

Wird dagegen in den Pachtvereinbarungen die Ersatzpflicht gemäß § 587 BGB vorgesehen, so trägt auch die Betriebsgesellschaft nach §§ 588 f. BGB die Verpflichtung, außergewöhnliche Instandhaltungen zu eigenen Lasten zu tragen. *Krieger*[21] weist darauf hin, daß es keine unbillige Härte für den Pächter bedeute, wenn er — unbeschadet der Übernahme einer lediglich reinen Erhaltungspflicht oder einer Ersatzpflicht — verpflichtet werde, sowohl die laufenden als auch die außergewöhnlichen Instandhaltungen zu tragen, da dadurch das Interesse des Pächters angeregt werde, die gepachtete Anlage wie sein Eigentum zu behandeln.

Bereits bei der Untersuchung der Kapitalausstattung wurde darauf hingewiesen, daß das Pachtvermögen in der Spaltung als wirtschaftliches Eigenkapital der Betriebsgesellschaft angesehen, d. h. wirtschaftlich wie Eigentum behandelt werden kann. Daraus wird man auch für die Spaltung die Folgerung ziehen, der Betriebsgesellschaft das außergewöhnliche Instandhaltungsrisiko aufzuerlegen. Ein steuerliches Risiko würde dabei kaum auftreten, wenn man bedenkt, daß auch schon bei Mietverhältnissen, die in den dem Mieter obliegenden Verpflichtungen weit begrenzter sind, eine solche Gefahrtragung vereinbart wird[22].

ac) Die Ersatzbeschaffung

Bei der Nutzung der Pachtgegenstände schleißen diese trotz laufender Instandhaltung in dem gleichen Umfange ab als wenn die Besitzgesellschaft den Betrieb selbst fortführen würde. Da die Erhaltung des Pachtobjektes die notwendige Voraussetzung für eine — wenn auch u. U. befristete — Aufrechterhaltung der Konstruktion ist, sind Vereinbarungen erforderlich, welche der beiden Gesellschaften die durch die laufende Abnutzung unbrauchbar werdenden und ausscheidenden Wirtschaftsgüter zu ersetzen hat und in welchem Umfange dieser Ersatz geleistet werden soll.

Sieht man einmal von der Ersatzpflicht des Pächters im Sinne der §§ 587 ff. BGB ab und geht man von der freien Parteivereinbarung des dispositiven Rechtes aus, so bieten sich für die Ersatzleistung sowohl die Betriebsgesellschaft als auch die Besitzgesellschaft an.

Hohensee[23] empfiehlt, der Besitzgesellschaft zweckmäßigerweise die Erneuerung des Pachtobjektes zu übertragen, da auf diese Weise liquide Mittel in die Personenfirma gelangen können. Eine solche Aussage kann nicht unkritisch aufgenommen werden, wenn nicht gleichzeitig eine Abgrenzung der damit verfolgten Ziele vorgenommen wird, wie aber auch andererseits der dieser Gestaltung entgegengehaltene

---

[21] Verpachtung von Industriebetrieben, S. 64.

[22] Vgl. *Krieger*, a.a.O., S. 65, und den dort angeführten Einheitsmietvertrag für Baumaschinen.

[23] Die steuerliche Belastung der Doppelgesellschaft, B 1954, S. 825.

Einwand vorsichtig zu bewerten ist, daß hier die Gefahr naheliege, Abschreibungen zu „vervespern".

Die Entscheidung kann nicht allgemein getroffen werden. Sie ist den Absichten der Beteiligten und den im Einzelfall gegebenen Möglichkeiten entsprechend anzupassen. Man muß vor allem darauf sehen, unter welchen Bedingungen sich die Spaltung vollzieht und unter welchen Bedingungen die Doppelgesellschaft existieren wird. Es gibt eine Reihe von Faktoren, die hier gestaltenden Einfluß auszuüben vermögen, die wiederum jedoch alle dem wirtschaftlichen Grundsatz sich unterordnen, daß die Gestaltung den höchstmöglichen *Gesamtnutzen* für beide Glieder der Doppelgesellschaft bringen soll und nicht ein *Einzelnutzen* zum Vorteil eines Gliedes unter erheblichen Lasten des anderen Gliedes verankert wird. Welchen wirtschaftlichen Sinn hätte es zum Beispiel, der Grundgesellschaft Abschreibungen zu vergüten, die deren Liquidität aufbessern und die noch nicht sofort wieder eingesetzt werden müssen, wenn auf der anderen Seite die Betriebsgesellschaft Bedarf an Überbrückungskapital hat und zu dessen Befriedigung auf hochverzinsliches Fremdkapital zurückgreifen muß. Der Liquidität kann kein so großer gestaltender Einfluß bei der Verankerung der Ersatzpflichten zugeschrieben werden. Dafür zeugt auch die bei den Betriebsteilungen überwiegend anzutreffende Regelung, daß diese Leistungen lediglich buchmäßig verrechnet werden und daß die Besitzgesellschaft und die Betriebsgesellschaft entweder gemeinsame Bankkonten unterhalten oder die Besitzgesellschaft ihren gesamten Zahlungsverkehr über die Betriebsgesellschaft abwickelt, die allein Geldkonten unterhält.

Man identifiziert allzu leicht die Ersatzanschaffungspflicht mit den dafür zu entrichtenden Vergütungen. Keinen Einfluß auf die Entscheidungen hat m. E. die Gefahrtragung für den zufälligen Untergang; denn diese Risiken sind, wenn sie ins Gewicht fallen, in Unternehmungen durch entsprechende Versicherungen abgedeckt. Bestimmend kann dagegen das Interesse der Besitzgesellschaft an den für die Abnutzung zu entrichtenden Vergütungen sein; und zwar dann, wenn diese anderen Zwecken zugeführt werden sollen als sie ihrer Herkunft nach bestimmt sind. Eine anderweitige Verwendung hat zur Voraussetzung, daß die gegenüber der Betriebsgesellschaft bestehende Ersatzverpflichtung entsprechend elastisch gehalten oder im Einzelfall abgedungen wird. Man kann den Beweis für diese Auffassung aus der tatsächlichen Handhabung führen. In den Betriebsspaltungen, in denen der Besitzgesellschaft der Ersatz obliegt und dieser auch zweckbestimmend durchgeführt wird, wird er in der Regel von der Betriebsgesellschaft mit deren Angestellten für Rechnung der Besitzgesellschaft ausgeführt. Dabei entfernen sich die wirtschaftlichen Verhältnisse von der juristischen Gestaltung. Es muß also für die andersartige juristische Form ein Grund vorliegen, der nicht in der bestimmungsgemäßen Verwendung der Mittel innerhalb des Pachtverhältnisses zu suchen ist. Und dafür gibt es eine Kategorie von Verwendungsarten, die nicht notwendigerweise betriebsfremd sein müssen.

Es kann z. B. die Besitzgesellschaft zur Erfüllung der Lastenausgleichsverpflichtungen auf Abschreibungsbeträge angewiesen sein, wenn die Rentabilität des Unternehmens eine Zahlung der Abgaben aus dem Ertrag nicht ermöglicht[24].

In den Fällen, in denen die Doppelgesellschaft nur eine Vorstufe zur Überführung des Personenunternehmens in eine Kapitalgesellschaft ist, erscheint es angebracht, der Besitzgesellschaft die Abschreibungen zu vergüten. Hier können deren Gesellschafter zu gegebenem Zeitpunkt die Beträge bar entnehmen und als Bareinlage in die Betriebsgesellschaft einbringen, was eine erhebliche Umsatzsteuerersparnis gegenüber der Sachentnahme bedeuten kann, da die Sachentnahmen durch die Gesellschafter der Umsatzsteuer unterliegen.

Eine solche Handhabung kann man allerdings wirksam nur bei Gegenständen anwenden, die nicht Grundvermögen sind. Alle anderen Vermögensteile werden durch den natürlichen Abgang in der Grundgesellschaft liquidiert, auf der anderen Seite aber über die Kapitalerhöhung in der Betriebsgesellschaft mit denselben freigewordenen Mitteln ersetzt.

Es ist auch denkbar, daß die an der Spaltung beteiligten Personen beabsichtigen, über einen längeren Zeitraum hin das Pachtverhältnis sich selbst auflösen zu lassen, die beiden Gesellschaften möglichst weit zu verselbständigen und in einem den Gegebenheiten entsprechenden höchstmöglichen Maß voneinander unabhängig zu machen. Das kann in der Weise geschehen, daß die z. B. in verpachteten Maschinen gebundenen Kapitalbeträge nach ihrem natürlichen Rückfluß außerhalb des Pachtverhältnisses, z. B. in Beteiligungen angelegt werden sollen und lediglich das Grundvermögen als Pachtobjekt erhalten wird. Man geht in diesem Fall von der Überlegung aus, daß die Betriebsgesellschaft über die mit der Spaltung erzielten Steuerersparnisse im Laufe der Zeit in der Lage sein wird, diesen von der Besitzgesellschaft nicht zu ersetzenden Abgang durch Anlage eigener Mittel auszugleichen.

Nun sind hier drei der wichtigsten Verwendungsarten herausgegriffen worden, und es ist aufgezeigt, daß bei dieser rechtlichen Konstruktion diese tatsächliche Gestaltung erfolgen kann, aber nicht erfolgen muß. Bereits oben wurde darauf hingewiesen, daß trotz Übernahme der Ersatzanschaffungspflicht auf die Grundgesellschaft häufig

---

[24] Vgl. *Zartmann:* Der Pachtvertrag bei der Betriebsaufspaltung, NB 1952, S. 84.

die Abwicklung wirtschaftlich so erfolgt, als ob die Betriebsgesellschaft diese übernommen hätte. Wenn man diese Verwendungsarten und Verwendungsmöglichkeiten gegeneinander abwägt, so muß man den Sinn einer so ausgestalteten Ersatzregelung darin sehen, für zukünftige, noch nicht überschaubare andere Verwendungsarten Vorsorge zu treffen, indem der Besitzgesellschaft ein Anspruch auf liquide Mittel zugeteilt wird, der im gegebenen Zeitpunkt geltendgemacht werden kann und der es erlaubt, anderen Anforderungen, die in der Besitzgesellschaft auftreten, zu begegnen.

Wird dagegen die Betriebsgesellschaft für die Übernahme der Ersatzanschaffungspflicht in Betracht gezogen, so spricht dafür weniger ihre federführende Stellung im Gesamtverband, die ihr eine bessere Beurteilung der notwendigen Ersatzanschaffung ermöglicht — diese wirkt sich auch bei der anderen Gestaltung aus, in der die Ersatzanschaffungen nach deren Vorschlag getätigt werden — als vielmehr die Möglichkeit, mit steuerlicher Anerkennung dem Substanzschwund in den Betrieben zu begegnen. Darauf wird in einem der folgenden Abschnitte noch näher einzugehen sein.

Der Umfang der Ersatzleistungen ist abhängig von den für den Ersatz zur Verfügung stehenden Mitteln. Das bedeutet, daß der tatsächlich mögliche Umfang sich von dem aus der vertraglichen Vereinbarung ergebenden unterscheiden kann. Wenn die Besitzgesellschaft die Ersatzverpflichtung übernimmt, empfiehlt es sich, diese Verpflichtung nicht zahlenmäßig oder mengenmäßig zu fixieren, um ihr den für die Vorsorge nötigen Spielraum offenzuhalten. So kann z. B. vereinbart werden, daß die Besitzgesellschaft und die Betriebsgesellschaft im Einzelfall über die Art und die Höhe des von der Besitzgesellschaft zu beschaffenden Ersatzes sich abstimmen werden[25]. Übernimmt dagegen die Betriebsgesellschaft die Ersatzverpflichtung, so ist es notwendig, den Ersatzumfang festzulegen, damit diese den der Verpflichtung entsprechenden Betrag zur ordnungsmäßigen Rechnungslegung als Aufwand erfassen kann und nicht später die Parteien bei einer Betriebsprüfung darauf hingewiesen werden, daß eine Ersatzverpflichtung in dem ausgeübten Maße von der Betriebsgesellschaft gar nicht übernommen worden sei.

Das Maß des notwendigen Ersatzes kann so festgelegt werden, daß das Pachtvermögen rechnerisch, d. h. wertmäßig, auf dem bei Pachtbeginn vorhandenen Stand zu erhalten ist oder aber daß das Pachtvermögen in dem gleichen Umfang in der Substanz zu erhalten ist

---

[25] Zu beachten ist, daß sich bei Ausnutzung des Ermessens Rückwirkungen auf die Höhe des Pachtzinses ergeben müssen. Der Pachtzins kann — je nach seiner Bemessungsgrundlage — bei nicht erfolgtem Ersatz unangemessen hoch werden und zu einer verdeckten Gewinnausschüttung führen.

und daß die Pachtgegenstände stets entsprechend dem Stand der Technik zu ersetzen und zu ergänzen bzw. ihm anzupassen sind.

Im Hinblick auf die Substanzerhaltung treten hier die interessanteren Probleme auf, wenn die Betriebsgesellschaft als Pächterin die Erneuerungsverpflichtung übernimmt. Daher wird die Darstellung auf diesen Fall bezogen.

ac 1. Die Ersatzbeschaffung auf der Grundlage der Anschaffungspreise

Übernimmt die Pächterin lediglich die Verpflichtung, das bei Pachtbeginn übernommene Vermögen wertmäßig in unverbrauchtem Zustand zurückzugeben, so ist sie berechtigt und verpflichtet, in Höhe der dafür notwendigen Beträge Rückstellungen zu bilden. Praktisch bedeutet die Erhaltung auf der Grundlage der Anschaffungspreise eine Verpflichtung der Betriebsgesellschaft, organisch zusammenhängendes Betriebsvermögen in der Buchwerthöhe an die Besitzgesellschaft zurückzugeben wie sie es bei Pachtbeginn übernommen hat.

Die Bemessungsgrundlage dieser Erhaltungsverpflichtung sind die Anschaffungskosten bzw. Buch-Restwerte der Pachtgegenstände, die während der Dauer des Pachtvertrages unter Berücksichtigung der Lebensdauer bzw. Restnutzungsdauer der Wirtschaftsgüter auf die Jahre der Nutzung verteilt werden[26].

Hat die Betriebsgesellschaft z. B. bei Pachtbeginn eine Maschine zum Buchwert von 15 000 DM übernommen, deren Restnutzungsdauer drei Jahre beträgt, so ist sie nach den Grundsätzen ordnungsmäßiger Bilanzierung verpflichtet, in jedem dieser drei folgenden Nutzungsjahre zu Lasten ihres Aufwands dem Rückstellungskonto für Ersatzanschaffungen den Betrag von 5000 DM zuzuweisen. Nach Ablauf der drei Jahre sind auf dem Rückstellungskonto 15 000 DM angesammelt, welche die Betriebsgesellschaft zur Abdeckung ihrer Verpflichtungen verwenden kann.

Reichen die angesammelten Beträge zur Beschaffung des Ersatzaggregates nicht aus, weil das zu erneuernde Aggregat bei der Übernahme bereits mehrere Jahre genutzt war oder weil in der Zwischenzeit aufgetretene Preissteigerungen den Anschaffungspreis erhöht haben, so handelt es sich insoweit um eigene Anschaffungen der Pächterin, die nicht oder noch nicht der Ersatzverpflichtung unterliegen. Sie werden dementsprechend in der Bilanz als eigenes Anlagevermögen der Betriebsgesellschaft bzw. als aktive Rechnungsabgrenzung ausgewiesen.

---

[26] Vgl. jedoch die unten folgenden Ausführungen über die ersatzlos dem Verpächter zufallenden Neuinvestitionen.

ac 2. Die Ersatzbeschaffung auf der Grundlage der Wiederbeschaffungspreise (Substanzerhaltung)

Die Betriebsteilung bietet durch das vorliegende Pachtverhältnis die Möglichkeit, über besondere Vereinbarungen das verpachtete Vermögen in der Substanz zu erhalten. Die die Substanzerhaltung bewirkenden Vereinbarungen können verschieden formuliert werden. Man kann sich in der Regel auf die Verpflichtung der Betriebsgesellschaft beschränken, nach Ablauf des Pachtvertrages Wirtschaftsgüter in gleichem Umfang und wirtschaftlichem Zustand unter Berücksichtigung der Entwicklung der Technik zurückzugeben, wie sie diese erhalten hat[27].

Es ist das Verdienst *Böttchers*, die Bedeutung dieser vertraglichen Verpflichtung in ihrem wirtschaftlichen Wert für die Betriebsteilung erkannt und entsprechend publiziert zu haben[28]. Während bei der nominellen Erhaltung des Pachtvermögens die Betriebsgesellschaft lediglich Beträge in Höhe der steuerlichen Absetzungen für Abnutzungen zurückstellen kann, welche nach den tatsächlichen Anschaffungs- oder Herstellungskosten der gepachteten Gegenstände zu berechnen sind, erhält hier die Pächterin die Möglichkeit, Rückstellungen zu bilden, die über das Maß der steuerlichen Normalbeschreibungen hinausgehen. Grundlage für die Bemessung dieser Rückstellungen sind die Wiederbeschaffungskosten, die in Zeiten steigender Preistendenz höher liegen können als die von der Besitzfirma aufgewendeten Anschaffungs- oder Herstellungskosten[29]. *Böttcher*[30] sieht darin „die bedeutsamste legale Möglichkeit, die Preissteigerungen nicht nur zu neutralisieren, sondern auch die Substanz eines Unternehmens zu sichern, wie sie mit steuerlicher Anerkennung bei keiner anderen Gestaltung möglich ist“.

Betriebswirtschaftlich nimmt man es als selbstverständlich hin, daß die insgesamt mögliche Abnutzung auf der Grundlage der jeweiligen Wiederbeschaffungspreise auf die Jahre der Nutzung verteilt wird. Es wird so der sich aus der Abnutzung ergebende Aufwand in den einzelnen Rechnungsabschnitten, spätestens jedoch am Ende eines jeden Wirtschaftsjahres ermittelt.

Die Verteilung des Aufwandes auf die Jahre der Nutzung hat der RFH lange Zeit hindurch steuerlich nicht anerkannt. Es ist zwar

---

[27] Vgl. *Brönner:* Die Besteuerung der Gesellschaften, 9. Aufl., S. 434; *Böttcher,* StJ 1951, S. 133.

[28] Vgl. *Zartmann:* Der Pachtvertrag bei der Betriebsaufspaltung, NB 1952, S. 84.

[29] *Zartmann:* Der Pachtvertrag bei der Betriebsaufspaltung, NB 1952, S. 84; vgl. auch RFH v. 10. 10. 1930, RStBl. 1931, S. 118; v. 8. 10. 1931, RStBl. 1932, S. 20.

[30] StJ 1951, S. 133.

grundsätzlich anerkannt worden, daß Erneuerungsrückstellungen gebildet werden könnten[31], jedoch nur für den Fall, in dem die laufende Erneuerung unterblieben und die Pächterin somit der vertraglichen Erneuerungsverpflichtung nicht nachgekommen ist. Im Urteil vom 9. Oktober 1934[32] führt der RFH aus:

„Die Pflicht zur Erneuerung unbrauchbar gewordener Gegenstände bedeutet an und für sich noch keine Last für die Beschwerdeführerin. Als Pächterin hat sie ein eigenes Interesse daran, die gepachteten Anlagen in betriebsfähigem Zustande zu erhalten und, soweit als erforderlich, rechtzeitig zu erneuern. Erst wenn sie ihrer Erneuerungspflicht nicht nachkommt und wenn aufgrund des Pachtvertrages für den Verpächter ein Anspruch und für den Pächter eine entsprechende Verpflichtung auf Neubeschaffung bestimmter unbrauchbar gewordener Pachtgegenstände entstanden ist, entsteht für die Pächterin eine Last, die sie in ihrer Bilanz entsprechend zu berücksichtigen hat (Entscheidung des RFH vom 28. Juni 1932, RStBl. 1932 S. 949).“

Die Erneuerungspflicht ergibt sich danach erst in dem Zeitpunkt, in dem das Wirtschaftsgut voll abgenutzt ist und aus dem Pachtvermögen ausscheidet.

Erst mit dem Urteil vom 19. Juli 1955[33] rückt der BFH von der Rechtsprechung des RFH ab. Im Urteilstenor führt er aus:

„Hat eine Körperschaft in einem Pachtvertrage sich zum kostenlosen Ersatz unbrauchbar gewordener Betriebsgegenstände verpflichtet, so kann sie für diese Verpflichtung eine Rückstellung bilden, deren Höhe durch die Abnutzung der gepachteten Güter während der Pachtzeit bestimmt wird. Der abweichenden Auffassung der RFH-Entscheidung I A 237/33 vom 9. Oktober 1934, RStBl. 1935 S. 699, tritt der Senat nicht bei.“

Der BFH begründet seine Entscheidung damit, daß die Rechtsauffassung des RFH der weiteren Entwicklung des Begriffs des Wirtschaftsgutes in der Rechtsprechung nicht entspricht:

„Nach dem EStG wird der Gewinn eines Geschäftsjahres durch den Vergleich von Wirtschaftsgütern, die aktiver und passiver Natur sein können, ermittelt. Zum Begriff des Wirtschaftsgutes führt die Entscheidung des RFH VI A 2002/29 vom 21. Oktober 1931, Slg. Bd. 30 S. 142, RStBl. 1932 S. 305 aus, es müsse sich um ein Gut handeln, das bei Veräußerung des ganzen Betriebes sozusagen greifbar sei, d. h., als Einzelheit ins Gewicht falle. Gleichartige Gedankengänge spricht auch die Entscheidung des OFH I 10/47 vom 28. Februar 1948, StRK,

---

[31] So RFH v. 25. 4. 1924, RStBl. 1924, S. 203; v. 19. 1. 1926, RStBl. 1926, S. 241; v. 16. 9. 1930, RStBl. 1930, S. 717.

[32] RStBl. 1935, S. 699.

[33] BStBl. 1955 III, S. 266. Insoweit ist auch die bis dahin im Schrifttum vertretene andere Auffassung überholt.

EStG § 4 Rechtsspruch 4, aus. Der Begriff des Wirtschaftsgutes decke sich nicht mit den bürgerlich-rechtlichen Begriffen Gegenstand, Sache, Recht. Er sei umfassender, da auch ideelle Güter, wie der Geschäftswert, Wirtschaftsgüter darstellten. Entscheidend sei die Verkehrsauffassung. Der Verkehr müsse das Gut als selbständiges Gut, für das ein Teilwert und für das Anschaffungskosten gegeben sein könnten, ansehen. Der Begriff müsse aus den Gegebenheiten des Wirtschaftslebens ermittelt werden.

Besonders schwierig ist der Begriff des passiven Wirtschaftsgutes. Während die ältere Rechtsprechung des RFH besonderes Gewicht auf eine bürgerlich-rechtliche einklagbare Verpflichtung gelegt hat, hat die spätere Rechtsprechung dieses Erfordernis aufgegeben. Es genügt eine bewertungsfähige Last. Dies ist besonders in den Entscheidungen des BFH I 54/51 S vom 26. Juni 1951, Slg. Bd. 55 S. 517, BStBl. III S. 211 und IV 549/53 U vom 31. Mai 1954, Slg. Bd. 59 S. 35, BStBl. III S. 222, zum Ausdruck gekommen. Im einzelnen siehe die Zusammenfassung der Rechtsprechung Neue Betriebswirtschaft 1955, S. 67 ff. Auch die Verwaltung hat es für die Bilanzierung nicht darauf abgestellt, ob eine bürgerlich- oder öffentlich-rechtliche Verpflichtung besteht. So hat sie in Abschn. 22 EStR 1950 ausgesprochen, daß Mehrsteuern (z. B. Umsatzsteuer, Gewerbesteuer) aufgrund von Berichtigungsveranlagungen in den Wirtschaftsjahren berücksichtigt werden können, in die sie wirtschaftlich gehören. Diese Rechtsauffassung entspricht nicht nur den Grundsätzen der dynamischen Bilanz, sondern auch des geltenden Einkommensteuerrechts. Ein Käufer des Unternehmens würde der Tatsache, daß ein Teil der Güter während der Pachtzeit bereits erheblich verbraucht worden ist und er sie deshalb in nächster Zeit ersetzen muß, wesentliches Gewicht beimessen und diese Verhältnisse bei Bemessung des Kaufpreises berücksichtigen. Die Betriebsprüfung und das FA sind von den gleichen Auffassungen ausgegangen. Der Rechtssatz der Entscheidung des RFH I A 237/33 führt zu wirtschaftlich falschen Ergebnissen. Der durch die gepachteten Wirtschaftsgüter verursachte Aufwand drängt sich auf die Jahre zusammen, in denen sie ersetzt werden müssen. Dies ist besonders bedeutsam, wenn wertvolle Maschinen infolge Abnutzung aus dem Betriebe ausscheiden.

Die Entsch. I A 237/33 wird noch von den Grundsätzen der älteren Rechtsprechung des RFH beeinflußt. Wie in den Ausführungen von *Mirre* in StW zum Ausdruck kommt, war aber diese Rechtsauffassung bereits seinerzeit umstritten. Der erkennende Senat tritt der Auffassung von *Mirre* bei.

Die Vorentscheidung muß deshalb aufgehoben werden."

Damit ist der BFH der wirtschaftlichen Betrachtungsweise gefolgt. Es unterliegt nach den Stellungnahmen zu diesem Urteil[34] auch keinem Zweifel, daß auch weiterhin die Wiederbeschaffungskosten der Ersatzwirtschaftsgüter die Grundlage der Bemessung der Rückstellung sind.

Übernimmt z. B. die Betriebsgesellschaft pachtweise bei Pachtbeginn eine Maschine, deren Anschaffungswert 15 000 DM und deren Nutzungsdauer drei Jahre beträgt, und treten dann im Laufe der Nutzungszeit Preissteigerungen ein, so kann sie diese durch entsprechende Rückstellungen neutralisieren. Nimmt man an, daß — hier zur Veranschaulichung — erhebliche Preissteigerungen eintreten, die für eine gleichartige Maschine am Ende des ersten Jahres 18 000 DM, am Ende des zweiten Jahres 21 000 DM und am Ende des dritten Jahres 24 000 DM erfordern, so ergeben sich bei der Betriebsgesellschaft folgende Rückstellungsbeträge:

1. Jahr

Im ersten Jahr wird die Maschine in der Substanz um ein Drittel abgenutzt. Zum Ersatz der Substanzminderung sind bei einem Neuwert von 18 000 DM 6 000 DM notwendig. Die Konten der Betriebsgesellschaft weisen dann folgende Beträge aus:

G.u.V.

A.	E.
Aufwand für Ersatzanschaffung 6 000,—	

Rückstellung für Ersatzanschaffung

	1. Jahr 6 000,—

2. Jahr

Am Ende des zweiten Jahres ist die Maschine um insgesamt zwei Drittel abgenutzt, zu deren Ersatz 14 000 DM notwendig sind. Zur Abdeckung der Ersatzverpflichtung sind im Erstjahr 6 000 DM zurückgestellt, so daß weitere 8 000 DM zur Erfüllung der Verpflichtung notwendig werden.

G.u.V.

A.	E.
Aufwand für Ersatzanschaffung 8 000,—	

Rückstellung für Ersatzanschaffung

	1. Jahr 6 000,—
	2. Jahr 8 000,—

[34] Vgl. *Henninger:* Rückstellungen für Ersatz gepachteter Betriebsgegenstände, B 1955, S. 1170.

3. J a h r

Steigt im dritten Jahr der Wiederbeschaffungswert auf 24 000 DM, so ist die Zuführung eines weiteren Betrages von 10 000 DM zur Rückstellung notwendig, so daß insgesamt 24 000 DM Rückstellung angesammelt sind.

A.	G.u.V. E.
Aufwand für Ersatzanschaffung 10 000,—	

Rückstellung für Ersatzanschaffung

	1. Jahr 6 000,—
	2. Jahr 8 000,—
	3. Jahr 10 000,—
24 000,—	24 000,—

Die hier beschriebene Methode der Aufwendungserfassung erlaubt es, den erfolgten Substanzverzehr durch Bildung von Rückstellungen zu berücksichtigen, welche die jeweils an den Bilanzstichtagen bestehende tatsächliche Höhe der Ersatzanschaffungsverpflichtung gegenüber der Besitzgesellschaft ausweisen.

Man kann *Henninger*[35] nicht darin folgen, daß bei der Bemessung des jährlichen Rückstellungsbetrages von dem jeweiligen Unterschiedsbetrag zwischen der am Bilanzstichtag schon vorhandenen Rückstellung und dem im Zeitpunkt der voraussichtlichen Anschaffung erforderlichen Anschaffungsbetrag, verteilt auf die Anzahl der noch bis zur Erneuerung vergehenden Jahre, auszugehen sei. Danach würde z. B. im Zweitjahr ein Betrag von 7 500 DM (Differenz aus 21 000 DM ./. 6 000 = 15 000, verteilt auf zwei Jahre) zurückzustellen sein. Der Gesamtbetrag der Rückstellung beliefe sich auf 13 500 DM, der nicht ausreicht, der bestehenden Ersatzanschaffungsverpflichtung zu genügen. Die Ansicht von *Henninger* kann auch keine Stütze in dem neuen Urteil des BFH[36] finden, der sich ganz klar zu dem betriebswirtschaftlichen Grundsatz bekennt, die Verpflichtungen in zutreffender Höhe auszuweisen, indem er feststellt, daß die Höhe der Rückstellung durch die A b n u t z u n g der gepachteten Güter während der Pachtzeit bestimmt wird.

Auf der anderen Seite ist aber auch das von *Böttcher*[37] angeführte Beispiel mit Vorsicht aufzunehmen, das m. E. vielleicht nur für den dort besonders gelagerten Fall zutreffend sein kann. Danach müßte

[35] A.a.O., B 1955, S. 1170 f; vgl. auch Erl.Fin.Min.NRW v. 28. 1.1957, B 1957, S. 224, der fiskalisches, jedoch nicht betriebswirtschaftliches Denken verrät.
[36] Vom 19. 7. 1955, BStBl. 1955 III, S. 266.
[37] RWP-Blattei, 14 R, Einzelfragen 14 c, 248/62.

der Pächter bereits bei Eintritt der Preissteigerung den gesamten Mehraufwand zurückstellen können, da nach den Grundsätzen eines ordentlichen Kaufmanns Verluste in dem Zeitpunkt zu berücksichtigen sind, in dem diese Verluste zum ersten Mal offenbar werden. Nach dem o. a. Beispiel ergäben sich als Rückstellungszuführungen in jedem Jahr 8 000 DM (5 000 DM Normaldotierung und 3 000 DM Preissteigerungsneutralisation). Da bei dieser Methode jeweils der Buchwert der übernommenen Maschine zuzüglich Rückstellungsbetrag den jeweiligen Anschaffungsbetrag einer neuen Maschine ergeben, sind die Verpflichtungen jedenfalls dann überdotiert und demgemäß unrichtig bilanziert, wenn die vorhandene alte Maschine in ihrem Zeitwert an dem Preisauftrieb teilnimmt. Das ist im Einzelfall nachzuprüfen. Die Rückstellung ist so zu bemessen, daß die vorhandene Substanz zuzüglich der mit den Rückstellungen zu erwerbenden Substanz derjenigen entspricht, die bei Pachtbeginn übernommen wurde.

Es muß auch zur Vervollständigung gesagt werden, daß die praktische Durchführung dieser Substanzerhaltung namentlich bei größeren Betrieben erhebliche Schwierigkeiten bereitet. Was am Rechenbeispiel einer einzigen Maschine so einfach erscheint, wirft bei dem Umfang der Pachtobjekte und ihrer Eigenarten zahlreiche Probleme auf. Man vergegenwärtige sich einmal den durchzuführenden Substanzvergleich, wenn übernommene handbetriebene Aggregate durch automatische Einrichtungen ersetzt werden, oder wenn ein Fertigungszweig, z. B. Blechwarenfertigung, aufgegeben, die dafür bestimmten Produktionsmittel ausgeschieden und durch andere für einen anderen Fertigungszweig, z. B. Kunststoffertigung, ersetzt werden.

Die Basis der Ermittlung ist der Zeitwert der gepachteten Anlagen bei Pachtbeginn, der bei steigenden Preisen mit der jeweiligen Preisindexzahl multipliziert wird. Daraus ergibt sich der Sollbetrag, der substantiell belegt werden muß. Diesem Sollbetrag werden die durch Aufnahme festgestellten Zeitwerte der vorhandenen Güter am Stichtag gegenübergestellt. Auftretende Abweichungen stellen entweder Vorleistungen oder nicht erfüllte Verpflichtungen dar.

Um ein zutreffendes Meßergebnis zu erhalten, ist es angebracht, Zeitwertgruppen, z. B. Maschinen, Gebäude, zu bilden. Für verschiedene Gruppen bestehen allgemein anerkannte Preisindices, wie der Bauindex, der Index der Maschinenpreise, die eine genauere Berechnung erlauben und zu einem zutreffenderen Ergebnis führen als ein allgemeiner Index.

Ein anderer Weg, im Rahmen der Betriebsteilung die Substanz zu erhalten, kann darin verfolgt werden, daß neben der sich regelmäßig auf das Anlagevermögen beziehenden Erhaltungspflicht diese auch auf Teile des Umlaufvermögens ausgedehnt wird. Das geschieht in der Form des Warendarlehens. Hier wird nicht das Umlaufvermögen insgesamt gegen Gewährung von Gesellschaftsrechten in die Betriebsgesellschaft eingebracht oder an diese verkauft, sondern ein Teil wird ihr mit der Maßgabe darlehensweise zur Verfügung gestellt, daß sie Gegenstände gleicher Art und gleichen Umfangs bei Beendigung der Pacht zurückzugeben hat[38]. Auch diese Form ist steuerlich nicht zu beanstanden[39]. Die Rückgabeverpflichtung weist die Betriebsgesellschaft durch einen, dem jeweils aktivierten Betrag entsprechenden Passivposten aus[40], der auf die der Rückgabe unterliegende Menge abzustellen ist.

ac 3. Die bilanzielle Behandlung von Ersatzanschaffungen

Bei der Bilanzierung der von der Betriebsgesellschaft aufgrund der Ersatzverpflichtung neuangeschafften Gegenstände kann man sich zweier Methoden bedienen.

Die von der Betriebsgesellschaft aufgrund der Erneuerungsverpflichtung neuangeschafften Ersatzgegenstände werden von ihr als der wirtschaftlichen Eigentümerin aktiviert[41], und zwar auch dann, wenn das juristische Eigentum sogleich auf die Besitzgesellschaft übergeht. Bei der Bilanzierung kann die Betriebsgesellschaft nach dem Nettoprinzip vorgehen, indem sie diese Neuanschaffungen gegen die auf der Passivseite der Bilanz ausgewiesenen Rückstellungen verrechnet und in der Bilanz nur die jeweiligen Differenzbeträge zwischen Ersatzanschaffungen und Rückstellungen ausweist. Diese Methode hat den Nachteil, daß zumeist nach einiger Zeit Unklarheiten darüber entstehen, wer der Eigentümer der einzelnen Gegenstände ist.

Diesen Nachteil vermeidet die Bilanzierung nach dem Bruttoprinzip; sie trägt dem Grundsatz der Bilanzklarheit besser Rechnung. Dabei werden die Ersatzanschaffungen der Betriebsgesellschaft wie eigene Anschaffungen behandelt, aktiviert und in der Bilanz unter Berücksichtigung der vorzunehmenden Abschreibungen ausgewiesen, denen Rückstellungen für Ersatzanschaffungen in der dem Vertrag entsprechenden Höhe unsaldiert gegenüberstehen.

ac 4. Absetzung für Abnutzung und Rückstellungsaufwand für Ersatzanschaffungen

Mit der vertraglichen Gestaltung der Erneuerungspflicht wird gleichzeitig die Entscheidung darüber gefällt, wer in dem Pachtverhältnis — ob Verpächter oder Pächter — die Absetzung für Abnutzung in Anspruch nehmen kann.

---

[38] Vgl. *Böttcher*, StJ 1951, S. 133 f.
[39] Vgl. RFH v. 26. 1. 1937, RStBl. 1937, S. 503.
[40] Derselbe, a.a.O.
[41] Vgl. *Henninger:* Rückstellungen für Ersatz gepachteter Betriebsgegenstände, B 1955, S. 1171; *Blümich-Falk*, Kom. EStG, S. 78.

Übernimmt die Besitzgesellschaft die Verpflichtung, die Erneuerungsanschaffungen durchzuführen, so ist sie berechtigt, die Absetzung für Abnutzung steuerlich und die Abschreibung wirtschaftlich an den verpachteten Gegenständen für sich in Anspruch zu nehmen, dabei ist es auf der anderen Seite dann der Betriebsgesellschaft verwehrt, die Afa geltend zu machen, da sich bei ihr der entsprechende Aufwandposten in der erhöhten Pachtzinszahlung ausdrückt. Übernimmt die Besitzgesellschaft — wie es auch denkbar ist — die Verpflichtung, das verpachtete Vermögen über die normalen Ersatzanschaffungen hinaus in dem bei Pachtbeginn vorhandenen Zustand zu erhalten, so ist diese Vereinbarung steuerlich unbeachtlich. Sie kann für diese Verpflichtung keine Rückstellungen bilden.

Trägt dagegen die Betriebsgesellschaft die Erneuerungsverpflichtung, so ist sie berechtigt, die erfolgte Abnutzung durch Rückstellungen oder bzw. und durch Absetzungen für Abnutzung bzw. Abschreibungen zu berücksichtigen. Für die bei Pachtbeginn übernommenen Wirtschaftsgüter kann die Betriebsgesellschaft im Grunde keine Absetzungen für Abnutzung vornehmen, da sie keine eigenen Anschaffungs- oder Herstellungskosten hat. Die sich aus der Abnutzung ergebende Verpflichtung muß sie in Form von Rückstellungen berücksichtigen[42]. Dagegen kann sie für die von ihr angeschafften und von ihr zu aktivierenden[43] Ersatzgüter Absetzungen für Abnutzung vornehmen. Eine so vorgenommene Aufteilung in Rückstellungen und Absetzungen führt zu einer klaren Trennung der wirtschaftlichen Verhältnisse. Will man dagegen statt der jährlich zu bildenden Rückstellungen die Afa in Anspruch nehmen — und davon scheinen *Böttcher* und *Henninger* auszugehen — so ist Voraussetzung, daß die Betriebsgesellschaft als wirtschaftliche Eigentümerin die bei Pachtbeginn übernommenen Anlagen bilanziert und den aktivierten Betrag durch einen der Rückgabeverpflichtung entsprechenden Passivposten ausgleicht[44]. Jedenfalls ist eine Abschreibung ohne voraufgehende Aktivierung betriebswirtschaftlich nicht zu begründen.

Die von der Betriebsgesellschaft in Anspruch zu nehmende Afa richtet sich nach der voraussichtlichen Nutzungsdauer der Wirtschaftsgüter. Ein von der Besitzgesellschaft für gleichartige Gegenstände vor Beginn des Pachtverhältnisses etwa angewendeter niedrigerer Afa-

---

[42] Anderer Auffassung sind *Böttcher*, RWP-Blattei, 14 R, 14 c, 248/61, *Henninger*, B 1955, S. 1171, die in jedem Fall die Afa angewandt wissen wollen, wenn eine Substanzerhaltungsverpflichtung eingegangen worden ist. Auf der anderen Seite trägt aber auch das von *Böttcher*, a.a.O., besprochene Urteil des FG Hannover v. 2. 4. 1954 den wirtschaftlichen Verhältnissen nicht Rechnung, indem es jegliche Afa ablehnt.

[43] *Blümich-Falk*, Kom. EStG, S. 197, *Henninger*, a.a.O., B 1955, S. 1171.

[44] Vgl. *Roser*: Substanzerhaltung durch zweckmäßige Vertragsgestaltung, B 1953, S. 358, und die dort angezogene Rechtsprechung des RFH in RStBl. 1929, S. 367, 1931, S. 925; dagegen RFH in RStBl. 1928, S. 209.

Satz ist für die Betriebsgesellschaft im Hinblick auf übernommene Erneuerungs- und Modernisierungsverpflichtungen nicht bindend[45]. Neben den Absetzungen für Abnutzung kann die Betriebsgesellschaft auch Rückstellungen für Ersatzanschaffungen dann bilden, wenn die bisher gebildete Erneuerungsrückstellung nicht ausreicht, der Substanzerhaltungsverpflichtung nachzukommen.

Der Besitzgesellschaft steht in diesen Fällen keine Afa während der Pachtzeit zu[46]. Da sie selbst nicht mehr Träger der Abnutzung ist, ist von ihr der zu Beginn der Verpachtung vorhandene Buchwert unverändert fortzuführen[47], solange die Betriebsgesellschaft ihren Verpflichtungen nachkommt und genügend Rückstellungen bildet. Die Besitzgesellschaft ist jedoch berechtigt, Abschreibungen auf den Teilwert vorzunehmen, wenn die Betriebs-GmbH ihren Verpflichtungen nicht nachkommt und begründete Befürchtungen bestehen, daß der Ersatzanspruch sich wirtschaftlich nicht realisieren läßt.

Neben der Verteilung der Erhaltungspflicht und der Absetzung für Abnutzung bzw. Rückstellungsbildung allein auf den Pächter oder allein auf den Verpächter besteht die Möglichkeit, die Erhaltung und den daraus anfallenden Erhaltungsaufwand zum Teil dem Besitzpersonenunternehmen und zum anderen Teil der Betriebskapitalgesellschaft zu überantworten. Eine solche Aufteilung kann nach vernünftig abgrenzbaren Gruppen des Pachtvermögens erfolgen. Eine der gebräuchlichen Übungen sieht für die Besitzgesellschaft die Erhaltung der verpachteten Baulichkeiten und für die Betriebsgesellschaft die Erhaltung des übrigen Pachtvermögens vor, das sich insbesondere aus Maschinen, Werkzeugen usw. zusammensetzt. In jedem Falle führt eine Aufteilung der Erhaltungspflicht auch zu einer dementsprechend verteilten Möglichkeit, die Abnutzungsaufwendungen zu berücksichtigen.

Was nun die von der Betriebs-GmbH übernommene Erhaltungspflicht angeht, so fließen dem Besitzunternehmen während der Pachtdauer aus deren Erfüllung noch keine Einnahmen zu[48]; denn letztere hat während dieser Zeit nur einen Anspruch auf Rückgabe der verpachteten Gegenstände in nicht verschlechtertem Zustande. Dieser Anspruch ist aber erst bei Beendigung der Pacht von Bedeutung. Für die Substanzerhaltungsverpflichtung insbesondere heißt das, daß die aufgrund gestiegener Wiederbeschaffungspreise von der Betriebs-GmbH gebildete Rückstellung von der Besitzgesellschaft nicht als

---

[45] Vgl. *Henninger,* a.a.O., B 1955, S. 1171.

[46] *Brönner:* Die Besteuerung der Gesellschaften, 9. Aufl., S. 435; *Böttcher,* RWP-Blattei, 14 R, 14 c, 248/60; *Henninger,* a.a.O., B 1955, S. 1171; *Blümich-Falk,* Kom. EStG, S. 316; *Mühlhoff:* Die steuerliche Behandlung zweier Gesellschaften, MStR 1931, S. 343.

[47] RFH v. 30. 1. 1929, RStBl. 1929, S. 367.

[48] RFH v. 30. 1. 1929, RStBl. 1929, S. 367.

Forderung auszuweisen und somit zu vereinnahmen ist. Auch bei Beendigung der Pacht kann im Falle der Substanzerhaltungspflicht der Betriebs-GmbH eine Vereinnahmung nicht erfolgen; es sind vielmehr die zurückgegebenen Pachtgegenstände mit den bis dahin eingefrorenen Buchwerten fortzuführen, so daß sich die Auswirkung im Ertrag lediglich über eine verminderte Afa ergibt[49].

ad) Die Neuinvestitionen

Unter Neuinvestitionen werden an dieser Stelle jene Investitionen verstanden, die eine über die Ersatzanschaffung hinausgehende Erweiterung der Kapazität darstellen, jedoch nicht die umfassen, die sich eventuell aus einer Erweiterung als Folge der Erfüllung der Substanzerhaltung ergibt.

Es wäre betriebswirtschaftlich von recht fragwürdigem Wert, die Besitzgesellschaft oder die Betriebsgesellschaft zu verpflichten, solche Kapazitätserweiterungen durchzuführen, da die Investition nicht von der Verpflichtung, sondern von der Erweiterungsmöglichkeit abhängt, die von anderen Faktoren bestimmt wird. Als brauchbar und wirksam erweisen sich stets Vereinbarungen, nach denen die Betriebs-GmbH berechtigt, nicht verpflichtet ist, solche Erweiterungen vorzunehmen, andererseits ihr aber die Verpflichtung auferlegt wird, die von dem Besitzpersonenunternehmen tatsächlich durchgeführten Erweiterungen zu gleichen Bedingungen in Pacht zu nehmen.

Über eine solche Regelung wird in der Doppelgesellschaft die notwendige Gestaltungsfreiheit erlangt, die es erlaubt, notwendige Investitionen von der Gesellschaft zu tätigen, die über die erforderlichen Mittel verfügt; da die vorhandenen Mittel das Maß der Erweiterung wesentlich beeinflussen.

ad 1. Die vertragliche Behandlung der von der Betriebs-GmbH getätigten Neuinvestitionen

Bei von der Besitzgesellschaft getätigten Investitionen liegen in der Doppelgesellschaft keine besonderen Gestaltungsmöglichkeiten, so daß es sich erübrigt, darauf näher einzugehen. Stattdessen ergeben sich für die Anschaffungen der Betriebsgesellschaft verschiedene Gestaltungsarten, die einer näheren Überprüfung wert sind.

---

[49] Vgl. dazu *Roser:* Substanzerhaltung durch zweckmäßige Vertragsgestaltung, B 1953, S. 358, der die Vereinnahmung dann annimmt, wenn die dem Verpächter zufließenden Pachtzinsen „Einkünfte aus Vermietung" darstellen, bei „Einkünften aus Gewerbebetrieb" diesen Vereinnahmungszwang jedoch bezweifelt. M. E. kann bei vorliegender Substanzerhaltung eine Vereinnahmung aus dem Grunde nicht erfolgen, weil der Anspruch sich auf den „Umfang" und den „Zustand", also auf körperliche Güter und nicht auf einen Wert erstreckt.

Der Vertrag kann so ausgestaltet werden, daß die von der Pachtgesellschaft getätigten Anschaffungen während der Pachtzeit im Eigentum der Betriebs-GmbH bleiben. Für Gebäudeerweiterungen läßt sich diese Abrede nicht wirksam treffen, da dem die zwingende Vorschrift des § 946 BGB entgegensteht. Sieht man von diesen Fällen ab, so sind für die übrigen Anschaffungen Gestaltungen möglich, die vorsehen, daß diese entweder auch nach Beendigung des Pachtvertrages Eigentum der Betriebs-GmbH bleiben sollen, oder aber bei Auflösung des Pachtvertrages in das Eigentum der Besitzgesellschaft übergehen. Abreden, vorgenommene Erweiterungen am Ende der Pacht zu beseitigen, sind in der Betriebsspaltung wegen der bestehenden Personalunion nicht üblich.

In anderen Fällen kann es angebracht erscheinen, das Eigentum während der Pachtzeit nicht bei der Betriebsgesellschaft zu belassen, sondern die Anschaffungen mit dem Zeitpunkt der Einbringung in das Eigentum der Besitzgesellschaft übergehen zu lassen.

Diese Vereinbarungen haben den Nachteil, daß man sich von vornherein auf eine bestimmte Gestaltung festlegt, von der man nicht weiß, ob ihre Auswirkungen, die u. U. erst nach 10, 15 oder 20 Jahren eintreten, auch wirtschaftlich aufzufangen sind. Z. B. muß man sich schon bei Abschluß des Vertrages vergegenwärtigen, ob die Grundgesellschaft während oder am Ende der Pacht überhaupt finanziell in der Lage sein wird, die Neuanschaffungen käuflich zu übernehmen, ehe man eine entsprechende Vereinbarung trifft.

Man kann Enttäuschungen und auftretenden Schwierigkeiten nur dadurch begegnen, daß die Vereinbarungen eine entsprechende Vorsorge enthalten. Als genügend vorsorglich erweisen sich Optionsvereinbarungen. Danach erhält die Besitzgesellschaft ein Optionsrecht, das sich auf die einzelnen Neuanschaffungen erstreckt, und das während der gesamten Dauer des Pachtvertrages geltend gemacht werden kann. Mit der Bekanntgabe der Option werden die davon betroffenen Einzelanlagen in das Eigentum der Optionsberechtigten übergeführt.

Man muß sich bei dieser Vereinbarung dann weiter Klarheit darüber verschaffen, ob die von der Option erfaßten Anlagegüter gegen Entgelt oder unentgeltlich auf die Besitzgesellschaft übergehen.

Es erscheint zweckmäßig, als Basis des entgeltlichen Übergangs die jeweiligen Anschaffungs- oder Herstellungskosten bzw. die sich unter Berücksichtigung der betriebswirtschaftlich notwendigen Abschreibungen und der steuerlich möglichen Afa ergebenden Buchwerte zu nehmen. Veräußerungsgewinne lassen sich so bei innerhalb der Doppelgesellschaft abzuwickelnden Geschäftsvorfällen vermeiden, die nur zu außerordentlichen Steuerleistungen führen würden. Man kann für diese Geschäfte auch keine verdeckte Gewinnausschüttung annehmen — wenn der Pachtvertrag im übrigen angemessene Leistungen enthält — da eine solche Vergütungsbasis auch in Pachtverhältnissen unter Dritten üblich ist.

Große steuerliche Risiken werden bei der Vereinbarung aufgedeckt, die Anlagen unentgeltlich zu übertragen. Das ergibt sich jedenfalls dann, wenn Anlagen in einem solchen Umfang zu übertragen sind, wie es bei Verträgen unter Dritten nicht üblich wäre[50]. Auf der anderen Seite kann jedoch einer solchen Bestimmung die steuerliche Anerkennung — und zwar ohne Annahme einer verdeckten Gewinnausschüttung — nicht versagt werden, wenn sich aus dieser Verpflichtung vernünftige, normale und im Vergleich zu den übrigen Pachtleistungen angemessene Belastungen ergeben. Bei der entschädigungslosen Übertragung wird üblicherweise und zweckmäßig der Zeitpunkt der Übertragung auf den Zeitpunkt der Beendigung des Pachtverhältnisses gelegt. Während der Pachtdauer werden so nicht unnötig Probleme aufgeworfen, die ohnehin gegenstandslos werden, da z. B. die Anschaffungen von der Betriebsgesellschaft noch während der restlichen Vertragsdauer vollständig abgenutzt werden und so am Ende der Pachtzeit kein zu übertragendes „Mehr an Anschaffungen" festzustellen ist.

ad 2. Die Bemessung der Absetzung für Abnutzung für die von der Betriebs-GmbH durchgeführten Neuinvestitionen

Grundsätzlich ist für die Bemessung der Absetzung für Abnutzung von der Nutzungsdauer auszugehen, auf die die Anschaffungs- oder Herstellungskosten zu verteilen sind. Das gilt uneingeschränkt sowohl für die im Eigentum der Kapitalgesellschaft verbleibenden als auch für die der Personenunternehmung entgeltlich zu übertragenden Anlagen. Eine andere Beurteilung ergibt sich jedoch für die der Verpächterin unentgeltlich zu übertragenden Gegenstände.

Für diese Gegenstände ist die Nutzungsdauer nur bedingt als Bemessungsgrundlage anwendbar, wenn die voraussichtliche Nutzungsdauer über die Pachtdauer hinausgeht. Ist die Pachtzeit kürzer, so ist die geringere Pachtdauer der Bemessung der Afa zugrundezulegen[51]. Da nun in Pachtverträgen unterschiedliche Laufzeiten vereinbart werden können — Verträge auf unbestimmte Zeit mit kurzen Kündigungsfristen, auf bestimmte Zeit ohne Abrede über die Weiterbehandlung, und auf bestimmte Zeit mit Verlängerungszeiten bei unterbleibender Kündigung — lassen sich keine bestimmten Afa-Sätze, sondern nur allgemeine Berechnungsgrundsätze herausstellen[52]. Für die Bemessung der Afa kann es auf die im Vertrag vorgesehene Pachtdauer nicht an-

---

[50] Vgl. *Mühlhoff:* Die steuerliche Behandlung zweier Gesellschaften, MStR 1931, S. 342.

[51] Vgl. *Blümich-Falk,* Kom. EtSG, S. 322.

[52] *Henninger:* Rückstellungen für Ersatz gepachteter Betriebsgegenstände, B 1955, S. 1171.

kommen[53]. Es entspricht der allgemeinen Rechtsprechung des RFH und BFH, daß solche Verhältnisse auf die mutmaßliche Vertragsdauer, nicht auf die vereinbarte abzustellen sind[54]. Wenn das Finanzgericht Hannover in seinem Urteil darauf hinweist, daß bei unentgeltlichem Übergang die vereinbarte Vertragsdauer maßgebend sei, so kann man dem nur insoweit folgen, als die vereinbarte Dauer mit der mutmaßlichen übereinstimmt. Bei der Schätzung der voraussichtlichen Dauer des Pachtverhältnisses ist zu prüfen, für welche Zeit mit einiger Sicherheit der Pachtvertrag wohl fortgeführt wird. Hierbei können subjektive Gesichtspunkte nicht völlig ausgeschlossen werden, vielmehr ist dem vernünftigen Ermessen des Steuerpflichtigen ein gewisser Spielraum zu belassen. Übervorsichtige Schätzungen können jedoch bei der Bemessung der Nutzungsdauer nicht berücksichtigt werden, wie andererseits auch die Tatsache, daß Pachtverträge unerwartet kurzfristig aufgekündigt werden, nicht außer Betracht bleiben kann[55].

ad 3. Die bilanzielle Behandlung der von der Besitzgesellschaft zu übernehmenden Neuinvestitionen der Betriebsgesellschaft

Die von der Betriebsgesellschaft erstellten und der Besitzgesellschaft gegen Entgelt zu übertragenden Erweiterungsinvestitionen scheiden bei ersterer im vertraglich vorgesehenen Übertragungszeitpunkt aus der Bilanz aus und werden von dem gleichen Zeitpunkt an in der Bilanz der Besitzgesellschaft fortgeführt, wobei die aus dem Übertragungsakt sich ergebenden Forderungen bzw. Verpflichtungen entsprechend buchmäßig ihren Niederschlag finden. Bei diesen entgeltlichen Übertragungsgeschäften steht der Leistung eine bewertete Gegenleistung gegenüber, die sich lediglich innerhalb der Vermögens- und Schuldpositionen abwickeln und die in der Übertragung selbst keine Ertragsauswirkungen zeitigen.

Bei den — regelmäßig im Zeitpunkt der Beendigung des Pachtverhältnisses — unentgeltlich zu übertragenden Anlagen muß man sich jedoch Gedanken darüber machen, in welcher Form diese Anlagen buchmäßig zu vereinnahmen sind. Wenn nach dem RFH-Urteil vom 30. Januar 1929[56] Ersatzbeschaffungen während der Dauer des Pachtverhältnisses kein dem Verpächter zufließendes Einkommen darstellen, so gilt das m. E. in gleichem Maße auch für Neuanschaffungen, da sich ein etwa zu übertragender Mehrwert endgültig erst am Pachtende feststellen läßt.

---

[53] So FG Hannover v. 2. 4. 1954, EFG 1954, S. 267.

[54] *Böttcher*, RWP-Blattei, 14 R, 14 c, 248/62.

[55] *Henninger*, a.a.O., B 1955, S. 1171; RFH v. 17. 12. 1930, RStBl. 1931, S. 198; v. 12. 12. 1935, RStBl. 1936, S. 414; v. 28. 7. 1937, RStBl. 1937, S. 956.

[56] RStBl. 1929, S. 367.

Ohne Zweifel handelt es sich bei diesen Übertragungen um einen der Besitzgesellschaft zufließenden Vermögenszuwachs, der auch als echter Zuwachs in der Bilanz auszuweisen ist, im Gegensatz zu der m. E. abzulehnenden Vereinnahmung bei Ersatzanschaffungen aufgrund einer Substanzerhaltung. Die Übertragungen sind, zumindest ihrer Deklaration folgend, ein unentgeltlicher Erwerb der Grundgesellschaft, der in ihrer Bilanz mit fiktiven Anschaffungs- bzw. Herstellungskosten zu bewerten ist. Als Anschaffungskosten des Personenunternehmens gilt hier der Betrag, den dieses im gleichen Zeitpunkt zur Erlangung des Eigentums bei entgeltlichem Erwerb hätte aufwenden müssen[57]. Die Art der Vereinnahmung richtet sich bei unentgeltlichen Erwerben nach dem sachlichen Grund des Anfalls[58]. Sie kann einerseits ertragsunwirksam, also über das Kapital, andererseits über den Ertrag vorzunehmen sein. Die Entscheidung ist bei der Doppelgesellschaft eindeutig zugunsten der ertragswirksamen Vereinnahmung zu fällen, da sich der Vermögenszuwachs auf das Pachtverhältnis stützt und sich aus den gewerblichen Beziehungen der Gesellschaften zueinander erklärt[59]; der Vermögenserwerb ist somit als zusätzliche Einnahme aus dem Pachtverhältnis anzusehen.

ae) Die Verteilung der Verwaltungsleistungen

Zur Erledigung der in der Besitzgesellschaft anfallenden Verwaltungsaufgaben bieten sich sowohl die Besitzgesellschaft als auch die Betriebsgesellschaft an. Die allgemein bestehende und anerkannte Gestaltungsfreiheit erlaubt es, sowohl diese als auch jene mit der Ausführung zu betrauen; man kann dabei nicht feststellen, daß die eine oder andere Gestaltungsform für das Unternehmen insgesamt vorteilhafter sei.

Die Entscheidung darüber, wer in der Besitz- und Betriebsgesellschaft die auf das Pachtvermögen entfallenden Verwaltungsarbeiten zu erledigen hat, wird schon mit der Auswahl der Arbeitsverträge, die auf die Betriebsgesellschaft übergehen, getroffen. Übernimmt diese sämtliche Arbeitskräfte der Grundgesellschaft, so fehlt letzterer das zur Wahrnehmung der Aufgaben notwendige Personal. Andererseits kann sie zu diesem Zwecke aber auch einen gewissen Personalbestand von der Übertragung auf die Betriebsgesellschaft ganz oder teilweise ausschließen.

Soweit die Betriebsgesellschaft mit der Erledigung dieser Aufgaben betraut wird, kann sie diese Verpflichtung gegen besondere Vergütung

---

[57] *Blümich-Falk,* Kom. EStG, S. 241.

[58] *Derselbe,* a.a.O.

[59] Vgl. *Blümich-Falk,* a.a.O., bezügl. der Ausführungen über die Maßgeblichkeit der inneren Beziehungen bei der ertragswirksamen Vereinnahmung.

oder unentgeltlich übernehmen, wobei die unentgeltliche Leistung — im Sinne einer ohne besondere Vergütung zu erstellenden Leistung — in irgendeiner Form bei der Bemessung des Pachtzinses berücksichtigt wird.

af) Die Frage der Vereinbarungen über die Lastenausgleichsleistungen

Das Lastenausgleichsgesetz belegt die am 21. Juni 1948 im Geltungsbereich des Gesetzes belegenen gewerblichen Betriebe einerseits mit der Kreditgewinnabgabe bei entstandenen Schuldnergewinnen und andererseits mit der Vermögensabgabe auf das am Währungsstichtag vorhandene abgabepflichtige Vermögen.

Zur Behandlung der Kreditgewinnabgabe wird auf § 185 LAG hingewiesen, wonach bei Übergang des dem Betrieb dienenden Vermögens im Ganzen oder in Teilen, die wirtschaftlich einem selbständigen Betrieb gleichgesetzt werden können[60], auf einen anderen auch die Abgabeschuld damit im Ganzen oder zu dem entsprechenden Teil auf den Nachfolger übergeht. Außerhalb dieses gesetzlich vorgesehenen Schuldüberganges besteht im Rahmen der Betriebsteilung kaum Anlaß, die Kreditgewinnabgabe einer von der angeführten Regelung oder von der normalen bürgerlich-rechtlichen Schuldübernahme abweichenden besonderen Regelung zu unterwerfen, da sie sich auf Salden aus Schuldnergewinnen und Forderungsverlusten bezieht, die dem betreffenden Abgabepflichtigen eine Besserstellung gegenüber den übrigen Steuerpflichtigen verschafft hätten.

Bei der Vermögensabgabe dagegen ergeben sich andere Verhältnisse. Mit der 50 %igen Abgabebelastung auf das am 21. Juni 1948 vorhandene Vermögen erzwingt sie geradezu eine Regelung über die Abgabeleistungen, wenn wesentliche Vermögensteile, auf die sich die Abgabeschuld begründet oder die zu ihrer Deckung vorgesehen sind, veräußert werden.

af 1. Die Notwendigkeit der Verteilung der Vermögensabgabe im Rahmen der Betriebsaufspaltung

In der Literatur wird von verschiedenen Autoren darauf hingewiesen, daß es ratsam oder notwendig sei, im Zuge der Einbringung von Personenunternehmungen in Kapitalgesellschaften oder bei der Aufspaltung von Unternehmungen in Besitz- und Betriebsgesellschaften oder Betriebs- und Vertriebsgesellschaften Vereinbarungen über

---

[60] *Kühne-Wolff*, Kom. LAG, S. 528, weist darauf hin, daß die Teilbetriebsveräußerung sich hier auch nach den Grundsätzen des EStG zu richten hat. Darüber hinaus kann diese auch vorliegen, wenn ein gewerblicher Betrieb unter Veräußerung wesentlicher Bestandteile verpachtet wird. Vgl. 2. Sammelerlaß zur Kreditgewinnabgabe v. 12. 7. 1954.

die Aufteilung der Vermögensabgabe zu treffen[61], ohne daß jedoch eine Aussage darüber gemacht wird, unter welchen Bedingungen sich diese Notwendigkeit ergeben kann.

Ob im Rahmen der Betriebsaufspaltung eine Beteiligung der Betriebs-GmbH an den Abgabeleistungen der Besitzgesellschaft ratsam und notwendig ist, muß aufgrund der besonderen Verhältnisse des Einzelfalles ermittelt werden. Eine Notwendigkeit zur Beteiligung der Kapitalgesellschaft kann sich dann ergeben, wenn entweder wesentliche Vermögensteile zu Buchwerten als Sacheinlage in die Betriebsgesellschaft eingebracht werden, oder wenn die auf das verpachtete Vermögen zu entrichtenden Pachtzinsen nicht ausreichen, die Vermögensabgabe aus dem Reinertrag der Pacht ohne Beeinträchtigung betriebsnotwendiger anderer Zwecke zu decken.

Nimmt man z. B. an, daß am 21. Juni 1948 ein Personenunternehmen ein Reinvermögen laut DM-Eröffnungsbilanz von 6 000 000 DM ausweist, das an dieser Stelle dem abgabepflichtigen Vermögen gleichgesetzt werden soll, und daß unmittelbar nach dem Währungsstichtag Vermögen im Werte von 2 000 000 DM als Sacheinlage in eine Betriebsgesellschaft eingebracht wurde, so ergeben sich selbst unter den Einkommensteuertarifen von 1957 noch folgende Zahlenverhältnisse:

Im Beispiel ist der Reinertrag der Pacht vor Abzug der Vermögensteuer und Gewerbekapitalsteuer mit 8 % vom verpachteten Vermögen angenommen. Die Steuerpflichtigen seien konfessionslos.

Bei DM 6 000 000,— Reinvermögen beträgt die Abgabeschuld DM 3 000 000,—, die Vierteljahresrate DM 45 000,—, die Jahresleistung DM 180 000,—. Der Reinertrag aus Pachteinnahmen beträgt 8 % von DM 4 000 000,— (Reinvermögen DM 6 000 000,— abzügl. Sacheinlage von DM 2 000 000,—) = DM 320 000,—.

Reinertrag	320 000,—
./. Gewerbekapitalsteuer, 2 ‰ von 4 000 000,—, Hebesatz 240 %	19 200,—
	300 800,—
1/3 der Vermögensabgabe	60 000,—
	240 800,—
Vermögensteuer 1957 rd.	12 400,—
	228 400,—
Werbungskosten	312,—
Steuerpflichtiges Einkommen	228 088,—
Einkommensteuer bei einem Gesellschafter, Steuerklasse I	106 224,—
	121 864,—
Nichtabzugsfähiger Teil der Vermögensabgabe	120 000,—
Nettoeinkommen	1 864,—

---

[61] So z. B. *Zintzen:* Steuerliche Erwägungen bei der Gründung einer Familien-GmbH, GmbH-Rdsch. 1953, S, 35 ff.; *Brönner:* Die Besteuerung der Gesellschaften; 9. Aufl., S. 456; *Schneider-Zartmann:* Familienunternehmen, S. 264.

Selbst wenn man davon ausgeht, daß die Personengesellschaft zwei Gesellschafter hat, so beträgt das Nettoeinkommen beider Gesellschafter zusammen nur 15 154 DM. Zur Erfüllung betrieblicher Aufgaben würden diese verbleibenden Nettobeträge völlig unzureichend sein.

Der zweite Grundtatbestand wird erkennbar, wenn man annimmt, daß die Aufspaltung bereits vor dem 21. Juni 1948 vorgenommen worden ist, und daß sich der Reinertrag nicht auf 8 % stellt, sondern vielleicht nur 5 % beträgt; ein Pachtzins, der durchaus im Bereich des Möglichen liegt.

Die Abgabeschuld der Besitzgesellschaft würde am 21. Juni 1948 2 000 000 DM betragen, der Vierteljahresbetrag stellt sich auf 30 000 DM, die Jahresabgabe auf 120 000 DM.

Reinertrag	200 000,—
⁒ Gewerbekapitalsteuer	19 200,—
	180 800,—
1/3 der Vermögensabgabe	40 000,—
	140 800,—
Vermögensteuer 1957 rd.	19 400,—
	121 400,—
Werbungskosten	312,—
Steuerpflichtiges Einkommen	121 088,—
Einkommensteuer bei einem Gesellschafter, Steuerklasse I	49 871,—
	71 217,—
Nichtabzugsfähiger Teil der Vermögensabgabe	80 000,—
Substanzminderung/Verlust	8 783,—

Wenn man weiter berücksichtigt, daß die Einkommensteuerbelastung in den Jahren vor 1957 erheblich höher war und daß die Besitzgesellschaft u. U. aus den ihr zufließenden Pachteinnahmen auch noch sonstige — wenn auch steuerlich abzugsfähige — Aufwendungen zu bestreiten hat, so kann man sich vergegenwärtigen, wie sehr diese Abgabe die Ertragsverhältnisse verzerrt und welche wirtschaftliche Bedeutung ihr hier beizumessen ist. Es ist ferner zu bedenken, daß bei stetig auftretender Substanzminderung durch Lastenausgleichsabgaben das Pachtvermögen entsprechend vermindert wird, so daß sich zwangsläufig Auswirkungen auf die Höhe des Pachtzinses ergeben müssen, die auch die Frage der Angemessenheit des Pachtzinses wieder in die Erscheinung treten lassen.

Wenn die Abgabe aus dem Ertrag geleistet werden soll, so ist es ein leichtes, die Substanzminderung durch entsprechende Gewinnausschüttungen der Betriebsgesellschaft auszugleichen. Die damit verbundene Doppelbesteuerung würde jedoch ein Vielfaches der zu zahlenden Vermögensabgabe an Ausschüttung erfordern. Das wirtschaftliche Ergebnis würde in gleichem Maße unbefriedigend sein.

Im konkreten Einzelfall kann es sich ergeben, daß eine Beteiligung der Kapitalgesellschaft an den Ausgleichsabgaben aus dem ersten

Grundtatbestand, der Veräußerung von wesentlichen Vermögensteilen, oder aus dem zweiten Grundtatbestand, einer, gemessen an den daraus zu deckenden Aufwendungen, absolut zu geringen Pachteinnahme, notwendig wird.

af 2. Die Bedeutung des Zeitpunktes der Aufspaltung für die Grundtatbestände

Wenngleich auch in den tatsächlich auftretenden Verhältnissen die Zusammensetzung der Kausalreihe für eine Übernahme von Abgabeleistungen recht vielgestaltig sein kann, so ist trotzdem doch die Möglichkeit einer theoretischen Aussage gegeben, welche der Kausalreihen mit genügender Wahrscheinlichkeit auf Betriebsteilungen zutrifft, die sich nicht in ihrer Ausgestaltung, sondern nur nach dem Zeitpunkt der Aufspaltung unterscheiden.

Eine solche nach dem Zeitpunkt der Teilung — unter Zuordnung der entsprechenden Kausalreihe — vorgenommene Abgrenzung ist deshalb von Bedeutung, weil sie die Basis für die Entscheidung bildet, in welcher Form sich die Betriebskapitalgesellschaft an der Vermögensabgabe beteiligen kann.

Der für die Unterscheidung maßgebende Zeitpunkt ist der 21. Juni 1948. Bei vor dem Währungsstichtag vorgenommenen Spaltungen sind wesentliche Vermögensteile vor dem für die Vermögensabgabe maßgebenden gleichen Stichtag als Sacheinlage in die Kapitalgesellschaft eingebracht worden. Somit ist für dieses eingebrachte Vermögen nicht die Grundgesellschaft die Abgabeschuldnerin, sondern es sind bei der Betriebsgesellschaft eigene Abgabeschulden entstanden. Die Grundgesellschaft trägt nur die Abgabe, die auf das ihr verbliebene Vermögen entfällt. Sie wird dagegen nicht mit Lastenausgleichsraten belastet für Vermögen, das sie veräußert hat. Bei diesen vor dem 21. Juni 1948 gegründeten Doppelgesellschaften liegt es nahe, daß sich die Beteiligung wegen zu geringer Reinerträge aus dem Pachtverhältnis ergibt. Eine andere Beurteilung kann sich ergeben, wenn eine am 21. Juni 1948 bereits vollzogene Aufteilung nach diesem Zeitpunkt dergestalt korrigiert wird, daß weitere wesentliche Vermögensteile zum Zwecke der Kapitalerhöhung in die Betriebsgesellschaft zu Buchwerten eingebracht oder an diese verkauft werden.

Bei nach dem 20. Juni 1948 vorgenommenen oder noch beabsichtigten Betriebsteilungen wird man davon auszugehen haben, daß zwar wesentliche Vermögensteile in die Betriebsgesellschaft eingebracht werden, daß aber eine Übernahme der darauf ruhenden Abgabelasten nicht akzessorisch ist, diese also bei der Grundgesellschaft verbleiben. Sie hat die Abgabeleistungen aus dem ihr verbliebenen Vermögen bzw. aus den dafür anfallenden Pachteinnahmen zu zahlen.

Bei diesen Doppelgesellschaften kann sich eine Beteiligung an den Lasten in erster Linie aus der Veräußerung von Vermögen als notwendig erweisen.

Zusammenfassend ist festzustellen, daß sich eine Beteiligung der Betriebsgesellschaft an den Abgabeleistungen der Grundgesellschaft in erster Linie bei nach dem 20. Juni 1948 begründeten Doppelgesellschaften aus der Vermögensveräußerung, bei vor dem 21. Juni 1948 begründeten aus zu geringen Reinerträgen bzw. Pachtzinsen ergeben kann.

af 3. Die Formen der Beteiligung der Betriebsgesellschaft an der Vermögensabgabe

Die Kapitalgesellschaft kann sich an den Abgabeleistungen der Grundgesellschaft in der Form der Schuldübernahme oder in der Form der Erfüllungsübernahme beteiligen.

Die Schuldübernahme ist in § 60 LAG geregelt. Sie kann in den Fällen in Anspruch genommen werden, in denen bei der Veräußerung von Vermögen nach dem 20. Juni 1948 der Erwerber durch Vertrag mit dem Veräußerer dessen Abgabeschuld ganz oder teilweise übernimmt[62]. Der Ablösungswert der zu übernehmenden Schuld darf die Hälfte des steuerlichen Zeitwertes des erworbenen oder zu erwerbenden Vermögens nicht übersteigen[63]. Voraussetzung ist in jedem Fall die Veräußerung von Vermögen nach dem 20. Juni 1948. Dieser Tatbestand liegt regelmäßig bei nach diesem Stichtag errichteten Doppelgesellschaften vor.

Die Schuldübernahme bewirkt, daß die Abgabeschuld als solche auf die Betriebsgesellschaft übergeht; die Besitzgesellschaft wird dabei sowohl von der Leistung als auch von der Haftung für die Erfüllung der Leistungen freigestellt[64].

Die Erfüllungsübernahme hat nur indirekt Eingang in das Lastenausgleichsgesetz gefunden, indem in § 211 LAG die Abzugsfähigkeit der Leistungen dessen, der sich dem Abgabeschuldner nur im Innenverhältnis zur Bewirkung der Leistungen verpflichtet hat, behandelt wird. Die Erfüllungsübernahme regelt sich nach bürgerlichrechtlichen Vorschriften. Sie stellt die Grundgesellschaft dem Abgabegläubiger gegenüber nicht frei. Sie ist lediglich eine intern wirkende Verpflichtung der Betriebsgesellschaft, Abgabeleistungen ganz oder zum Teil an Stelle der Besitzgesellschaft zu entrichten. Voraussetzung der Erfüllungsübernahme ist nicht, im Gegensatz zur Schuldübernahme, die Veräußerung von Vermögen nach dem 20. Juni 1948. Diese Beteiligungsform ist in allen Doppelgesellschaften anwendbar.

---

[62] § 60 LAG.

[63] Wegen der zu beachtenden Formvorschriften vgl. § 60 LAG und die Anmerkungen von *Kühne-Wolff*, Kom. LAG, zu § 60 LAG.

[64] § 60 LAG.

Nach der Verkündung des Lastenausgleichsgesetzes in der Fassung vom 14. August 1952 lassen sich diese Möglichkeiten für nach dem Inkrafttreten des Gesetzes errichtete Besitz- und Betriebsgesellschaften sehr leicht aufzeigen, und es lassen sich bei neuzugründenden Gesellschaften schon entsprechende Vereinbarungen treffen. Auf der anderen Seite gibt es vor dem Inkrafttreten des Gesetzes errichtete Doppelgesellschaften, bei denen eine entsprechende Aufteilung der Abgaben ebenso notwendig ist wie bei den nach Inkrafttreten errichteten.

In einer Reihe von Fällen sind vorausschauend bereits die sich aus dem später verkündeten Gesetz ergebenden Belastungen erkannt und es ist schon frühzeitig eine geeignete Grundlage für die Aufteilung geschaffen worden. In der Regel hat man zwar keine bestimmte Beteiligungsform festgelegt, sondern es sind lediglich die Grundgedanken einer solchen Lastenverteilung fixiert worden. Eine solche allgemein gehaltene Vereinbarung kann z. B. folgendes vorsehen[65]:

„Ob und inwieweit die Betriebsgesellschaft ganz oder teilweise die sich aus dem in Aussicht genommenen Soforthilfegesetz sowie aufgrund des Gesetzes zur Sicherung von Forderungen durch den Lastenausgleich vom 2. September 1948 und späteren gesetzlichen Lastenausgleichsregelungen ergebenden Lasten im Verhältnis zur Personengesellschaft oder den Gesellschaftern der Personengesellschaft zu tragen hat, bleibt einer späteren Regelung vorbehalten. Es besteht aber Einigkeit darüber, daß diese Abgaben und Lasten in einem angemessenen Verhältnis verteilt werden sollen."

Aufgrund dieser vertraglichen Regelung ist bei der betreffenden Doppelgesellschaft zu einem späteren Zeitpunkt eine Schuldübernahme durchgeführt worden.

Jene Doppelgesellschaften, bei denen eine solche vorsorgende Vereinbarung nicht getroffen ist, haben zwar die gleichen Möglichkeiten, Abgabeleistungen auf die Betriebsgesellschaft zu delegieren, da das LAG keine andere Beschränkung feststellt als sie in § 60 LAG bereits verankert ist, aber es ist bei nachträglicher Leistungsverpflichtung besonderes Augenmerk darauf zu legen, ob eine solche Übernahme noch in den Rahmen des bereits vorliegenden Vertragswerks hineinpaßt, d. h., ob sich bei einer solchen nachträglichen Vereinbarung nicht unerwartete steuerliche Folgen hinsichtlich der Angemessenheit der Leistungen einstellen können.

af 4. Die einkommensteuerliche Beurteilung der Schuldübernahme

Eine Schuldübernahmevereinbarung stützt sich auf die Veräußerung von Vermögen und nicht auf eine Verpachtung[66]. Die in einem als

---

[65] Vgl. das im Anhang enthaltene Beispiel eines Vertrages.

[66] Vgl. § 60 LAG. Die Verpachtung kann lediglich ergänzend bei der Kre-

„Pachtvertrag“ bezeichneten Vertrag vereinbarte Schuldübernahme nimmt diesem den Charakter eines reinen Pachtvertrages; es wird daraus insoweit ein gemischter Vertrag.

Die einkommensteuerliche Behandlung der Schuldübernahme ist in den Richtlinien zur Behandlung der Lastenausgleichsabgaben bei der Einkommensteuer und Körperschaftsteuer festgelegt[67]. Danach ist im Fall der Veräußerung von Vermögen die vom Erwerber — der Betriebsgesellschaft — übernommene Vermögensabgabe bei diesem ein Teil der Anschaffungskosten und beim Veräußerer — der Besitzgesellschaft — ein Teil des Veräußerungserlöses. Die übernommene Abgabeschuld ist beim Erwerber eine Betriebsschuld und als solche zu passivieren[68].

Unterstellt man, daß bei einer nach dem 20. Juni 1948, aber vor Inkrafttreten des Lastenausgleichsgesetzes vorgenommenen Betriebsaufspaltung aufgrund eines entsprechenden Vertrages nun nachträglich eine anteilige Vermögensabgabeschuld von der Betriebs-GmbH übernommen wird, so würden sich in konsequenter Anwendung der Richtlinien dabei Auswirkungen ergeben, die mit der Rechtsprechung des RFH zur Frage des Einbringens von Personenunternehmungen in Kapitalgesellschaften nicht in Einklang zu bringen sind.

Übernimmt z. B. eine solche Betriebs-GmbH, in die bei ihrer Gründung in Anrechnung auf die Stammeinlageverpflichtung von 2 000 000 DM Vermögen zu Buchwerten in gleicher Höhe eingebracht wurde, nachträglich eine Vermögensabgabeschuld zum 1. Januar 1957 im Zeitwert[69] von 780 000 DM, so ist dieser Betrag nach den EStR bei ihr eine passivierungspflichtige Betriebsschuld und bei der Personenunternehmung steuerpflichtiger Veräußerungserlös. Vor der Übernahme bilanzierten die beiden Gesellschaften — hier unter Beschränkung des Buchausweises auf diese Transaktionen — wie folgt:

Besitzgesellschaft

Beteiligungen	2 000 000,—	Kapital	2 000 000,—

Betriebsgesellschaft

Umlaufvermögen	2 000 000,—	Stammkapital	2 000 000,—

ditgewinnabgabe hinzutreten. Vgl. 2. Sammelerlaß zur Kreditgewinnabgabe v. 12. 7. 1954.

[67] Anhang 1 zu den EStR 1953.

[68] Vgl. Abschn. 5 EStR und das Ergebnis der FA-Besprechung beim BdF v. Juni 1953, B 1953, S. 661; *Zintzen:* Die Übernahme des Lastenausgleichs bei der Gründung einer Familien-GmbH, GmbH-Rdsch. 1953, S. 202 ff.; *Thiel:* Die einkommensteuerlichen Auswirkungen der Übernahme der Vermögensabgabeschuld, B 1957, S. 124; *NN:* Einkommensteuerliche Auswirkungen hinsichtlich der Vermögensabgabe bei Umwandlung in eine Kapitalgesellschaft, B 1956, S. 901.

[69] Vgl. § 77 LAG.

Wenn dann die Betriebs-GmbH Abgabeschulden von 780 000 DM übernimmt und passiviert, so stellt sich bei ihr eine Unterbilanz ein, für die kein Lastenausgleichs-Gegenposten[70] gebildet werden kann, und von der die Finanzverwaltung nur allzu leicht annimmt, daß es sich um die bisher nicht ausgewiesene entgeltliche Übernahme eines Firmenwertes handelt. Sie bilanziert dann:

Betriebsgesellschaft

Firmenwert	780 000,—	Stammkapital	2 000 000,—
Umlaufvermögen	2 000 000,—	Vermögensabgabe	780 000,—

Bei der Besitzgesellschaft stellen sich in der Verbuchung Schwierigkeiten ein, da sie in der Regel die Vermögensabgabeschuld bisher nicht bilanziert hat. *Zintzen*[71] weist darauf hin, daß bei Personenunternehmungen die Abgabeschuld zuvor in einer Ergänzungsbilanz zur Übertragungsbilanz passiviert werden könne. Da die Passivierung der Abgabeschuld jedoch nicht ertragsbeeinflussend vorgenommen werden darf, ist sie über das Kapitalkonto vorzunehmen. In dieser Ergänzungsbilanz weist die Besitzgesellschaft aus:

Besitzgesellschaft

Beteiligungen	2 000 000,—	Kapital	1 220 000,—
		Vermögensabgabe	780 000,—

Die Übernahme wird sodann zu Lasten des Kontos Vermögensabgabe und zu Gunsten des Ertrags vereinnahmt. Danach weist die Besitzgesellschaft die Bilanzpositionen aus:

Besitzgesellschaft

Beteiligungen	2 000 000,—	Kapital	1 220 000,—
		Gewinn	780 000,—

Wenn *Zintzen*[72] vermerkt, daß in Höhe des passivierten Zeitwertes zwangsläufig eine entsprechende Verminderung des Wertes der Beteiligung eintritt, so soll daraus wohl die Berechtigung zu einer Wertberichtigung hergeleitet werden, die den entstandenen Veräußerungsgewinn neutralisieren würde. Dem kann jedoch die Finanzverwaltung mit einem Hinweis auf die Veräußerung eines Firmenwertes begegnen, oder aber es kann entgegengehalten werden, daß mit der nachträglichen Übertragung der Abgabeschuld auf die Betriebsgesellschaft das bis zum Zeitpunkt der Übertragung beim Übertragenden vorhandene Vermögen nicht vermindert sein könne. Eine Wert-

[70] Vgl. § 221 LAG.

[71] Die Übernahme des Lastenausgleichs bei der Gründung einer Familien-GmbH, GmbH-Rdsch. 1953, S. 204.

[72] A.a.O., GmbH-Rdsch. 1953, S. 204.

berichtigung oder eine Abschreibung auf den Teilwert der Beteiligung erscheint nach dieser Auffassung nicht begründet. Unter dem Gesichtspunkt, daß die Verwaltung u. U. bei dieser nachträglichen Schuldübernahme eine Veräußerung des Firmenwertes unterstellt, erscheint auch die Handhabung als nicht erfolgversprechend, vor der Übernahme der Vermögensabgabe das Kapital der GmbH herabzusetzen und so den status quo wieder herzustellen, der sich bei der Übernahme im Zeitpunkt der Gründung ergeben haben würde.

Ist es dagegen möglich, bereits bei der Spaltung die Schuldübernahme durchzuführen, so vermindert sich in Höhe des passivierten Zeitwertes das Kapitalkonto der Einbringungsbilanz[73]. Das Kapitalkonto der Betriebsgesellschaft beträgt in diesem Fall 1 220 000 DM und sie weist in ihrer Bilanz aus:

Betriebsgesellschaft

Umlaufvermögen	2 000 000,—	Stammkapital	1 220 000,—
		Vermögensabgabe	780 000,—

Die Besitzgesellschaft bilanziert korrespondierend:

Besitzgesellschaft

Beteiligungen	1 220 000,—	Kapital	1 220 000,—

Ein Veräußerungsgewinn entsteht bei dieser Form der Schuldübernahme nicht. Die gesetzte Bedingung, daß die Einbringung zu Buchwerten gegen Gewährung von Gesellschaftsrechten erfolgt, ist erfüllt.

Unbefriedigend ist daran, daß im Ansatz gleichgelagerte Fälle eine unterschiedliche Behandlung und Beurteilung erfahren können, die im ersten Fall zu einer Realisierung des Veräußerungsgewinns führt, im zweiten Fall dagegen erlaubt, Realisierungen zu vermeiden.

Grundsätzlich ist der Kaufmann verpflichtet, seine Aktiven und Passiven gemäß § 39 HGB und den Grundsätzen ordnungsmäßiger Bilanzierung zutreffend auszuweisen. Es ist unbestritten, daß die Vermögensabgabe eine das Vermögen des Kaufmanns belastende Verbindlichkeit ist. Jedoch ist die Vermögensabgabe eine Verbindlichkeit sui generis wie überhaupt das Lastenausgleichsgesetz ein lex sui generis ist. Dafür zeugen z. B. die den Grundsätzen des HGB widersprechenden Bilanzierungsbestimmungen des § 218 LAG. Es besteht keine Verpflichtung, die originäre Vermögensabgabe in der Bilanz einer Kapitalgesellschaft als Verbindlichkeit auszuweisen. § 218 LAG sieht als zwingend lediglich den Vermerk des Gegenwartswertes „unter dem Strich" vor. Der betriebswirtschaftlich gebotene Gläubigerschutz ist nach dem Gesetz somit schon durch den Vermerk ausreichend gewahrt.

[73] *Zintzen*, a.a.O., GmbH-Rdsch. 1953, S. 204; *NN*, a.a.O., B 1953, S. 914.

Der Charakter der Vermögensabgabe als Schuld eigener Art und eigener Gesetzmäßigkeit erfordert sowohl betriebswirtschaftlich als auch steuerlich eine diesem besonderen Charakter entsprechende Beurteilung.

Es erscheint danach m. E. auch wirtschaftlich begründet, die Vermögensabgabe in den Fällen, in denen das Betriebsvermögen eines Kaufmanns lediglich in anderer Form fortgeführt wird und der Kaufmann auch nach dem Formwechsel im wesentlichen Herr über dieses Vermögen bleibt, nicht anders zu behandeln als jene Fälle, in denen die Abgabeschuld originär entstanden ist. Wirtschaftlich bleiben die bisher bestehenden Vermögens- und Schuldverhältnisse erhalten. Wenn man bedenkt, daß bei aktienrechtlichen Umwandlungen und Verschmelzungen im Wege der Gesamtrechtsnachfolge die Behandlung als originäre Abgabeschuld, d. h. ohne Passivierungsverpflichtung, anerkannt ist[74], so erscheint es nicht begründet, davon jene Fälle auszunehmen, in denen das Vermögen von Personenunternehmungen ganz oder teilweise lediglich in einer anderen Form fortgeführt wird, die Verhältnisse im übrigen aber die alten bleiben.

Bei dieser, der wirtschaftlichen Betrachtungsweise folgenden Beurteilung, entfällt die im übrigen unverändert bei sonstigen Veräußerungen bestehende Passivierungspflicht wegen des originären Schuldcharakters. Die Schuldübernahme ist dann auch nicht eine solche nach § 60 LAG, sondern eine analog zu § 60 LAG erfolgende Übernahme. Damit ist auch Abschnitt 5 der Richtlinien zur Behandlung der Vermögensabgabe bei der Einkommensteuer und Körperschaftsteuer hier nicht anwendbar[75].

Die von Abschnitt 5 der Richtlinien und § 60 LAG abweichende Beurteilung der Schuldübernahme erfordert auf der anderen Seite eine besondere Berücksichtigung bei der Berechnung des Übernahmebetrages. Während nach § 60 LAG die Beteiligten in der Festsetzung der Übernahme lediglich insoweit an einen Wert gebunden sind, daß

---

[74] Vgl. *Kühne-Wolff*, Kom. LAG, S. 613. Danach betrifft § 218 LAG die Fälle der eigenen Abgabepflicht und die Fälle solcher Rechtsformänderungen, in denen die Bilanzwerte unverändert übernommen werden müssen (Verschmelzungen und bestimmte Umwandlungen). Auch *Geßler:* Die Bilanzierung der Lastenausgleichsabgaben, S. 89, zit. nach *Schulze-Brachmann*, LAG, S. 473, nimmt, entgegen der Ansicht von *Schulze-Brachmann*, a.a.O., bei der Gesamtrechtsnachfolge und bei der Übernahme kraft Gesetzes keinen Passivierungszwang für eine zu übernehmende Abgabeschuld an.

[75] Die dem BdF vom Verfasser in einem Schreiben mitgeteilten, wirtschaftlich nicht zu begründenden Auswirkungen der Richtlinien bei der Betriebsteilung sind vom Ministerium mit dem Versprechen zur Prüfung, Besprechung mit den Landesfinanzministern und Berücksichtigung in dem Anhang I zur EStR 1955 entgegengenommen worden, IV C/3 — LA 2350 — 2/55. Die Besonderheiten sind bisher jedoch noch nicht berücksichtigt worden.

der Ablösungsbetrag der übernommenen Schuld die Hälfte des steuerlichen Zeitwertes des übernommenen Vermögens nicht übersteigen darf und somit bis zu dieser Wertgrenze Gestaltungsfreiheit erlangen, ist in den hier besprochenen Fällen die Bemessungsgrundlage der auf das übernommene Vermögen im Zeitpunkt der Einbringung entfallende Teil der Abgabeschuld, höchstens jedoch ein Schuldbetrag, der durch § 60 LAG festgelegt ist. Ein über die auf das übernommene Vermögen entfallende Abgabe hinausgehender Übernahmebetrag ist als Veräußerungserlös anzusehen, da man insoweit nicht mehr von einer an das Vermögen gebundenen originären Abgabeschuld sprechen kann.

Eine nach diesen Grundsätzen durchzuführende Schuldübernahme würde sich wie folgt errechnen:

Es wird unterstellt, daß das der Abgabepflicht unterliegende Vermögen einer Personenunternehmung zum 21. Juni 1948 6 000 000 DM beträgt und in dieser Höhe unverändert bis zum 1. April 1952 erhalten ist. Die bis zum 31. März 1952 entrichtete Soforthilfeabgabe sei mit 300 000 DM angesetzt. Die am 2. April 1952 durchgeführte Betriebsaufspaltung erfolgte mit einer Einbringung von Vermögen im Betrage von 2 000 000 DM.

Die Abgabeschuld der Personenunternehmung beträgt:

Abgabepflichtiges Vermögen § 30 LAG	DM	6 000 000,—
Abgabeschuld § 31 LAG	DM	3 000 000,—
Anzurechnende Soforthilfeabgabe § 32 LAG	DM	300 000,—
Verbleibende Abgabeschuld	DM	2 700 000,—
Vierteljahresrate § 35,1 LAG	DM	40 500,—

Wenn nun die am 2. April 1952 gegründete Betriebsgesellschaft ein Drittel des der Abgabe unterliegenden Vermögens übernimmt, so ist ihr auch ein Drittel der Vierteljahresrate — 13 500 DM — als Rate der auf sie entfallenden anteiligen Abgabeschuld zuzurechnen.

Der Ablösungsbetrag gemäß § 199 LAG ist 515 042 DM. Die dem Schutz des Abgabegläubigers dienende Begrenzung des Übernahmebetrages nach § 60 LAG ist eingehalten.

Ist das Vermögen der Personenunternehmung in der Zeit zwischen dem 21. Juni 1948 und dem 1. April 1952 Veränderungen unterworfen, z. B. auf 8 000 000 DM gestiegen, so umschließt das Gesamtvermögen zum 1. April 1952 sowohl abgabepflichtiges wie abgabefreies Vermögen. In diesen Fällen wird man davon ausgehen müssen, daß in dem am 2. April 1952 eingebrachten Vermögen im gleichen Verhältnis abgabefreies wie abgabepflichtiges Vermögen enthalten ist. Der Übernahmebetrag errechnet sich dann aus dem Verhältnis des Reinvermögens vor der Aufspaltung zu dem einzubringendenn Vermögen.

Eine weitere Besonderheit besteht bei der Feststellung des Zeitpunktes der Übernahme. Bei einer nach § 60 LAG durchzuführenden Schuldübernahme können nur vom Zeitpunkt der Antragstellung an zukünftige Raten übernommen werden. Bei der zu § 60 LAG analog durchgeführten Schuldübernahme dagegen kann die Übernahme rückwirkend bis zum Zeitpunkt der Spaltung vorgenommen werden, sofern bei der Teilung bereits eine Schuldübernahme vorgesehen wurde und der Antrag auch zeitlich die Kausalität zwischen dem verpflichtenden Rechtsgeschäft und dem dinglichen Erfüllungsgeschäft vermuten läßt. Für vor dem Zeitpunkt der beantragten Übernahme liegende Raten wird die Betriebsgesellschaft verpflichtet, der Personenunternehmung bzw. deren Gesellschaftern die gezahlten Raten zu erstatten. Man kann darin einen steuerpflichtigen Vorgang nicht sehen. Nur insoweit kann und darf sich eine Auswirkung auf die Steuerleistungen ergeben, als bereits bei der Veranlagung geltendgemachte Abzüge nunmehr wegen der Ersatzleistung zu korrigieren sind.

Die aufgrund der Schuldübernahme von der Betriebsgesellschaft zu zahlenden Raten sind bei ihr mit dem Pauschalbetrag gem. § 211 LAG abzugsfähig.

af 5. Die einkommensteuerliche Beurteilung der Erfüllungsübernahme

Eine nur intern wirkende Vereinbarung der Erfüllungsübernahme erfährt in besonderen Fällen eine von § 211 LAG abweichende Beurteilung. Bei Pachtverhältnissen ist der durch den Pächter übernommene Teil der Vermögensabgabe als zusätzlicher Pachtzins anzusehen und als Pachtzins voll abzugsfähig; beim Verpächter dagegen als Pachteinnahme zu versteuern. Nur der Verpächter kann als Abgabeschuldner den Pauschalabzug[76] in Anspruch nehmen. Übernimmt eine Kapitalgesellschaft intern einen Teil der Vermögensabgabe eines Gesellschafters, so ist die Vermögensabgabe bei der Gesellschaft als verdeckte Gewinnausschüttung nicht abzugsfähig; bei dem Gesellschafter sind die erfüllungsweise übernommenen Beträge Einkünfte aus Kapitalvermögen. Der Gesellschafter kann den Pauschalabzug geltendmachen[77]. Man geht hier berechtigt davon aus, daß die lediglich erfüllungshalber erfolgende Übernahme ihre wirtschaftliche Begründung in dem bestehenden Pachtverhältnis einerseits oder in der Gesellschaftereigenschaft andererseits hat. Daraus sind die steuerlichen Konsequenzen zu ziehen.

Die Erfüllungsübernahme schließt für die Betriebsteilung ein besonderes steuerliches Risiko ein, dem man nur dann begegnen kann, wenn

---

[76] § 211 LAG.

[77] Vgl. Ergebnis der FA-Besprechung beim BdF v. Juni 1953, B 1953, S. 661.

mit Rücksicht auf die erfolgende Übernahme der vereinbarte Pachtzins niedrig bemessen ist. Da jedoch häufig in der Doppelgesellschaft die Verpächtereigenschaft nicht von der Gesellschaftereigenschaft zu trennen ist, kann sehr leicht die Verwaltung zur Annahme einer verdeckten Gewinnausschüttung neigen, die zu erheblichen Steuerleistungen führt.

M. E. sollte in der Betriebsteilung von der Erfüllungsübernahme von Vermögensabgabebeträgen ganz abgesehen werden. Bei zu niedrigem Pachtzins, der eine Zahlung der Abgabe ohne Verminderung der Substanz nicht erlaubt, ist in erster Linie der Pachtzins zu überprüfen und, falls notwendig, zu korrigieren.

ag) Die Vereinbarungen über die Aufhebung der Spaltung

Das Pachtverhältnis innerhalb der Doppelgesellschaft weicht darin von den normalen Pachtverhältnissen ab, daß die Voraussetzungen für eine Verpachtung zuvor von der später als Verpächter auftretenden Grundgesellschaft durch die Gründung der Kapitalgesellschaft geschaffen werden. Bei Auflösung des Pachtvertrages würde die Rückgabe des verpachteten Anlagevermögens und der überlassenen Verträge die Grundgesellschaft noch nicht in die Lage versetzen, das Unternehmen weiterzubetreiben. Es fehlt ihr dann das zur Fortführung notwendige Umlaufvermögen, der von der Betriebsgesellschaft selbst geworbene Kundenstamm und die von dieser errichtete Organisation. Es ist also notwendig, auch die Voraussetzungen bei Rückführung des Betriebes gleichfalls aufzuheben.

Auf der anderen Seite ist im Zeitpunkt der Teilung noch nicht vorauszusehen, ob diese zu einem in der Zukunft liegenden Termin überhaupt und in welcher Form sie aufgehoben wird. Es sind Fälle denkbar, in denen die Spaltung durch Rückgliederung der Kapitalgesellschaft beseitigt wird, aber auch solche Fälle, in denen die Beseitigung durch Eingliederung der Grundgesellschaft in die Kapitalgesellschaft erfolgt.

Wenn nun auf der einen Seite bei Vertragsabschluß noch nicht feststeht, ob eine Rückgliederung überhaupt erfolgen wird, so zwingt das dazu, auch in den entsprechenden Vereinbarungen einen notwendigen Gestaltungsraum zu berücksichtigen. Die Grundgesellschaft hat aber auch aus wirtschaftlichen — und hier auch steuerlichen — Erwägungen ein Interesse daran, daß ihr bei erfolgender Rückgliederung nicht ungünstigere Bedingungen eingeräumt werden als sie sie selbst der Kapitalgesellschaft bei deren Gründung gewährt hat. Daraus ergibt sich die Notwendigkeit, überhaupt derartige Sicherungsbestimmungen in das Vertragswerk aufzunehmen.

Soweit Vermögenswerte von der Rückgliederung betroffen werden, sind die gleichen Wertmaßstäbe anzulegen, die auch bei der Einbringung zugrundegelegt wurden. In der Regel sind das die Buchwerte.

Vereinbarungen der hier besprochenen Form entsprechen nicht dem Wesen eines Pachtvertrages und sie sind ein Zeichen mehr dafür, daß es sich bei diesen Verträgen um gemischte Verträge handelt. In Doppelgesellschaften, die nebeneinanderlaufende Pachtverträge und Betriebsüberlassungsverträge haben, werden die Vereinbarungen regelmäßig in dem dafür geeigneten Betriebsüberlassungsvertrag getroffen. Man wird darin z. B. eine Abrede folgenden Inhaltes treffen[78]:

„Mit Beendigung des Pachtvertrages endet der Betriebsüberlassungsvertrag. Die Betriebsgesellschaft ist verpflichtet, auf Verlangen nach diesem Zeitpunkt den gesamten Betrieb mit allen dann bestehenden, sich auf den Betrieb beziehenden Verträgen, wie sie vorstehend von der Betriebsgesellschaft übernommen sind, sowie mit sämtlichen dann bestehenden Patenten, Lizenzen und Konzessionen und der etwaigen Fabrikationserlaubnis auf die Personengesellschaft zurückzuübertragen.

Die Betriebsgesellschaft ist weiter auf Verlangen verpflichtet, die bei Beendigung des Betriebsüberlassungsvertrages vorhandenen Werte des Umlaufvermögens, soweit diese zu dem zurückzuübertragenden Betrieb gehören, auf die Personengesellschaft zu Buchwerten zu übertragen. Macht die Personengesellschaft von ihrem Recht Gebrauch, so ist sie berechtigt und verpflichtet, diese zu Buchwerten der Betriebsgesellschaft, die nach den Grundsätzen ordnungsmäßiger Buchführung ermittelt sind, zu übernehmen; desgleichen in die Verpflichtungen der Betriebsgesellschaft, die auf dem zu übertragenden Betriebsvermögen ruhen, einzutreten, soweit diese die bei Vertragsabschluß übernommenen Vermögenswerte nicht überschreiten."

Steuerlich ist bei der Rückgabe des Vermögens zu Buchwerten an die Besitzgesellschaft eine verdeckte Gewinnausschüttung — beschränkt auf Vermögen in dem Umfang, wie es seinerzeit übertragen wurde — für den Fall nicht gegeben, wenn auch die voraufgehende Veräußerung zu Buchwerten erfolgte, da hier das Risiko des höheren oder niedrigeren Tagespreises auf beide Partner gleichmäßig verteilt ist[79].

ah) Die sonstigen Aufwendungen

Die mit den verpachteten Anlagen in Zusammenhang stehenden sonstigen Aufwendungen, wie z. B. Versicherungsprämien für die Feuer-, Haftpflicht-, Unfall- und Betriebsunterbrechungsversicherung, die Grundsteuer, Grundabgaben und Gebühren, werden zweckmäßig von der Betriebsgesellschaft getragen.

---

[78] Vgl. das im Anhang enthaltene Vertragsbeispiel.

[79] Vgl. auch *NN:* Verdeckte Gewinnausschüttung bei Aufgabe einer Betriebsteilung, GmbH-Rdsch. 1953, S. 210.

Die Übernahme dieser Aufwendungen durch die Betriebsgesellschaft erscheint aus dem Grunde vorteilhaft, weil man dann nicht bei großen Abweichungen, die den Aufwand erhöhen, gezwungen wird, den Pachtzins zu korrigieren. Eine Korrektur des Pachtzinses bereitet im Hinblick auf dessen steuerliche Anerkennung immer erhebliche Schwierigkeiten. Es würde dabei vor allem nachzuweisen sein, daß auch in Pachtverhältnissen unter Dritten wegen dieser Kostenverschiebungen eine Änderung des Pachtzinses durchgeführt wird.

Die Betriebsgesellschaft kann dagegen nicht verpflichtet werden, die reinen Personensteuern, wie Einkommensteuer und Kirchensteuer und die Vermögensteuer zu übernehmen.

Es kann wohl nach der Auffassung von *Schneider-Zartmann*[80] die Gewerbesteuer als Objektsteuer von der Betriebsgesellschaft getragen werden. M. E. erscheint es nicht ratsam, diese Steuer auf die Kapitalgesellschaft zu übertragen und damit die Steuerpflicht beider Gesellschaften zu vermengen. Eine solche Handhabung kann nur zur Folge haben, daß eine etwa übernommene Gewerbesteuer dem Pachtzins zugerechnet wird.

b) Der Pachtzins

Der von der Betriebsgesellschaft zu zahlende Pachtzins ist das Entgelt für die Fruchtziehung und den Gebrauch des von der Besitzgesellschaft verpachteten Vermögens. *Zartmann*[81] weist darauf hin, daß in der Besitz- und Betriebsgesellschaft der Bemessung des Pachtzinses „zentrale Bedeutung" zukommt. Insbesondere bei den aus steuerlichen Erwägungen gegründeten Doppelgesellschaften werden die Beteiligten bestrebt sein, unter Vermeidung der Doppelbesteuerung möglichst hohe Beträge in der Form von Pachtzahlungen und Geschäftsführergehältern von der Betriebsgesellschaft zu erlangen, wie sie aber auch auf der anderen Seite um eine Gestaltung bemüht bleiben, bei der die einkommensteuerliche Belastung der den Gesellschaftern der Besitzgesellschaft zufließenden Einkünfte im Durchschnitt die auf den Gewinnen der Betriebsgesellschaft ruhende Belastung nicht übersteigt. Ein so orientierter Pachtzins muß in den Fällen als auf die Dauer von recht fragwürdigem Wert angesehen werden, in denen diese Gestaltung sich nicht mit der deckt, die von betriebswirtschaftlichen Überlegungen getragen wird. Hier ist nach Ablauf einer gewissen Zeit regelmäßig festzustellen, daß ein so erlangter Steuervorteil sich recht negativ auf die Wirtschaftskraft einer der beiden Gesellschaften auswirken kann. Es ist falsch, den Pachtzins im Rahmen des bestehenden Ermessens auf jenen Betrag abzustellen, der im Augenblick das höchste Maß an steuerlichen Vorteilen gewährt; denn die sich ständig ändernde steuer-

[80] Familienunternehmen, S. 274.
[81] Der Pachtvertrag bei der Betriebsaufspaltung, NB 1952, S. 84.

liche Belastung durch Änderungen der Ertragsteuergesetze läßt diesen einmal errechneten Wert doch nur für einen begrenzten Zeitraum als den Absichten entsprechend erscheinen. Bei auftretenden Änderungen bleiben die Vertragsparteien jedoch an den einmal festgesetzten Wert gebunden.

Ein nach betriebswirtschaftlichen Grundsätzen gestalteter angemessener Pachtzins dagegen wird in der Regel einseitige Belastungen und Schädigungen vermeiden können. Darüber hinaus wird eine nach betriebswirtschaftlichen Grundsätzen orientierte Pacht auch die Möglichkeit geben, Steuern zu sparen, nur wird die Ersparnis jeweils in dem Umfang eintreten wie es die jeweiligen Steuergesetze erlauben.

Einen Zwang, einen betriebswirtschaftlich angemessenen Pachtzins zu vereinbaren, übt auch die Finanzverwaltung aus, da die Höhe des Pachtzinses ihrer Nachprüfung unterliegt[82]. Während bei Pachtverhältnissen unter Dritten der Vertrag die Vermutung für sich hat, daß Leistung und Gegenleistung einander entsprechen, können in so miteinander verbundenen Gesellschaften außerwirtschaftliche Gesichtspunkte, insbesondere solche persönlicher Art, die Bemessung der Pacht beeinflussen. Eine nach betriebswirtschaftlichen Grundsätzen ermittelte Pacht, wie sie auch unter Dritten vereinbart würde, findet auch steuerliche Anerkennung[83].

Zur Frage der Angemessenheit des Pachtzinses hat der BFH in einem neueren Urteil[84] Stellung genommen. Er führt darin aus:

„Die Rechtsprechung räumt der Willensentschließung der Gesellschafter bei der Gestaltung der Rechtsbeziehungen zu der von ihnen beherrschten Gesellschaft einen weiten Spielraum ein. Das gilt nicht nur hinsichtlich des Abschlusses schuldrechtlicher Verträge, sondern auch hinsichtlich der Höhe der Leistungen, sofern sie die Grenze des Angemessenen nicht übersteigen. Angemessen ist der Betrag, den die Gesellschaft auch einer gesellschaftsfremden Person für eine gleiche Leistung gewähren würde. Sind zunächst nur geringe Leistungen festgelegt worden, so kann die Gesellschaft sie nicht rückwirkend zugunsten des Gesellschafters beliebig erhöhen. Sonst könnte der Gewinn der Kapitalgesellschaft willkürlich so beeinflußt werden, wie es bei einer steuerlichen Gesamtbeurteilung des Einkommens der Gesellschaft und der Gesellschafter jeweils am günstigsten ist. Wenn die Rechtsprechung schuldrechtliche Verträge zwischen dem Gesellschafter und seiner Kapitalgesellschaft grundsätzlich anerkennt, so soll damit kein Freibrief für willkürliche Gewinnbeeinflussung gegeben werden."

---

[82] Vgl. RFH v. 18. 12. 1928, StW 1929, Nr. 195.

[83] So auch *Zartmann,* a.a.O., NB 1952, S. 84; *Böttcher,* StJ 1951, S. 132; *Brönner:* Die Besteuerung der Gesellschaften, 9. Aufl., S. 434.

[84] Urteil v. 31. 7. 1956, BStBl. 1956 III, S. 288.

Auf der anderen Seite aber ist es unzweifelhaft, „daß die angemessene Höhe des Pachtzinses sich nicht als ein zahlenmäßig feststehender Betrag darstellt, sondern als ein Rahmen, innerhalb dessen gesellschaftsfremde Vertragsparteien bei verständiger Würdigung der gesamten Umstände zum Abschluß kommen könnten“[85]. Ehe man sich aber der Frage der Bemessung der Pacht und der Art ihrer Berechnung zuwendet, erscheint es notwendig, sich zuvor Gedanken über den funktionalen Zusammenhang der Pacht im Gesamtvertrag zu machen.

ba) Die Formen des Pachtzinses

Die absolute Höhe der von der Betriebsgesellschaft an die Besitzgesellschaft als Pachtzins zu zahlenden Beträge ist abhängig von den im Vertrag getroffenen Leistungsvereinbarungen. Ein Bestandteil der Pacht ist die Verzinsung des verpachteten Vermögens. Zu dieser Verzinsung kann ein zweiter Bestandteil treten, der das Entgelt für die vom Verpächter zu tragenden auf das Pachtobjekt entfallenden Lasten darstellt. Das Pachtentgelt ist danach um so höher, je mehr Lasten der Verpächter trägt, und um so geringer, je weiter der Pächter sich verpflichtet, mit dem Pachtobjekt in Zusammenhang stehende Aufwendungen selbst zu tragen und zu entrichten. Insofern stehen die Leistungsvereinbarungen und der Pachtzins in einem funktionalen Zusammenhang.

Erhält die Besitzgesellschaft im Pachtentgelt lediglich die Verzinsung des verpachteten Vermögens vergütet, so bezeichnet man diese Pacht als Nettopacht. Enthält dagegen der Pachtzins auch Vergütungen für mit dem Pachtobjekt in Zusammenhang stehende Lasten, wie Abnutzungsentschädigung, Aufwendungsersatz, so ist diese Pacht eine Bruttopacht. Entsprechend der durch die verpachteten Anlagen verursachten Aufwandsarten können im Pachtzins alle Aufwendungen oder nur ein Teil derselben abgegolten werden. Der Brutto-Pachtzins kann sodann die einbezogenen Aufwendungen nach ihrem Anfall oder mit einem Pauschalbetrag abgelten.

Die Form des Pachtzinses ist durch die Art und den Umfang der Leistungsvereinbarungen festgelegt. Man kann auch nicht sagen, daß die eine oder andere Form bevorzugt wird, sondern die Aussage kann sich nur auf die Leistungsvereinbarungen selbst beziehen. Soweit ein Brutto-Pachtzins vereinbart ist, wird vorwiegend der Aufwendungsersatz auf die Vergütung der Abschreibungen nach ihrem tatsächlichen Anfall beschränkt. Man vermeidet dadurch mögliche Komplikationen bei der Umsatzsteuer, die bei dem weitere Aufwendungen umfassenden Brutto-Pachtentgelt noch zusätzlich entstehen können.

---

[85] *Herbert:* Das Steuerrecht der Unternehmung, Heft 61, Teil 1, S. 18.

Durch Berücksichtigung des tatsächlichen Anfalls dieser Aufwendungen innerhalb der Pacht statt der Abgeltung dieser Kosten durch einen Pauschalbetrag schützt man die Besitzgesellschaft vor unerwarteten Belastungen, die die Betriebsgesellschaft leichter zu tragen imstande ist.

bb) Die Bestimmung des Pachtzinses

Das Problem der zahlenmäßigen Bemessung des Pachtzinses bezieht sich auf den Teil, der als Verzinsung des vom Verpächter eingesetzten Kapitals anzusehen ist. Der in einer Brutto-Pacht enthaltene Bestandteil des Aufwendungsersatzes bereitet insofern keine Schwierigkeiten als hier die Vergütung nach dem Anfall der Aufwendungen eine brauchbare und zweckmäßige Bemessungsgrundlage ist. Dieser Teil ist lediglich ein additives Rechnungselement, das in jedem Zeitabschnitt in seiner Höhe neu zu erfassen und zur Berechnung der Gesamtpacht dem anderen Vergütungsbestandteil zuzurechnen ist. Es erübrigt sich daher, auf diesen additiven Bestandteil näher einzugehen.

Im Rahmen der Betriebsteilung wird zuweilen auch eine Vereinbarung getroffen, nach der bestimmte Vermögensteile, wie z. B. Patente, kostenlos von der Betriebsgesellschaft genutzt werden können. Für diese Absprachen sei lediglich vermerkt, daß sie grundsätzlich zulässig sind. Soweit jedoch der Umfang der unentgeltlichen Überlassung unangemessen hoch erscheint, kann der Tatbestand einer verdeckten Kapitalzuführung verwirklicht werden.

Die angemessene Grundpacht kann nur selten durch einen Vergleich mit anderen Verpachtungen festgestellt werden, da einerseits die Verpachtung von ganzen Unternehmungen oder Teilunternehmungen wenig gebräuchlich ist, so daß sich übliche Verkehrswerte wie bei einer Grundstückspacht nicht herausbilden konnten, und darüber hinaus jede Unternehmung unter besonderen, ihr eigenen Bedingungen arbeitet, die eine Übernahme von bekannten Werten nicht zulassen. In jedem Einzelfall ist der für den Betrieb zutreffende Pachtzins zu ermitteln, dem auch die Finanzverwaltung die Anerkennung dann nicht versagen wird, wenn die so ermittelte Pacht innerhalb des bestehenden Spielraumes der Angemessenheit liegt.

Die Grundpacht wird von den wirtschaftlichen Verhältnissen des Einzelbetriebs bestimmt. Das sind die Kosten und die Erträge[86]. Die Berechnung der Pacht kann sich somit einerseits auf die Kosten und andererseits auf die Erträge stützen. Die Grundsätze dieser Berechnungsarten seien im folgenden kurz aufgezeigt[87].

---

[86] *Hardach:* Die Bestimmung des Pachtzinses für Industriebetriebe, WT 1940, S. 89.

[87] Vgl. im einzelnen die Untersuchungen von *Hardach*, a.a.O., und *Krieger:* Die Verpachtung von Industriebetrieben, S. 131 ff.

bb 1. Die Bestimmung des Pachtzinses aufgrund der Kosten

Die Ermittlung der Grundpacht aufgrund der Kosten bezieht sich in der Berechnungsart auf die Verzinsung des von der Besitzgesellschaft zur Verfügung gestellten Pachtvermögens.

Der Verpächter wird als Pachtzins mindestens den Betrag erhalten wollen, der das in den verpachteten Anlagen gebundene Kapital verzinst. Der Pächter geht von der Überlegung aus, was er für die gepachteten Anlagen zu bezahlen hätte, wenn er sie nicht pachten, sondern kaufen würde. Man wird also einmal den Zins, zum anderen die Höhe des Pachtvermögens ermitteln.

Böttcher[88] sieht als übliche Verzinsung des eingesetzten Kapitals 6 bis 8 % an. *Herbert*[89] unterscheidet hinsichtlich der Verzinsung

1. Verträge, in denen die Abschreibungen und Erneuerungen zu Lasten des Verpächters gehen,
2. Verträge, nach denen sich die Pächterin zur laufenden Erhaltung und Erneuerung des Betriebs entsprechend dem jeweiligen Stand der technischen Entwicklung verpflichtet.

Er führt aus: „In dem Vertragsfall zu 1. wird der Verpächter sich in weitem Rahmen noch als im Wirtschaftsleben Beteiligter fühlen. Er wird sich keinesfalls mit einer Verzinsung kurzfristiger Bankspareinlagen und auch nicht mit Erträgen wie sie auf dem Aktienmarkt zu erzielen sind, zufriedengeben. In einer Zeit, in der achtprozentige Industrieobligationen aufgelegt werden, wird er auf eine geringere[90] Verzinsung im Regelfall nicht verzichten, im Hinblick auf den Verzicht auf hohe Gewinne wohl auch eine zwölfprozentige Verzinsung von einem fremden Pächter erhalten ...

Wesentlich andere Gesichtspunkte müssen bei dem zweiten Vertragstyp beachtet werden. Bei ihm übernimmt der Pächter viel weitergehende Verpflichtungen. Er trägt das gesamte Risiko der mit Neuinvestitionen zusammenhängenden Preissteigerungen und der durch einen bisweilen sprunghaften technischen Fortschritt drohenden Entwertung der Pachtanlagen. Der Verpächter ähnelt dem Kapitalrentner mit fundiertem Eigentum, wobei die Besonderheit lediglich in dem Umstand begründet ist, daß sein Vermögen die Grundlage einer guten Rentabilität ist. So wird man in diesen Fällen einen Rahmen für einen angemessenen Pachtzins annehmen dürfen, der nach unten bis zur Rentabilität auf dem Aktienmarkt und nach oben bis zur Rentabilität der Industrieanleihen reichen mag."

Man muß diesen Grundgedanken *Herberts* einerseits folgen, andererseits ist aber auch zu berücksichtigen, daß die Verzinsung der Wert-

---

[88] StJ 1952, S. 83 f.
[89] Das Steuerrecht der Unternehmung, Heft 61, Teil 1, S. 19.
[90] Gedacht ist wohl an eine „höhere" Verzinsung.

papiere, insbesondere in der Beziehung zu deren Kurswert, von mancherlei Faktoren abhängig ist, die bei den hier vorliegenden Pachtverhältnissen keinen Einfluß ausüben dürfen.

Einen weiteren Anhaltspunkt für die Angemessenheit des Zinssatzes können auch die Preisbildungsvorschriften für öffentliche Aufträge abgeben. Danach erhält der Auftragnehmer eine Verzinsung des betriebsnotwendigen Vermögens von 6,5 %, dazu einen Gewinn von 1,5 % des Vermögens und 1,5 % des Selbstkostenumsatzes. Wenn man bedenkt, daß die Selbstkostenumsätze bei Industriebetrieben in der Regel mindestens die Höhe des Kapitals erreichen, so ergäbe sich daraus eine Verzinsung von 9,5 %. In den Westfalenrichtlinien war die Höhe des Gewinnsatzes nach dem Kapitalumschlag gestaffelt. Es kann angebracht sein, auch diese Prozentsätze in die Betrachtungen einzubeziehen, indem man nämlich von der Ziffer ausgeht, die sich bei Anwendung der Richtlinien vor der Aufspaltung ergeben haben würde und die Tatsache, daß die Besitzgesellschaft nunmehr eine Tätigkeit ausübt, die mit geringerem Risiko behaftet ist, durch entsprechende Abschläge berücksichtigt.

Innerhalb des hier aufgezeigten Rahmens wird der angemessene Zinssatz für die Verpachtung liegen. Es ist selbstverständlich, daß daneben die besonderen Umstände des Einzelfalls durch Zu- und Abschläge berücksichtigt werden können.

Bei der Bestimmung des Pachtvermögens geht der Pächter davon aus, daß dieses auf der Höhe des Betrages liegt, den er zum Erwerb der für seine Zwecke geeigneten Vermögensgegenstände unter Berücksichtigung der bereits erfolgten Abnutzungen im Zeitpunkt des Vertragsabschlusses aufzuwenden hätte. Das ist die Summe der Zeitwerte der Pachtanlagen. Da der Pächter vom Verpächter vorgenommene Fehlinvestitionen nicht zu vertreten hat, ist es gerechtfertigt, bei unzweckmäßig errichteten Anlagen nicht von dem Zeitwert der tatsächlich vorhandenen Anlagen, sondern von dem Zeitwert des betriebsnotwendigen Teils der Anlagen auszugehen. Wenn die nicht notwendigen Pachtgegenstände bereits bei der Abgrenzung des Pachtvermögens ausgeschieden sind, können an dieser Stelle Zeitwertabschläge z. B. für zu große Gebäude und Maschinen vorgenommen werden.

Da die Betriebsgesellschaft das Unternehmen der Besitzgesellschaft fortführt und die geschaffene Organisation, den Kundenstamm übernimmt, ist auch der Betrag dem Pachtvermögen hinzuzurechnen, den sie für die Werbung der Kunden, die Erstellung der Organisation aufzuwenden hätte[91]. Sie erspart diese Aufwendungen, die ein anderer

---

[91] Vgl. *Herbert:* Das Steuerrecht der Unternehmung, Heft 61, Teil 1, S. 19; *Zartmann:* Der Pachtvertrag bei der Betriebsaufspaltung, NB 1952, S. 85.

Pächter mit lediglich gepachteten körperlichen Anlagen zum Aufbau eines eigenen Unternehmens machen muß. Da dieser Betrag nicht nachrechenbar ist und durch Vergleiche nicht ermittelt werden kann, ist man auf Schätzungen angewiesen.

bb 2. Die Bestimmung des Pachtzinses aufgrund der Erträge

Hardach[92] beschreibt die Überlegungen, die bei dieser Berechnungsmethode von Verpächter und Pächter angestellt werden, zutreffend wie folgt:

„Durch die Verpachtung der Anlage gibt der Verpächter die Erträge auf, die ihm in Zukunft bei eigener Bewirtschaftung zugeflossen wären. Er wird also als Pachtzins ungefähr den Betrag fordern, den er bei eigener Bewirtschaftung als Ertrag erzielen würde. Da er aber in Zukunft nicht mehr seine Arbeitskraft dem Unternehmen zur Verfügung stellt, da er ferner nicht mehr die üblichen Geschäftsrisiken trägt und auch kein eigenes Betriebskapital mehr in das Unternehmen steckt, wird er die hierfür anzusetzenden Beträge von den Zukunftserträgen abziehen müssen.

Auch der Pächter wird die Frage nach den zukünftigen Erträgen stellen; denn nur aus den Zukunftserträgen kann er den Pachtzins bezahlen, und zwar nach Abzug derjenigen Beträge, die er für seine Arbeitskraft, sein Betriebskapital und sein Geschäftsrisiko anrechnen muß."

Die zukünftig nachhaltig erzielbaren Erträge kann man entweder aufgrund der Erträge der Vergangenheit, der Erträge von vergleichbaren Betrieben oder aufgrund einer Schätzung ermitteln.

In der Betriebsaufspaltung ist bei der Bestimmung des Pachtzinses aufgrund der Erträge danach noch zu berücksichtigen, daß die Besitzgesellschaft im Zuge der Aufspaltung Vermögen in die Betriebsgesellschaft einbringt und daß sich dadurch die Ertragsverhältnisse verschieben, da ihr ja bei Fortführung des Unternehmens nicht mehr das Kapital in dem bisher vorhandenen Umfang zur Verfügung steht. Sie hat also auch keinen Anspruch auf den ermittelten Zukunftsertrag des Gesamtunternehmens, sondern nur auf den Teil, den sie mit dem ihr verbleibenden Vermögen würde anteilig erzielen können. Es ist eine Aufteilung des ermittelten zukünftigen Gesamtertrages erforderlich.

Die Aufteilung nach dem Verhältnis der Eigenkapitalien ist m. E. nur ein grober Aufteilungsmaßstab. Es ist notwendig, gerade hier die Besonderheiten der Finanzierung des Vermögens zu beachten. Die Personenunternehmung hat u. U. einen hohen Gesamtertrag dadurch erzielt, daß sie sich günstige Finanzierungsquellen erschlossen hat,

---

[92] Die Bestimmung des Pachtzinses für Industriebetriebe, WT 1940, S. 92.

z. B. durch geschicktes Disponieren mit zinslosen Lieferantenkrediten, durch Aufnahme günstiger Bankkredite. Sie wird also auch den Ertrag ganz oder teilweise beanspruchen, der auf diese Kapitalien unter Abzug der dafür aufzuwenden Kosten entfällt; bei den Lieferantenkrediten den gesamten Ertragsanteil von der Kredithöhe, die zur Aufrechterhaltung des Betriebes notwendig ist, bei Bankkrediten aber wird man Abschläge machen müssen für das später den Pächter belastende Zinsrisiko, indem nämlich der Marktzins sinkt, der vertraglich vereinbarte Zins aber unverändert bestehen bleibt.

Diese Methode führt zu einer anderen, der Ertragsleistung besser entsprechenden Aufteilung. Wird z. B. das Gesamtkapital eines Personenunternehmens wie folgt aufgeteilt:

	Personenunternehmen	Doppelgesellschaft
	Besitzgesellschaft	
Eigenkapital	800 000,—	500 000,—
Investitionskredit	200 000,—	200 000,—
	Betriebsgesellschaft	
Eigenkapital	—	300 000,—
Lieferantenkredit	700 000,—	700 000,—
Bankkredit	300 000,—	300 000,—
	2 000 000,—	2 000 000,—

und beträgt der aufzuteilende Ertrag des Gesamtunternehmens 160 000,— DM, so würden bei Aufteilung nach dem Verhältnis der Eigenkapitalien auf die Besitzgesellschaft mit einem Kapital von 500 000,— DM als Ertragsanteil 100 000,— DM, auf die Betriebsgesellschaft mit einem Kapital von 300 000,— DM als Ertragsanteil 60 000,— entfallen.

Geht man aber nach der Art der Finanzierung vor und unterstellt, daß der Investitionskredit und der Bankkredit mit 8 % verzinst werden, so entfallen auf die einzelnen Kapitalpositionen unter Abzug der dafür aufgewendeten Zinsen folgende Ertragsanteile:

Besitzgesellschaft		Ertragsanteil
Eigenkapital	500 000,—	50 000,—
Investitionskredit	200 000,—	4 000,—
Betriebsgesellschaft		
Eigenkapital	300 000,—	30 000,—
Lieferantenkredit	700 000,—	70 000,—
Bankkredit	300 000,—	6 000,—
	2 000 000,—	160 000,—

Die Besitzgesellschaft erhält dann die Ertragsanteile vom:

Eigenkapital	500 000,—	Ertragsanteil	50 000,—
Investitionskredit	200 000,—	Ertragsanteil	4 000,—
Lieferantenkredit	700 000,—	Ertragsanteil	70 000,—
und einen Teil z. B 50 % d. Ertrags v. Bankkredit	300 000,—	Ertragsanteil	3 000,—
			127 000,—

Die Besitzgesellschaft wird danach statt 100 000,— DM, wie bei der ersten Methode, nun 127 000,— DM beanspruchen können.

bb 3. Die Bestimmung des Pachtzinses aufgrund des Substanzwertes und des Ertragswertes

Die dritte Methode der Pachtzinsbestimmung vereinigt in sich die Elemente der Kosten- und Ertragspacht. Sie stützt sich auf die Bewertung einer Unternehmung im Ganzen.

Der bei der Kostenpacht ermittelte Substanzwert wird dem Ertragswert gegenübergestellt, der auf der Grundlage der branchenüblichen Verzinsung ermittelt wird. Das Mittel aus Substanzwert und Ertragswert ergibt in der Regel einen angemessenen und zuverlässigen Wert für das materielle und immaterielle Pachtvermögen, auf den die übliche Verzinsung bezogen werden kann. Man wird die übliche Verzinsung weder allein auf den Substanzwert noch allein auf den Ertragswert beziehen können, da auch bei einem Verkauf des Unternehmens einerseits Ertragswertteile, sofern ein Ertragswert vorhanden ist, vergütet werden, andererseits aber eine volle Vergütung des Ertragswertes in der Regel bei einem Käufer nicht durchzusetzen ist.

Auch bei dieser Methode sind Korrekturen notwendig, welche die Einbringung von Vermögen in die Betriebsgesellschaft entsprechend berücksichtigen; insbesondere wird das Augenmerk darauf zu richten sein, ob der Firmenwert vertraglich in die Betriebsgesellschaft eingebracht oder dieser lediglich verpachtet wird.

bc) Die fixe und die variable Pacht

Die Vereinbarungen zwischen der Besitzgesellschaft und der Betriebsgesellschaft können vorsehen, daß jährlich ein in absoluter Höhe gleichbleibender Betrag oder ein in Abhängigkeit von einer sich verändernden Bezugsgrundlage stehender Betrag als Pacht gezahlt wird.

Die in absolut gleichbleibender Höhe zu zahlende Pacht ist eine fixe Pacht. Sofern der Umfang des verpachteten Vermögens keine Änderung erfährt, die eine Neufestsetzung der Vergütung rechtfertigt, ist sie in der bei Vertragsbeginn festgelegten Höhe zu entrichten. Die fixe Pacht hat den Nachteil, daß sie einerseits die Fixkostenbelastung der Betriebsgesellschaft erhöht und andererseits den Verlauf ihrer Kosten und Erträge nicht berücksichtigt. So wird die Betriebsgesellschaft ohne Rücksicht auf die Ertragslage in gleichbleibender Höhe belastet, wie andererseits der Besitzgesellschaft ein Anteil an evtl. erzielten Mehrgewinnen versagt ist.

Die variable Pacht wird in einer gleichbleibenden oder sich verändernden Einheit einer variierenden Bezugsgrundlage ausgedrückt. In der Regel wird als Einheit ein Prozentsatz festgelegt, wenn die Bezugsgrundlage in Werten ausgedrückt wird, oder aber, bei mengenmäßiger Bezugsgröße, in Werten. Die variable Pacht trägt betriebswirtschaftlichen Grundsätzen besser Rechnung, indem sie Gelegenheit gibt, dem Druck der unbedingten Fixkosten in der Betriebsgesellschaft auszuweichen und sich in einem mehr oder minder begrenzten Umfang deren Ertragslage und Ertragsmöglichkeiten anzupassen.

bc 1. Die Bezugsgrundlagen der variablen Pacht

Als Bezugsgrundlagen von wirtschaftlichem Wert bieten sich das Pachtvermögen, der Ertrag der Betriebsgesellschaft und der Umsatz, gemessen in Mengen und Werten, an. Man geht auch hier von der nach den oben beschriebenen Methoden ermittelten Pacht aus, die unter normalen Verhältnissen als Durchschnittspacht entrichtet werden soll. Dieser Betrag wird in Beziehung zu einer Bezugsgröße gesetzt. Als Ausgangswert der Bezugsgröße wird der vorhandene Wert beim Pachtvermögen und der Normalwert bei den übrigen Bezugsgrößen gewählt, von dem man annimmt, daß dieser zukünftig von der Betriebsgesellschaft im Durchschnitt erreicht wird.

Das Pachtvermögen

Das Pachtvermögen ist die Bezugsgröße, die sich innerhalb der gegebenen Bezugsgrößen der variablen Pacht am wenigsten an den Kosten- und Ertragsverlauf der Betriebsgesellschaft anpassen kann. Der Funktionszusammenhang besteht lediglich darin, daß mit einer Mehrung des Pachtvermögens der Umfang der möglichen Nutzung sich erweitert, ohne daß die tatsächliche Nutzung berücksichtigt wird, so daß auch für eine nicht ausgenutzte Kapazität die Pacht zu entrichten ist. Auftretende Schwankungen im Pachtvermögen können aus Änderungen der Substanz und der Zeitwerte herrühren. Mehrungen und Minderungen der Substanz durch den Verpächter sind in der Bezugsgröße zu berücksichtigen. Entgegen der von *Böttcher*[93] vertretenen Ansicht wird der Firmenwert nur dann nach Ablauf einer gewissen Zeit auszuscheiden sein, wenn dieser ohne Ersatzverpflichtung zum V e r b r a u c h überlassen wurde. Auf der anderen Seite erscheint es wirtschaftlich nicht begründet, solche Vermögensmehrungen oder -minderungen in der Bezugsgröße sich auswirken zu lassen, die aus einer von der Betriebsgesellschaft übernommenen Substanzerhaltungspflicht herrühren, denn in einem Pachtvertrage unter Dritten würde ein fremder Pächter sich kaum verpflichten, zu der Belastung durch erhöhte Anschaffungskosten auch die Mehrbelastung aus der darauf entfallenden Pacht zu übernehmen, und ein fremder Verpächter würde wenig geneigt sein, Preissenkungen gegen sich gelten zu lassen,

---

[93] StJ 1953, S. 80 f., der das Schwinden des Firmenwertes für den Besteuerungstatbestand der Kapitalverkehrsteuer herausstellt.

für die der Pächter ein ausreichendes Äquivalent in den gesunkenen Wiederbeschaffungspreisen erhält. Für die bei Pachtbeginn vorhandene Substanz erscheint es daher in diesem Falle zweckmäßig, den ermittelten Zeitwert beizubehalten.

Trägt dagegen der Verpächter die Erneuerungslast, so können neben den echten Substanzveränderungen auch die Verschiebungen der Zeitwerte für die bei Pachtbeginn vorhandene Substanz berücksichtigt werden. Hier finden verminderte Pachteinnahmen ihren Ausgleich in der Minderung des zur Erhaltung notwendigen Kapitals, und Erhöhungen des Kapitaleinsatzes bedingen höhere Pachtzinsen.

Der Ertrag der Betriebsgesellschaft

Es muß hier der Vollständigkeit halber darauf hingewiesen werden, daß in der Betriebsteilung der Ertrag aus steuerlichen Gründen nicht als Bezugsbasis der Pacht gewählt werden kann. Der Ertrag würde betriebswirtschaftlich die geeignetste Grundlage der Bemessung sein, indem der Besitzgesellschaft ein gewisser Ertragsanteil eingeräumt wird. Die zu zahlende Pacht würde sich an den tatsächlich erzielten Erträgen orientieren und so das jeweils für die Betriebsgesellschaft tragbare Maß der Belastung einhalten.

Die Bindung der zu zahlenden Pacht an den Ertrag der Betriebsgesellschaft ist jedoch eine Gewinnverteilungsabrede, der in sinngemäßer Anwendung der von der Finanzverwaltung für die Betriebs- und Vertriebsgesellschaften entwickelten Grundsätze auch für die Besitz- und Betriebsgesellschaft die steuerliche Anerkennung zu versagen ist[94]. Der Finanzminister von Nordrhein-Westfalen führt in seinem Erlaß vom 26. Januar 1950[95] aus, daß bei diesen Verteilungsabreden die von beiden Gesellschaften erzielten Gewinne am Schluß eines Geschäftsjahres zusammengerechnet und dann nach einem besonderen Schlüssel verteilt werden und daß derartige Gewinnpoolungsverträge steuerlich grundsätzlich nicht anzuerkennen sind. Tatsächlich beruhen solche Gewinnverteilungsabreden zwischen Gesellschaften, die in Personalunion miteinander verbunden sind, überwiegend auf persönlichen Gründen, die durch ein vorgegebenes wirtschaftliches Motiv verdeckt werden. Die Verteilungsabreden sind in ihrer wirtschaftlichen Begründung nur schwer nachprüfbar. Es besteht somit die Möglichkeit, verdeckt persönliche Motive einzuschieben. Die Finanzverwaltung sieht darin einen Anlaß, der Gewinnpoolung im Bereich der engen Gesellschaften generell die steuerliche Anerkennung zu versagen.

---

[94] Vgl. *Brönner:* Die Besteuerung der Gesellschaften, 9. Aufl., S. 451; *Pleiß:* Steuerliche Probleme der Gesellschaftsformen, B 1950, S. 258.

[95] Abgedruckt in *Herbert:* Das Steuerrecht der Unternehmung, Heft 61, Teil 8, S. 1 f., StBl. 1950, S. 46.

Der Umsatz der Betriebsgesellschaft

Der Umsatz der Betriebsgesellschaft bietet als Bezugsgröße der Pachtbemessung die größten Möglichkeiten, betriebswirtschaftliche Erkenntnisse über den Kosten- und Ertragsverlauf zu berücksichtigen und die Höhe der Pacht diesem anzupassen. Eine vollkommene Anpassung in mathematischer Genauigkeit an die Kosten und Erträge ist allein deshalb schwer zu verwirklichen, weil die Pacht im voraus in ihren Berechnungselementen fixiert wird und diese Vorausschau von den später verwirklichten Tatbeständen in einem gewissen Umfang abweichen kann. Andererseits ist gerade in der Betriebsteilung darauf zu achten, daß diese Anpassung sich im Rahmen der verkehrsüblichen Vereinbarungen hält und nicht im Grunde zu einer Ertragsbeteiligung sich gestaltet, der steuerlich die Anerkennung versagt würde. Das gilt insbesondere für die nachträgliche Festsetzung der Bezugsgrundlage und der darauf anzuwendenden Pachteinheiten, die die höchstmögliche Angleichung gestatten, der aber als nachträglicher Abrede die Anerkennung verweigert wird[96]. Die Anpassung muß sich daher darauf beschränken, den Funktionszusammenhang des Umsatzes und der Kostenentwicklung in der Bezugsgröße und in der Einheit zum Ausdruck zu bringen.

Die unkomplizierteste Form ist die Vereinbarung, nach der die Betriebsgesellschaft einen gleichbleibenden Prozentsatz ihres Umsatzes an die Besitzgesellschaft als Pacht zu entrichten hat. Der betriebswirtschaftliche Sinn dieser Bestimmung ist darin zu sehen, daß innerhalb einer bestimmten Kapazitätszone bei steigenden Umsätzen der Gesamtgewinn sich erhöht und die Betriebsgesellschaft dann in der Lage ist, eine absolut höhere Pachtsumme zu entrichten.

Die Steigerung des Gesamtertrages ist betriebswirtschaftlich an Abschnitte gleichbleibender Kapazität gebunden. Innerhalb dieses Abschnittes wird das Maß des Ertragszuwachses sich bei steigenden Umsätzen verändern. Das hängt von der Ausnutzung der Kapazität ab, ob nämlich die Kosten sich degressiv oder progressiv verhalten. Auf dieser Basis sind mancherlei Abwandlungen der Pachtfestsetzung möglich. Es kann daher im Einzelfall von einer bestimmten Umsatzhöhe an eine steigende oder fallende Umsatzbeteiligung verabredet werden, die zu einer auf einen Mindestumsatz bezogenen gleichbleibenden Beteiligung tritt.

Bei Produktionsbetrieben ist es üblich, vom Wert der verkauften Erzeugnisse, d. h. vom Umsatz, auszugehen. Bei Abbaubetrieben insbesondere finden auch die Mengen der verkauften Einheiten als Be-

[96] Vgl. BFH v. 31. 7. 1956, BStBl. 1956 III, S. 288; RFH v. 9. 5. 1933, RStBl. 1933, S. 999; v. 8. 10. 1931, RStBl. 1931, S. 966; v. 17. 2. 1932, RStBl. 1932, S. 474, nach denen privatrechtliche Abreden über die Rückwirkung von Verträgen allgemein steuerlich unbeachtlich sind.

zugsgrößen Verwendung, auf die die Pacht in Werteinheiten, z. B. 1,— DM pro Tonne, bezogen wird.

bc 2. Die Kombination von fixen und variablen Pachtbestandteilen

Die zu entrichtende Gesamtpacht soll den Gegebenheiten des Einzelfalles angepaßt werden. Dabei kann die Kombination von fixen Pachtteilen mit variablen Teilen oder, bei variabler Pacht, die Bindung an zwei oder mehrere Bezugsgrößen den besonderen Verhältnissen des Einzelfalls durchaus Rechnung tragen. Es ist sodann weiter möglich, die aus der Kombination sich ergebenden Pachtbestandteile unter entsprechender Kürzung der Einzelsätze nebeneinander laufen zu lassen, oder aber eine Bezugsgröße für die Berechnung zugrundezulegen mit der Maßgabe, daß die darauf berechnete Pacht einen auf anderer Basis errechneten Mindestbetrag übersteigen muß.

Für diese Möglichkeiten seien einige Beispiele angeführt. Danach kann der Pachtvertrag vorsehen, daß die Betriebsgesellschaft als Pacht zu entrichten hat:

1. einen festen Betrag zuzüglich eines Prozentwertes vom Pachtvermögen, wie z. B. 300 000,— DM zuzüglich 3 % vom gepachteten Vermögen;
2. einen festen Betrag zuzüglich eines gleichbleibenden, steigenden oder fallenden Prozentwertes vom Umsatz; wie z. B. 300 000,— DM zuzüglich 1 % des Umsatzes;
3. einen Prozentsatz vom Vermögen oder einen gleichbleibenden, steigenden oder fallenden Prozentwert vom Umsatz, mindestens jedoch einen festen Betrag, wie z. B. 1 % des Umsatzes, mindestens jedoch 300 000,— DM;
4. einen Prozentwert vom Pachtvermögen zuzüglich eines gleichbleibenden, steigenden oder fallenden Prozentwertes vom Umsatz, wie z. B. 3 % des Pachtvermögens, zuzüglich 0,5 % des Umsatzes;
5. einen gleichbleibenden, steigenden oder fallenden Prozentwert vom Umsatz, mindestens jedoch einen Prozentwert des Pachtvermögens, wie z. B. 1 % des Umsatzes, mindestens jedoch 3 % des Pachtvermögens.

Es gibt zahlreiche Variationsmöglichkeiten, und die Beteiligten müssen ihre vordringliche Aufgabe darin sehen, die für ihren Betrieb zutreffende zu finden. Der Vorteil der Kombinationsmöglichkeiten liegt darin, daß der Besitzgesellschaft eine Mindestpacht zugesichert wird, die sie in die Lage versetzt, ihren sonstigen Verpflichtungen nachzukommen und daß sie auf der anderen Seite an einer Geschäftsausweitung der Betriebsgesellschaft durch entsprechend höhere Pachteinnahmen beteiligt wird.

C. Probleme der laufenden Besteuerung der Besitz- und Betriebsgesellschaft in Einzelsteuergesetzen

Die Besitz- und Betriebsgesellschaft ist in dem Zeitpunkt der handelsregisterlichen Eintragung der betriebführenden Kapitalgesellschaft, des Abschlusses der Verträge und der Übernahme des Unternehmens wirksam errichtet. In diesem Zeitpunkt endet der gestaltende Einfluß der Beteiligten in der Weise, daß von nun an keine neuen, in der Konstruktion und im Vertragswerk liegenden Rechtstatbestände mehr geschaffen werden, sondern daß die bis dahin errichteten Grundlagen sich nunmehr in Besteuerungstatbeständen fortlaufend kristallisieren.

Die einsetzende nachhaltige Betätigung der Betriebsgesellschaft wirft eine Reihe von Zweifelsfragen auf, die durch die besondere Art dieser Konstruktion und in der Vertragsgestaltung begründet sind und die sachlich auf dem Gebiet der Einkommensteuer, Gewerbesteuer, Umsatzsteuer und Vermögensteuer hervortreten[1].

I. Einkommensteuer

1. Die Einkunftsarten des Einkommensteuerrechts

Umstritten ist in der Betriebsaufspaltung die Frage, welche Tätigkeit die Besitzgesellschaft ausübt und aus welcher Einkunftsart sie ihre Einkünfte erzielt.

Das Einkommensteuergesetz unterscheidet im § 2 sieben Einkunftsarten, und zwar:

1. Einkünfte aus Land- und Forstwirtschaft.
2. Einkünfte aus Gewerbebetrieb.
3. Einkünfte aus selbständiger Arbeit.
4. Einkünfte aus nichtselbständiger Arbeit.
5. Einkünfte aus Kapitalvermögen.
6. Einkünfte aus Vermietung und Verpachtung.
7. Sonstige Einkünfte im Sinne des § 22 EStG.

Die Einkunftsart wird nach der Art der ausgeübten Tätigkeit festgestellt.

Bei der Eingruppierung der Tätigkeit der Besitzgesellschaft in das System des Einkommensteuerrechts können als mögliche und zutref-

[1] Auf den umstrittenen Kostencharakter von Steuern kann im Rahmen dieser Untersuchung nicht eingegangen werden.

fende Einkunftsarten nur die aus „Gewerbebetrieb“ oder aus „Vermietung und Verpachtung“ angesehen werden; alle übrigen scheiden aus.

Das wirtschaftliche Interesse, zu einer zutreffenden Beurteilung zu gelangen, ob Einkünfte aus Gewerbebetrieb oder solche aus Vermietung und Verpachtung vorliegen, folgt nicht so sehr aus dem Einkommensteuerrecht selbst als vielmehr aus den Fernwirkungen, die von der einkommensteuerlichen Beurteilung auf die Anwendung anderer Steuergesetze, insbesondere des Gewerbesteuergesetzes ausstrahlen.

2. Die gewerbliche Tätigkeit und der Gewerbebetrieb

Gewerbebetrieb ist nach § 7 StAnpGDV „eine selbständige nachhaltige Betätigung, die mit Gewinnabsicht unternommen wird und sich als Beteiligung am allgemeinen wirtschaftlichen Verkehr darstellt, wenn die Betätigung weder als Ausübung von Land- und Forstwirtschaft noch als Ausübung eines freien Berufs noch als eine andere selbständige Arbeit im Sinne des Einkommensteuerrechts anzusehen ist. Die Gewinnabsicht (das Streben nach Gewinn) braucht nicht der Hauptzweck der Betätigung zu sein. Ein Gewerbebetrieb liegt, wenn seine Voraussetzungen im übrigen gegeben sind, auch dann vor, wenn das Streben nach Gewinn (die Gewinnabsicht) nur ein Nebenzweck ist.“

Begriffswesentlich für den Gewerbebetrieb sind danach Selbständigkeit, Nachhaltigkeit, Beteiligung am allgemeinen wirtschaftlichen Verkehr und das Gewinnstreben.

Eine selbständige Tätigkeit ist dann gegeben, wenn diese auf eigene Rechnung und Gefahr ausgeübt wird[2]. Die Nachhaltigkeit setzt die Absicht voraus, die Geschäfte, die den Gegenstand der Tätigkeit bilden, bei sich bietender Gelegenheit zu wiederholen und aus der ständigen Wiederholung eine Erwerbsquelle zu machen[3]. Das Wesen der Beteiligung am allgemeinen wirtschaftlichen Verkehr liegt in der Ausdehnung der Tätigkeit auf eine unbestimmte Anzahl von Personen, die sich im Grenzfall auf eine einzige Person beschränken kann. Als Merkmal der Beteiligung kann auch die für Dritte erkennbare Absicht, ein Gewerbe zu betreiben, angesehen werden, die sich in verschiedenen nach außen wirkenden Handlungen offenbart[4]. Die Absicht, Gewinne zu erzielen, braucht nicht bei jeder einzelnen Erwerbshandlung vorzuliegen, es genügt vielmehr, wenn ein Gewinn erstrebt wird, d. h. daß die Betriebsführung darauf gerichtet ist, Überschüsse zu erzielen[5].

---

[2] *Blümich-Falk*, Kom. EStG, S. 541.
[3] *Derselbe*, S. 542.
[4] S. 540.
[5] S. 545.

Für die Zuordnung einer Tätigkeit zur gewerblichen Tätigkeit ist somit nicht deren Form, sondern deren sachlicher Inhalt maßgebend. Dieses Merkmal ist insbesondere für die vom Einkommensteuerrecht erfaßten Handelsgesellschaften maßgebend; denn insoweit folgt das Einkommensteuerrecht dem Handelsrecht nicht. Wenn nach § 6 HGB die Handelsgesellschaften kraft ihrer Rechtsform Kaufleute sind, so ist das unter dieser Rechtsform betriebene Gewerbe als Handelsgewerbe anzusehen, und zwar selbst für den Fall, daß die Gesellschaft mangels einer gewerblichen Betätigung nicht als Handelsgesellschaft hätte eingetragen werden dürfen[6]. Da aber steuerlich der sachliche Inhalt der Betätigung maßgebend ist, ist die Rechtsform nicht entscheidend[7]. Es müssen danach Handelsgesellschaften steuerlich nicht a priori einen Gewerbebetrieb betreiben, und es müssen somit nicht die erzielten Einkünfte notwendig solche aus Gewerbebetrieb sein.

3. Die Vermietung und Verpachtung

Zu den Einkünften aus Vermietung und Verpachtung rechnen Einkünfte aus der Verpachtung von unbeweglichem Vermögen, insbesondere von Grundstücken, Gebäuden, Gebäudeteilen[8] und von Sachinbegriffen, insbesondere von beweglichem Betriebsvermögen[9].

Zu den Einkünften aus Vermietung und Verpachtung rechnen nicht solche Einkünfte, die zwar aus der Verpachtung der bezeichneten Gegenstände erzielt werden, die aber zu anderen Einkunftsarten gehören und somit diesen zuzurechnen sind[10]. Diese Negativklausel zeigt, daß im Rahmen einer Verpachtung Einkünfte anfallen können, die steuerlich nicht als „Einkünfte aus Vermietung und Verpachtung", sondern als Einkünfte anderer Einkunftsarten anzusehen sind.

Einkünfte aus Verpachtungen sind den gewerblichen Einkünften zuzurechnen, wenn die Verpachtung im Rahmen eines Gewerbebetriebes erfolgt, oder aber, wenn die Verpachtung selbst eine gewerbliche Tätigkeit darstellt. Die Verpachtung von Grundstücken, Gebäuden und Sachinbegriffen ist nicht ohne weiteres eine gewerbliche Tätigkeit, es müssen „besondere Umstände" hinzutreten, die den gewerblichen Charakter der Tätigkeit erkennen lassen[11]. Der RFH nimmt in der Entscheidung VI 172/37 vom 15. Juni 1938[12] zur Frage der Abgrenzung der Vermietung und Verpachtung vom Gewerbebetrieb Stellung:

---

[6] S. 552.
[7] Vgl. auch Herrmann-Heuer, Kom. EStG, S. E 883.
[8] § 21 Abs. 1 Ziff. 1 EStG.
[9] Ziff. 2.
[10] § 21 Abs. 3 EStG.
[11] S. *Blümich-Falk,* Kom. EStG, S. 700.
[12] RFH Bd. 44, S. 152.

„Allerdings ist die Nutzbarmachung von Grundstücken durch Vermietung und Verpachtung in der Regel kein Gewerbe, und zwar auch dann nicht, wenn es sich um die Vermietung und Verpachtung gewerblicher Räume handelt. Auch darin ist der Bfin beizutreten, daß die Größe des Unternehmens und die Anzahl der Mieter allein keine andere rechtliche Beurteilung bedingen. Auch der Eigentümer zahlreicher großer Miethäuser mit vielen Mietern kann nicht ohne weiteres als Gewerbetreibender angesehen werden. Es müssen besondere Umstände hinzutreten, die der Tätigkeit des Grundstückseigentümers die Eigenschaft einer gewerblichen Tätigkeit verleihen. So hat der Senat ausgesprochen, daß bei der Schaffung von umfangreichen Anlagen mit der Absicht, sie zu vermieten, die spekulative Absicht stark in den Vordergrund treten kann. Auch kann die Verwaltung eines großen Hausbesitzes namentlich dann, wenn ein ständiger und schneller Wechsel der Vermietung stattfindet, eine Tätigkeit erfordern, die über das Maß der sonst bei den üblichen langfristigen Vermietungen erforderlichen Tätigkeit und somit über den Rahmen einer reinen Vermögensverwaltung hinausgeht. In solchen Fällen, wo die Vermietungstätigkeit nachhaltig und berufsmäßig ausgeübt wird, beteiligt sich der Grundeigentümer wie ein Kaufmann, der Waren zum Verkauf stellt, auch nach außen erkennbar am wirtschaftlichen Verkehr. Beteiligung am wirtschaftlichen Verkehr ist neben der Selbständigkeit und Nachhaltigkeit der Betätigung und der Gewinnerzielungsabsicht nach der ständigen Rechtsprechung des RFH und des PrOVG, dessen Begriffsbestimmung für den Gewerbebetrieb sich der RFH im wesentlichen angeschlossen hat, eines der wesentlichen Merkmale des Gewerbebetriebs."

Die Zurechnung von Einkünften aus Vermietung und Verpachtung zu den Einkünften aus Gewerbebetrieb ist Tatfrage, sie ist nach den besonderen Umständen und Gegebenheiten des Einzelfalls zu beurteilen.

4. Die steuerliche Beurteilung der Tätigkeit der Besitzgesellschaft

Die Frage, ob das Personenunternehmen in der Doppelgesellschaft auch nach der Aufspaltung mit der Verpachtung des Betriebes einen Gewerbebetrieb betreibt, wird im Schrifttum nicht einheitlich beurteilt.

Zintzen-Lüthgen[13] unterscheiden bei der Betriebsaufspaltung Formen, bei denen entweder

a) der gesamte Gewerbebetrieb an die Kapitalgesellschaft verpachtet wird oder

---

[13] Zur Gewerbesteuerpflicht von Vermögensverwaltungsunternehmen, BB 1957, S. 817.

b) das Personenunternehmen lediglich das unbewegliche Anlagevermögen zurückbehält und dieses an die Kapitalgesellschaft verpachtet.

Sie folgern daraus: „Wenn eine Verpachtung des gesamten Gewerbebetriebs vorliegt, so ist trotz Betriebsaufspaltung auch bei der Personenfirma das Weiterbestehen einer gewerblichen Tätigkeit anzunehmen; denn sie hat sich durch die Verpachtung offensichtlich alle Möglichkeiten einer gewerblichen Betätigung für die Zukunft offengehalten.

Eine andere Beurteilung jedoch ist notwendig, wenn lediglich das unbewegliche Anlagevermögen behalten und verpachtet wird. Durch die Veräußerung des gesamten beweglichen Anlagevermögens und des gesamten Umlaufvermögens hat die Besitzfirma eindeutig zu erkennen gegeben, daß sie sich ein für allemal von der gewerblichen Tätigkeit zurückgezogen hat."

Dagegen ist einzuwenden, daß auch die Verpachtung eines ganzen Betriebes nicht ohne weiteres eine gewerbliche Tätigkeit begründet. Es müssen vielmehr „besondere Umstände" hinzutreten, die die Verpachtung — außerhalb eines Gewerbebetriebes — als gewerbliche Tätigkeit erscheinen lassen. Diese können darin bestehen, daß laufend umfangreiche Verwaltungsarbeiten erledigt werden müssen, der Verpächter die Instandhaltung und Erneuerung übernimmt usw.[14]. Darüber hinaus trifft es m. E. nicht zu, daß die „reservierte Möglichkeit, zukünftig ein Gewerbe zu betreiben", entscheidend für die Beurteilung ist; diese orientiert sich nach der tatsächlichen Ausübung und nicht nach der Möglichkeit. Man kann auch nicht, wie es hier geschieht, allein aus der Form auf eine solche „bestehende Möglichkeit" schließen, darüber kann nur eine Prüfung der geschlossenen Verträge Auskunft geben. Wenn nämlich darin eine entsprechende Rückgabeverpflichtung auch für den veräußerten Teil des Vermögens verankert ist, so sind auch im Fall b „alle Möglichkeiten einer gewerblichen Betätigung für die Zukunft offengehalten".

Priese[15] und *Kinnebrock*[16] bejahen das Fortbestehen eines Gewerbebetriebes bei der Besitzgesellschaft, schränken diese Feststellung jedoch ein.

Der RFH hat, wie auch später der BFH, in ständiger Rechtsprechung für die Betriebsaufspaltung festgestellt, daß die Grundstücksgesell-

---

[14] Vgl. dazu auch *Herrmann-Heuer,* Kom. EStG, S. E 884.

[15] Kom. GewStG, S. 56: „Bei der Aufspaltung von Betrieben in eine Grundstücks-OHG und eine Betriebs-GmbH, an die der frühere Fabrikationsbetrieb verpachtet wird, kann u. U. nach Lage des Einzelfalls das Weiterbestehen der Gewerbesteuerpflicht der OHG bejaht werden."

[16] Die Umwandlung von Kapitalgesellschaften, Wpg. 1949, S. 559: „Vielmehr ist im allgemeinen in der Verpachtung der Immobilien und der Maschinen einer Fabrik eine weitere gewerbliche Tätigkeit zu erblicken."

schaft auch weiterhin einen Gewerbebetrieb betreibt. In den bedeutenden Urteilen wird ausgeführt:

RFH vom 1. Juli 1942[17]

„In dem Fall, wo ein Steuerpflichtiger seinen ganzen Betrieb mit dem Grundstück verpachtet hat, wird in der Regel bei dem bisherigen Unternehmer keine Aufgabe des Betriebs vorliegen, wenn dieser, wirtschaftlich betrachtet, gar nicht aufgegeben, sondern nur unter veränderten Verhältnissen fortgeführt wurde (vgl. U. des RFH vom 9. Oktober 1930, Reichssteuerbl. 1931 S. 484). Hat aber ein Steuerpflichtiger die wesentlichen, dem Betrieb gewidmeten Wirtschaftsgüter, also die Grundlage des Betriebs, veräußert und ist er an diesem in keiner Weise mehr persönlich beteiligt, so wird man in der bloßen Verpachtung des dem Betrieb dienenden Grundstücks an den Betriebsnachfolger im allgemeinen keine gewerbliche Tätigkeit erblicken können (vgl. U. des RFH vom 9. Dezember 1931 und 28. April 1932, RStBl. 1932, S. 625 und 1168, sowie vom 13. November 1940, StW 1941 Nr. 8). Anders wird aber meist die Sache zu beurteilen sein, wenn ein Steuerpflichtiger einen Gewerbebetrieb im eigenen Grundstück betrieb und den Betrieb an eine Kapitalgesellschaft veräußerte und ihr sein Betriebsgrundstück verpachtete, während er selbst an der Kapitalgesellschaft maßgeblich beteiligt blieb.“

OFH vom 30. März 1949[18]

„Dabei hat der VI. Senat für die Einkommensteuer und für die Gewerbesteuer (auch in dem Fall, daß die Betriebsteilung durch den Alleineigentümer erfolgte) in ständiger Rechtsprechung angenommen, daß der Alleineigentümer oder die Personengemeinschaft wirtschaftlich das einheitliche Unternehmen auch nach der Aufspaltung fortsetzte und dadurch weiterhin einen Gewerbebetrieb ausübte. In der Grundstücksvermietung lag über den Betrieb der GmbH oder AG eine weitere Beteiligung am wirtschaftlichen Verkehr. ...

Der erkennende Senat sieht keinen Anlaß, von dieser die Grundstücke der ‚Grundstücksverwaltungsgesellschaft‘ dem Betriebsvermögen zurechnenden Rechtsprechung des III. Senats des RFH abzugehen. Er ist in dem U. vom 7. Mai 1947 III 4/45 StW 1947 Nr. 24 zwar von der in der Entsch. vom 16. November 1944 aufgestellten Konstruktion einer Dachgesellschaft abgerückt. Das hat Bedeutung aber nur für die in jenem Urteil behandelte Frage, wem die von den Gründern der GmbH übernommenen Anteile zuzurechnen sind. Soweit der III. Senat des RFH seine die Grundstücke betreffenden Entscheidungen auch auf den inzwischen aufgehobenen § 1 Abs. 3 StAnpG gestützt hat, erblickt

---

[17] RStBl. 1942, S. 1081.
[18] StW 1949, Nr. 10.

der erkennende Senat die Rechtfertigung desselben Ergebnisses allein in der wirtschaftlichen Betrachtungsweise."

Maßgebliche Bedeutung für die Beurteilung der gewerblichen Tätigkeit kommt also der Tatsache zu, daß die Grundstücke der Personenunternehmung und die Anteile an der Kapitalgesellschaft in einer Hand, d. h. beim Einzelunternehmer oder bei der Unternehmergemeinschaft vereinigt sind.

Littmann[19] erläutert zutreffend die Bedeutung und die Wirkungen des Anteilsbesitzes in dieser Frage:

„Ob ein Steuerpflichtiger seinen Gewerbebetrieb ganz aufgegeben hat oder ob er ihn unter lediglich veränderten Umständen fortführt, darüber werden zweifellos auch die zwischen den Beteiligten getroffenen rechtlichen Abmachungen einen gewissen Aufschluß geben können. Entscheidend bleibt aber dann immer noch, ob das Verhalten des Steuerpflichtigen, das er mit der Verpachtung des Grundbesitzes an die von ihm beherrschte Kapitalgesellschaft an den Tag legt, wirklich als ein Zurückziehen vom allgemeinen wirtschaftlichen Verkehr gewürdigt werden kann. Das wird jedenfalls dann nicht anzunehmen sein, wenn der Steuerpflichtige auf Grund seiner kapitalistischen Überlegenheit in der Kapitalgesellschaft auf deren Geschäftsführung maßgeblich Einfluß nimmt. Diese Einflußnahme innerhalb der Gesellschafterversammlung macht geradezu einen wesentlichen Teil der in der Beteiligung verbrieften Mitgliedschaftsrechte aus. Man könnte dagegen noch einwenden, daß mit der steuerlichen Anerkennung der Kapitalgesellschaft eben auch diese und nicht mehr die hinter ihr stehenden natürlichen Personen, auch wenn sie wesentlich beteiligt sind, sich am allgemeinen wirtschaftlichen Verkehr beteiligen. Dem läßt sich aber entgegenhalten, daß die steuerliche Anerkennung der Kapitalgesellschaft auf ihrer Rechtsform beruht, wenngleich in der Regel auch angenommen werden kann, daß sich mit Errichtung einer Kapitalgesellschaft ein rechtliches Gebilde von erheblichem wirtschaftlichen Wert in den Wirtschaftsverkehr einschaltet. Es ist ferner nicht zu vergessen, daß der von einer Kapitalgesellschaft geäußerte Wille letzten Endes nur der Wille der sie beherrschenden natürlichen Personen ist, der sodann lediglich als juristisch umgeformter Wille der Kapitalgesellschaft kraft gesetzlicher Verleihung in die Erscheinung tritt. Deshalb ist es nicht ausgeschlossen, trotz steuerlicher Anerkennung der juristischen Person in der Beteiligung an einer solchen einen Gewerbebetrieb anzunehmen, wenn die Verhältnisse wie bei einer Betriebsteilung liegen."

[19] Grundstücksverwaltung und Anteilsbesitz bei Betriebsteilung in der Steuerrechtsprechung, Wpg. 1950, S. 71 f.

Es ist gerade zu berücksichtigen, daß die Anteile in diesen Fällen lediglich ein formverändertes Engagement des Unternehmers sind, die hier in der Vereinigung mit dem verpachteten Vermögen die gewerbliche Tätigkeit begründen und, mit einem Seitenblick auf die Einkommensteuer, die Fortführung der stillen Reserven gestatten.

Man muß danach davon ausgehen, daß die Besitzgesellschaft einen Gewerbebetrieb betreibt[20], zumindest solange das verpachtete Vermögen und die Anteile eine Einheit bilden. Erst wenn Veränderungen solcher Art im Anteilsbesitz auftreten, daß die Unternehmergemeinschaft nicht mehr in der Lage ist, die Kapitalgesellschaft zu beherrschen[21], ist zu prüfen, ob der danach verbleibende Rumpfbetrieb noch ein Gewerbebetrieb ist. Das wird zu bejahen sein, soweit die darin ausgeübte Verpachtung über den Rahmen einer Vermögensverwaltung hinausgeht; z. B. insbesondere dann, wenn neben der Verpachtung von beweglichem Anlagevermögen auch die Verwaltung- und Erneuerungslasten von der Besitzgesellschaft getragen werden[22]. Ein Gewerbebetrieb wird aber dann nicht mehr vorliegen, wenn lediglich die Grundstücke und Gebäude an die dann losgelöste Kapitalgesellschaft verpachtet werden.

II. Gewerbesteuer

Bei der Gewerbesteuer geben zwei Tatbestände der laufenden Besteuerung der Besitz- und Betriebsgesellschaft Anlaß zu besonderen Untersuchungen; und zwar handelt es sich um den unter besonderen Bedingungen eintretenden Gewerbeverlust des Besitzunternehmens und das gewerbesteuerliche Organverhältnis.

1. Der Gewerbeverlust der Besitzgesellschaft

In der Betriebsaufspaltung wird es als störend empfunden, daß in einigen Fällen die Besitzgesellschaft nachhaltig gewerbliche Verluste im Sinne des Gewerbesteuergesetzes verzeichnet, die geradezu zu einem Symptom der gewählten Form werden.

Zur Erforschung des Vorganges, wie der Verlust sich bildet, ist es notwendig, die Untersuchungen auf die sich aus der Konstruktion ergebenden Ursachen zu beschränken. Damit werden sachlich jene Verluste ausgeschieden, die auch bei anderen, geschlossen geführten Unternehmungen auftreten können und die ihre Ursache insbesondere in

---

[20] Vgl. *Blümich-Falk*, Kom. EStG, S. 554; *Herrmann-Heuer*, Kom. EStG, S. E 006; *Littmann:* Das Einkommensteuerrecht, S. 842; *Brönner:* Die Besteuerung der Gesellschaften, 9. Aufl., S. 438 f.; *Schneider-Zartmann:* Familienunternehmen, S. 267.

[21] Man wird dabei aber gleichzeitig die Frage prüfen müssen, ob überhaupt noch eine Doppelgesellschaft vorliegt, deren Kennzeichen ja insbesondere in der Personalunion besteht.

[22] Vgl. auch *van der Bosch:* Die umgekehrte Betriebsaufspaltung, S. 136.

Verlusten im Sinne des Einkommensteuergesetzes oder den gem. § 9 GewStG vorzunehmenden Kürzungen des gewerblichen Gewinns um 3 % des Einheitswertes der Betriebsgrundstücke[23], den Anteilen am Gewinn einer anderen Personenunternehmung[42], den auf ausländische Betriebsstätten entfallenden Gewinnanteil[26] und den aus den Betriebsmitteln gegebenen wissenschaftlichen Spenden[25] sowie den in Ziffer 6 näher bezeichneten Wertpapiererträgen haben. Diese gewerbesteuerlichen Kürzungen sind zwar in die Berechnung einzubeziehen, jedoch wird unterstellt, daß ein auftretender Verlust nicht durch die hier aufgeführten Positionen begründet wird. Die Rechnung wird sodann ohne Rücksicht auf ein evtl. bestehendes Organverhältnis durchgeführt, das die Auswirkungen eines gegebenen Gewerbeverlustes neutralisiert.

Ein wesentliches Merkmal der Unternehmungsaufspaltung besteht darin, daß sich eine als Besitzgesellschaft fungierende Personenunternehmung und eine als Betriebsgesellschaft tätige Kapitalgesellschaft im Verhältnis von Verpächter und Pächter gegenüberstehen. Das hier vorliegende Pachtverhältnis erfordert für die Errechnung des Gewerbeertrages eine besondere Kürzung für die vereinnahmten Miet- und Pachtzinsen nach § 9 Ziff. 4 GewStG, durch die ein Gewerbeverlust hervorgerufen werden kann. Sachlich ist die vorzunehmende Kürzung an die ihr entsprechende Zurechnung gem. § 8 Ziff. 6 GewStG beim Pächter gebunden. Danach ist der Gewinn beim Verpächter um die Hälfte der Miet- und Pachtzinsen für die Benutzung der nicht in Grundbesitz bestehenden Wirtschaftsgüter des Anlagevermögens zu kürzen und entsprechend beim Pächter dem Gewinn hinzuzurechnen, soweit ihr Jahresbetrag 250 000 DM übersteigt. Zu den Miet- und Pachtzinsen im Sinne des Gewerbesteuergesetzes rechnet nicht nur die Grundpacht, sondern darin sind inhaltlich auch gezahlte Abnutzungsentschädigungen, die auf das Pachtobjekt entfallenden Steuern, Gebühren und öffentlichen Lasten, soweit sie für die Pachtbemessung herangezogen werden, einzubeziehen[27]. Das gilt auch für den Fall, daß der Pächter diese Aufwendungen selbst trägt und entrichtet. Die von *Blümich-Boyens*[28] angeführten Entscheidungen des Preußischen Oberverwaltungsgerichtes, wonach auch die Instandhaltungsleistungen anzurechnen sind, sind m. E. mit Rücksicht auf die in § 582 BGB getroffene Regelung nicht begründet. Selbst Zuführungen zu Erneuerungsrücklagen beim Pächter sind Pachtzinsen[29]. Gewerbesteuerlich erfährt der Begriff des Pachtzinses damit eine erhebliche Ausweitung über

---

[23] § 9 Ziff. 1 GewStG.
[24] § 9 Ziff. 2 GewStG.
[25] § 9 Ziff. 3 GewStG.
[26] § 9 Ziff. 5 GewStG.
[27] Vgl. *Blümich-Boyens*, Kom. GewStG, S. 371.
[28] A.a.O., S. 371.
[29] Vgl. *Dieselben*, a.a.O., S. 371.

denjenigen Betrag hinaus, der als Zahlungsverpflichtung zwischen den beiden Unternehmungen verrechnet wird.

Unter Berücksichtigung dieser Kürzung kann die Berechnung des Gewerbeertrages einer Besitzgesellschaft z. B. zu folgendem Ergebnis führen:

		DM
Gewinn aus Gewerbebetrieb lt. EStG		300 000,—
Hinzurechnungen		
Zinsen für Dauerschulden		8 000,—
		308 000,—
Kürzungen		
Kapitalertragsteuerpflichtige Zinsen	5 000,—	
3 % des Einheitswertes der Betriebsgrundstücke von DM 2 300 000,—	69 000,—	74 000,—
Gewerbeertrag „bis dahin“ vor Kürzung von Pachtzinsen		234 000,—
50 % der auf das bewegliche Anlagevermögen entfallenden Pachtzinsen		380 000,—
Gewerbeverlust		146 000,—

Der Gewerbeverlust tritt immer dann auf, wenn die Hälfte der für die Benutzung der nicht in Grundbesitz bestehenden Wirtschaftsgüter zu zahlenden Pacht größer ist als der einkommensteuerliche Gewinn aus Gewerbebetrieb zuzüglich der Zurechnungen und abzüglich der übrigen Kürzungen. In verschiedenen Spaltungen wird man dann feststellen, daß einmal die Besteuerungsmerkmale in der Besitzgesellschaft nur geringen Schwankungen unterliegen, daß der Pachtvertrag ein Verhältnis von Einnahmen zum einkommensteuerlichen Gewinn schafft, das notwendig zu einem Gewerbeverlust führen muß, und das für einen größeren Zeitraum Geltung haben wird. Somit besteht auch nur eine geringe Möglichkeit, durch den Verlustvortrag solche Beträge auszugleichen.

Bei einer getrennten Betrachtung der Besitzgesellschaft kann man davon ausgehen, daß sie in diesen Fällen bei der Gewerbesteuer recht vorteilhaft gestellt ist, da sie keine Gewerbeertragsteuer entrichtet. Bezieht man jedoch auch die Betriebsgesellschaft in die Berechnung ein, so kehrt sich dieser einzeln festgestellte Vorteil über die hier vorzunehmende Zurechnung in eine finanzielle Mehrleistung des Gesamtverbandes der Besitz- und Betriebsgesellschaft.

Beträgt der Gewerbeertrag der Betriebsgesellschaft z. B. vor Zurechnung der Miet- und Pachtzinsen 2 000 000 DM und rechnet man den Gewerbeertrag „bis dahin“ der Besitzgesellschaft hinzu, so beträgt der in beiden Gesellschaften außerhalb eines Organverhältnisses getrennt zu versteuernde Ertrag 2 234 000 DM. Nimmt man die Kürzung bzw. Zurechnung für die Pacht vor, so hat die Besitzgesellschaft einen gewerblichen Verlust von 146 000 DM, die Betriebsgesellschaft, zu deren Ertrag 380 000 DM zuzurechnen sind, einen Gewerbeertrag von

2 380 000 DM. Es werden damit in dem gewählten Beispiel 146 000 DM mehr versteuert als bei einheitlicher Ertragsberechnung. Bei einem Meßbetrag von 5 % und einem Hebesatz von 300 % würde die Mehrbelastung 21 900 DM betragen.

Der in der Besitzgesellschaft auftretende und durch eigene Gewerbeerträge späterer Jahre nicht ausgleichsfähige Gewerbeertrag kann auch nicht im Billigkeitswege mit dem Gewerbeertrag der Betriebsgesellschaft verrechnet werden, so daß außerhalb des Rahmens einer Organschaft diese Gewerbeverluste in den Fällen, in denen sie nachhaltig auftreten, eine schwere Hypothek der Betriebsaufspaltung sind.

2. Die Organschaft

Bei vorliegendem Organverhältnis wird gewerbesteuerlich die Organgesellschaft als Betriebsstätte des beherrschenden Unternehmens behandelt[30]. Die Besteuerungsgrundlagen des Organverhältnisses für die Gewerbesteuer werden in der Weise festgestellt, daß die Gewerbeerträge und die Gewerbekapitalien des beherrschenden Unternehmens und der Organgesellschaft getrennt ermittelt, danach die Beträge für die Veranlagung zusammengerechnet werden[31]. In den Fällen, in denen ein Organverhältnis zwischen dem Unternehmen eines Einzelkaufmanns oder einer Personengesellschaft und einer Kapitalgesellschaft besteht, sind die in dem Einheitswert des beherrschenden Unternehmens enthaltenen Anteile an der Organgesellschaft für die Berechnung des Gewerbekapitals auszuscheiden, um eine doppelte Besteuerung des Gewerbekapitals, nämlich einmal über die Anteile in der Personenunternehmung und zum andern über die Substanz in der Kapitalgesellschaft zu vermeiden[32]. M. E. sind aus dem gleichen Grund bei Organverhältnissen, in denen Gewinnabführungen nicht vorliegen, die auf die Anteile vorgenommenen Gewinnausschüttungen der Organgesellschaft aus dem Gewerbeertrag auszusondern, da der Betriebsstätten-Ertrag nicht zweimal der Gewerbeertragsteuer unterworfen werden kann.

Nun hat *Dürkes*[33] für die Betriebsaufspaltung empfohlen, ein Organverhältnis bei der Gewerbesteuer zu vermeiden und auch darauf bereits bei der Ausgestaltung der Konstruktion hinzuarbeiten. Diese Empfehlung erscheint von fragwürdigem Wert, wenn man bedenkt, daß ein steuerlich anerkanntes Organverhältnis die sich bei der Gewerbesteuer im anderen Fall ergebenden Mehrbelastungen vermeidet, indem auftretende Gewerbeverluste der Besitzgesellschaft bei den Er-

---

30 § 2 Ziff. 2 GewStG.

31 Vgl. Abschn. 17, 42, 83 GewStR 1955.

32 Vgl. Abschn. 83 GewStR 1955.

33 Die Doppelgesellschaft, BB 1949, S. 67; vgl. auch *Schneider-Zartmann:* Familienunternehmen, S. 267.

trägen der Betriebsgesellschaft und umgekehrt verrechnet, sowie Gewinnausschüttungen und der Wert der Anteile bei der Errechnung der Besteuerungsgrundlagen eliminiert werden. *Dürkes* stützt m. E. seine Empfehlung auf das Urteil des OFH vom 7. Mai 1947 und will damit vermeiden, daß die Anteile als notwendiges Betriebsvermögen der Gesellschafter behandelt werden, ohne dabei zu berücksichtigen, daß die Organschaft hier eine vorteilhafte Konstruktion ist. Es liegt auch kein Grund zu der Annahme vor, daß ein bestehendes Organverhältnis die steuerliche Anerkennung der Aufspaltung in ein Besitzpersonenunternehmen und eine Betriebskapitalgesellschaft verhindern würde und Anlaß bietet, die Konstruktion selbst als steuerlich unbeachtlich beiseitezuschieben. Wenn die Betriebsteilung und, davon gesondert, die Organschaft steuerlich anerkannte Gebilde sind, so kann die Vereinigung beider Tatbestände zu einem System nicht als mißbräuchliche Rechtsübung angesehen werden, die allein eine Handhabe geben würde, die steuerliche Anerkennung der Aufspaltung zu versagen.

Blümich-Falk[34] lehnt unter Hinweis auf das RFH-Urteil vom 4. Dezember 1940, RStBl. 1941, S. 26, für die Betriebsaufspaltung das Organverhältnis als Regelfall ab. Die Auffassung findet jedoch in dem angezogenen Urteil keine ausreichende Stütze. — Auch der OFH verneint in dem Urteil vom 7. Mai 1947 ein Organverhältnis mit der Begründung, daß die Besitzgesellschaft keine eigene Kassenführung und keine eigenen Angestellten habe. Man wird aber dieses Urteil nicht als allgemeine Ablehnung der Organschaft für die Betriebsaufspaltung ansehen dürfen, da die Ausführungen über die Organschaft, insbesondere über die dort vorliegenden Tatbestände, zu kurz gefaßt sind, um daraus eine für alle Fälle bindende Stellungnahme herzuleiten.

Nach ständiger Rechtsprechung des RFH[35] ist für die Organschaft das Gesamtbild der Beziehungen zwischen dem vermeintlichen Organträger und der Organgesellschaft, nicht ein einzelner Umstand entscheidend. Jedes der Organschaftsmerkmale muß erfüllt sein.

---

[34] Kom. EStG, S. 553.

[35] Urteile v. 7. 11. 1930, RStBl. 1931, S. 164; v. 2. 10. 1931, RStBl. 1932, S. 371; v. 11. 11. 1932, RStBl. 1933, S. 295; v. 15. 9. 1933, StW 1934, Nr. 60. Die Urteile sind zur Umsatzsteuer ergangen, kennzeichnen jedoch auch den gewerbesteuerlichen Tatbestand.

Brönner: Die Besteuerung der Gesellschaften, 9. Aufl., S. 211, weist darauf hin, daß der „Begriff der Organschaft dem gleichen Begriff ... im Umsatzsteuerrecht entspricht, er ist gegenüber dem Begriff der Organschaft im Umsatzsteuerrecht insofern eingeschränkt als hier nicht jede juristische Person, sondern nur eine inländische Kapitalgesellschaft Organ sein kann." Vgl. auch *Blümich-Boyens*, Kom. GewStG, S. 103, und GewStR 1951 Abschnitt 17. Damit kann auch die zur Umsatzsteuer ergangene Rechtsprechung für die gewerbesteuerliche Beurteilung herangezogen werden.

Ein Organschaftsverhältnis setzt voraus, daß der beabsichtigte Organträger selbst ein Unternehmen betreibt, in das sich die Organgesellschaft finanziell, wirtschaftlich und organisatorisch einfügen kann[36]. In Übereinstimmung haben der RFH und der BFH für die Einkommen- und Gewerbesteuer festgestellt, daß die Besitzgesellschaft einen Gewerbebetrieb betreibt und eine gewerbliche Tätigkeit ausübt[37]. Wird man im Einzelfall aber das Vorliegen eines Gewerbebetriebes verneinen müssen, so ist, auch wenn die übrigen Voraussetzungen gegeben sein sollten, für die Annahme einer Organschaft kein Raum mehr.

Finanzielle Eingliederung bedeutet kapitalmäßige Beteiligung. „Voraussetzung der finanziellen Eingliederung ist der Besitz der entscheidenden Anteilsmehrheit an der beherrschten juristischen Person. Der Besitz aller Anteile ist nicht erforderlich, jedoch wird der Unternehmer soviel Anteile unmittelbar oder mittelbar in seiner Hand vereinigen müssen, wie nach der Satzung der beherrschten juristischen Person erforderlich sind, um alle Beschlüsse in seinem Sinne treffen zu können[38]." Es steht der Annahme einer finanziellen Eingliederung nicht entgegen, daß die Anteile der Organgesellschaft nicht dem festzustellenden Organträger, sondern dessen Gesellschaftern zustehen[39]. In der Betriebsaufspaltung ist der alle Anteile umfassende Besitz in der Regel gegeben, die entweder steuerlich dem Besitzunternehmen oder dessen Gesellschafter zuzurechnen sind. Die Verteilung des Anteilsbesitzes in der Aufspaltung berechtigt dazu, davon auszugehen, daß eine finanzielle Eingliederung vorliegt[40].

Wirtschaftliche Eingliederung setzt voraus, daß das Organ gemäß dem Willen des beherrschenden Unternehmers tätig ist. „Sie kommt allgemein gesehen dadurch zum Ausdruck, daß die Organgesellschaft unter der dauernden Kontrolle sowohl hinsichtlich der von ihr auszuführenden Arbeitsleistungen als auch hinsichtlich ihres Vermögens und der ihr zufließenden Erträge steht[41]." Es liegt eine sachliche Unselbständigkeit vor, die darin zum Ausdruck kommt, daß die

[36] § 3 GewStDV. RFH v. 26. 10. 1937, RStBl. 1938, S. 365; v. 19. 10. 1937, RStBl. 1938, S. 184; v. 1. 12. 1937, RStBl. 1938, S. 182; v. 9. 5. 1939, RStBl. 1939, S. 1059; v. 1. 4. 1941, RStBl. 1942, S. 947.

[37] Urteile v. 30. 11. 1939, RStBl. 1940, S. 361; v. 7. 11. 1940, RStBl. 1941, S. 985; v. 4. 12. 1940, RStBl. 1941, S. 26; v. 1. 7. 1942, RStBl. 1942, S. 1081; v. 30. 3. 1949, StW 1949, Nr. 10; v. 22. 1. 1954, BStBl. 1954 III, S. 91; v. 9. 12. 1954, BStBl. 1955 III, S. 88.

[38] *Plückebaum*, Kom. UStG, S. 188.

[39] RFH v. 30. 11. 1934, RStBl. 1935, S. 660; v. 12. 7. 1940, RStBl. 1940, S. 910.

[40] Beachte die Ausführungen über die umsatzsteuerliche Unternehmereinheit.

[41] *Schulze:* Die Organtheorie im Umsatzsteuerrecht, S. 60.

untergeordnete Gesellschaft in ihrer Tätigkeit den gewerblichen Zwecken der übergeordneten Gesellschaft dient[42].

Wenn man berücksichtigt, daß die Kapitalgesellschaft von der Personenunternehmung oder ihren Gesellschaftern ins Leben gerufen wird, so muß man deren wirtschaftliche Betätigung überhaupt als Ausdruck des Willens der verbundenen Unternehmer ansehen. Im Urteil vom 21. März 1944[43] führt der RFH aus, daß „die beherrschende Stellung der Muttergesellschaft zukommt, welche die Tochtergesellschaft ins Dasein gerufen hat und nunmehr ihren Willen bestimmt". Auch in dem allgemein wegen der Annahme eines Konzerns als „Luftkonstruktion" abgelehnten Urteil vom 16. November 1944[44] unterstreicht der RFH die Auffassung, daß die beherrschende Stellung dem Teil zukommt, der die betriebführende Kapitalgesellschaft von sich abgespalten und ins Leben gerufen hat.

Es ist in diesem Zusammenhang m. E. unerheblich, daß das nach außen sichtbare wirtschaftliche Schwergewicht bei der Kapitalgesellschaft liegt, daß diese eine größere wirtschaftliche Aktivität entfaltet als die Besitzgesellschaft, und daß u. U. die Personenunternehmung keine eigene Kassenführung und keine eigenen Angestellten hat[45]. Die Verhältnisse sind so zu sehen, daß diese Gestaltung Ausdruck des Willens des Organträgers ist, und daß er diese Verrichtungen kraft seiner beherrschenden Stellung dem dienenden Glied überträgt.

Ein weiteres Merkmal für eine vorliegende wirtschaftliche Eingliederung sieht *Schulze*[46] zutreffend in der Tatsache, „daß zwischen zwei Gesellschaften ein Betriebsüberlassungs-, Betriebsführungs- oder Pachtvertrag besteht". Er führt dazu aus[47]: „Der Pachtvertrag stellt vielfach nur eine besondere rechtliche Form für dieselben Verhältnisse dar, wie sie bei den Betriebsüberlassungs- oder Betriebsführungsverträgen vorliegen. Auch ein Pachtvertrag kann Anhaltspunkt für ein Organverhältnis sein. *Hamburger*[48] meint zwar, daß ein Miet- oder Pachtvertrag überhaupt nicht zu einem Organverhältnis führen könne, da es sich nur um eine Überlassung des Raumes oder der Nutzungen an Gegenständen, nicht aber um die Überlassung der Arbeitskraft der Organgesellschaft handele; dieser Einstellung, die sich nur an die formalen Begriffe von Miete und Pacht klammert, kann

---

[42] Vgl. *Schultze-Schlutius:* Steuerrechtliche Probleme der Besitz-, Betriebs- und Vertriebs-GmbH, GmbH-Rdsch. 1955, S. 182.

[43] RStBl. 1944, S. 396; vgl. dazu auch U. v. 2. 10. 1931, RStBl. 1932, S. 371.

[44] RStBl. 1945, S. 34.

[45] Eine andere Auffassung vertritt der OFH in seinem Urteil v. 7. 5. 1947, StW 1947, Nr. 24.

[46] Die Organtheorie im Umsatzsteuerrecht, S. 62; vgl. auch RFH v. 13. 10. 1933, RStBl. 1934, S. 556.

[47] S. 64.

[48] Organgesellschaft, S. 268, zit. nach *Schulze,* a.a.O., S. 64.

man nicht folgen, vielmehr muß man den wirtschaftlichen Zusammenhängen auf den Grund gehen[49]. Ist die Verpächterin zugleich die Obergesellschaft (Anteilsbesitz) über die pachtende Gesellschaft, so liegt wirtschaftlich dasselbe Verhältnis wie beim Betriebsführungsvertrag[50] vor."

Blümich-Boyens[51] sehen das besondere Merkmal einer Eingliederung darin, daß der Organbetrieb „eine betriebstechnisch notwendige Ergänzung des übergeordneten Unternehmens darstellt". Man wird außerhalb der Betriebsaufspaltung nur eine begrenzte Anzahl von Organverhältnissen vorfinden, in denen die Organgesellschaft in gleichem Maße wie die Betriebsgesellschaft eine technisch notwendige Ergänzung zum Unternehmen des Organträgers ist. Hier wird nämlich der auf Verpachtung gerichtete Zweck des Besitzunternehmens durch die Betriebsgesellschaft so ergänzt, daß erst aus der Vereinigung der Aufgaben Leistungen erstellt werden können. Die wirtschaftliche Eingliederung wird durch den Pachtvertrag herbeigeführt; sie geht so weit, daß die Auflösung dieser Eingliederungsgrundlage die Existenz der Kapitalgesellschaft gefährden, wenn nicht gar vernichten würde. Der wirtschaftlichen Abhängigkeit der Kapitalgesellschaft steht nicht entgegen, daß diese bürgerlich-rechtlich als Pächterin der dem Organträger gehörenden Betriebsanlagen auftritt und dafür Pacht entrichtet[52].

Die organisatorische Eingliederung soll sicherstellen, daß in der Organgesellschaft der Wille des Unternehmers auch tatsächlich ausgeführt wird[53]. In der Betriebsaufspaltung liegen dafür mannigfache Anzeichen vor. So ist es üblich, daß die geschäftsführenden Gesellschafter der Personenunternehmung auch gleichzeitig als Geschäftsführer oder Vorstand der Kapitalgesellschaft eingesetzt sind. Sofern in der Kapitalgesellschaft auch Fremde als Geschäftsführer oder Vorstandsmitglieder tätig sind, ist dem Gesellschafter-Geschäftsführer regelmäßig eine Weisungsbefugnis eingeräumt, die es ihm erlaubt, seinen Willen auch gegenüber den anderen Geschäftsführern oder Vorstandsmitgliedern durchzusetzen. Man wird in der Betriebsteilung auch feststellen, daß nach außen hin der Gesellschafter-Geschäftsführer als der die Kapitalgesellschaft beherrschende Unternehmer erscheint und als solcher anerkannt wird und daß demgegenüber die rechtsförmliche

---

[49] *Friedländer:* Konzernrecht, S. 187: „Durch den Pachtvertrag wird die Pachtgesellschaft Betriebsinhaberin, die wirtschaftliche Einheit wird rechtlich sanktioniert ..."

[50] Aus dem *Schulze,* a.a.O., S. 63, ein Organverhältnis ableitet.

[51] Kom. GewStG, S. 108.

[52] Vgl. *Blümich-Boyens,* Kom. GewStG, S. 108, und in analoger Anwendung RFH v. 13. 10. 1933, RStBl. 1934, S. 556, abweichend davon RFH v. 11. 11. 1927, RStBl. 1928, S. 34.

[53] *Plückebaum,* Kom. UStG, S. 190.

Struktur der Betriebskapitalgesellschaft völlig in den Hintergrund tritt.

Bei Aufspaltung von größeren Unternehmungen ist häufig darüber hinaus in der Personenunternehmung ein Beirat aus fremden Personen gebildet, dessen Mitglieder auch gleichzeitig Mitglieder eines aus den gleichen Personen gebildeten Aufsichtsrates der Kapitalgesellschaft sind. Diese personellen Verflechtungen sorgen dafür, daß eine von dem Willen des Organträgers abweichende Willensbildung in der Betriebsgesellschaft nicht möglich ist. Darin liegt die organisatorische Eingliederung[54]. *Herbert*[55] weist darauf hin, daß eine einheitliche Willensbildung auch schon durch eine finanzielle Eingliederung gewährleistet sein kann, indem das Organ der Willensbildung, die Gesellschafterversammlung, dasselbe ist.

Die Einzeltatbestände ergeben in der Zusammenfassung ein Gesamtbild, in dem die finanzielle, wirtschaftliche und organisatorische Abhängigkeit und Eingliederung der Betriebsgesellschaft zu der Besitzgesellschaft hervortritt. In den Fällen der Aufspaltung, in denen die oben aufgezeigten Merkmale vorliegen, ist ein Organverhältnis zu bejahen, bei dem die Besitzgesellschaft als Organträger und die Betriebsgesellschaft als Organgesellschaft auftritt.

Nun hat der RFH in einem zur Betriebsaufspaltung ergangenen Urteil[56], in dem noch die Aufspaltung als eine für die Gewerbesteuer unzulässige Teilung einer Betriebseinheit angesehen wird, und das daher insoweit überholt ist, mit Bezug auf die Organschaft festgestellt, „daß die Voraussetzungen eines Organverhältnisses in dem hier streitigen Fall nicht vorliegen. Denn bei der OHG ist nach dem Gesamtbild die erforderliche wirtschaftliche, finanzielle und organisatorische Eingliederung nicht vorhanden. Die Vereinbarungen sind so getroffen, daß die OHG und die GmbH, wenn bei jeder von ihnen fremde, nicht verwandtschaftlich oder sonstwie verbundene Gesellschafter beteiligt wären, getrennt voneinander sich betätigen könnten". Es sind, dem Verlangen der Finanzverwaltung folgend, in der Aufspaltung die Vereinbarungen so gehalten, wie sie auch unter Dritten üblich wären. Das steht aber der Annahme eines Organverhältnisses nicht entgegen, da eine solche, von der normalen Gestaltung abweichende Abrede über den Leistungsaustausch nicht zu den Bedingungen gehört, unter denen sich die Organschaft bilden kann. Bei der Organschaft liegt die von Rechtsverhältnissen unter Dritten in diesem Zusammenhang abweichende Gestaltung wohl darin, daß u. U. zur Leistungspflicht der Organgesellschaft auch die Übertragung eines Gewinnes oder Verlustes gehört. Gewerbesteuerlich rechnet eine Gewinnabführungsvereinbarung

[54] Vgl. RFH v. 30. 11. 1934, RStBl. 1935, S. 660.
[55] Das Steuerrecht der Unternehmung, Heft 80, Teil 2, S. 2 b.
[56] Vom 4. 12. 1940, RStBl. 1941, S. 26.

jedoch nicht zu den Voraussetzungen der Organschaft[57]. Auch ist der Auffassung entschieden entgegenzutreten, daß die Kapitalgesellschaft sich getrennt von der Personenunternehmung betätigen könne. Das kann für von ihr selbst aufgebaute oder aufzunehmende neue Produktionszweige beschränkt Geltung haben. Es ist ihr aber nicht möglich, in dem ihr angestammten Betriebszweig überhaupt und in den von ihr selbst aufgebauten Fertigungen auf Jahre hinaus in einem ihrer Ausstattung angemessenen Umfang tätig zu sein, wenn die Besitzgesellschaft sich von ihr lossagt. Ihr fehlen die Produktionsmittel, wie Gebäude, Grundstücke und u. U. Maschinen, mit denen sie überhaupt, auf sich gestellt, erst eine Produktion würde aufnehmen können.

An gleicher Stelle führt der RFH weiter aus, daß neben den auf rein persönlichem Gebiet liegenden Bindungen eine Eingliederung insofern fehlt, als die unbedingte rechtliche Voraussetzung einer Anweisungsbefugnis nicht vorhanden sei. In dem fraglichen Fall war der Gesellschafter der OHG auch Geschäftsführer der GmbH. Bei der Personengleichheit aber hat der RFH in einem früheren Urteil[58] ausgeführt: „Wenn das Berufungsgericht annimmt, daß noch vertragliche oder satzungsmäßige Bindungen des abhängigen Betriebs, die über das bei selbständigen Betrieben gleicher Art gebräuchliche Maß hinausgingen, hinzutreten müßten, so ist diese Auffassung rechtsirrtümlich. Sie steht mit der neueren Rechtsprechung des Senats nicht in Einklang."

In neuerer Zeit haben das FG Stuttgart[59] und der BFH[60] zur Organschaft bei der Betriebsaufspaltung Stellung genommen. Das FG Stuttgart hegt keine Bedenken, ein Organverhältnis im Rahmen des Pachtvertrages anzuerkennen, weil die ausgegliederte Kapitalgesellschaft wirtschaftlich einen Teil des Betriebs des Verpächters bilde, der nach ständiger Rechtsprechung einen Gewerbebetrieb darstelle. Dagegen hat der BFH im Urteil vom 25. Juni 1957 ein Organverhältnis für die Betriebsaufspaltung verneint. Im Urteilstenor heißt es:

„Eine Untergesellschaft ist als Organ nur anzuerkennen, wenn sie nach Art einer bloßen Geschäftsabteilung in ein Unternehmen der Obergesellschaft eingeordnet ist. Bei Betriebsaufspaltung (Zerlegung eines einheitlichen Unternehmens in eine Betriebs-GmbH und eine Personengesellschaft, die das Anlagevermögen an diese GmbH verpachtet) besteht kein Organverhältnis[61]."

---

[57] Vgl. RFH v. 12. 12. 1939, RStBl. 1940, S. 29; GewStR 1955, Abschn. 42, Abs. 3.

[58] V. 2. 10. 1931, RStBl. 1932, S. 371.

[59] Urteil v. 15. 1. 1957, EFG 1957, S. 204.

[60] Urteil v. 25. 6. 1957, BStBl. 1957 III, S. 303.

[61] Dieses Urteil ist nicht nur für die Betriebsteilung von Bedeutung. Die Grundgedanken der Entscheidung zwingen zu dem Schluß, daß der BFH die Rechtsprechung des RFH zu den Holding-Gesellschaften der

Die Urteilsbegründung ist m. E. nicht frei von Bedenken. Es wird darin ausgeführt:

„Der Senat tritt den oben mitgeteilten Grundsätzen des Reichsfinanzhofs hinsichtlich der Voraussetzungen eines Organverhältnisses bei.

Voraussetzung eines Organverhältnisses ist, daß die Obergesellschaft eine betriebliche Tätigkeit ausübt, die als Beteiligung am allgemeinen wirtschaftlichen Verkehr nach außen in Erscheinung tritt. Des weiteren muß die Untergesellschaft in einem angestelltenähnlichen Verhältnis zur Obergesellschaft stehen; sie muß, wirtschaftlich betrachtet, ihr von der Obergesellschaft gestellte Aufgaben nach Art einer bloßen Geschäftsabteilung erfüllen; sie muß ein Organ der Obergesellschaft sein.

Diese Voraussetzungen sind dort nicht erfüllt, wo die Obergesellschaft eine Tätigkeit ausübt, die sich im Ergebnis lediglich als eine Vermögensverwaltung darstellt, wo sie also im wesentlichen in gleicher Eigenschaft tätig wird wie ein privater Gesellschafter, der über die Mehrheit der Anteile einer Körperschaft verfügt. Dies gilt auch dann, wenn die rechtliche Natur der Obergesellschaft diese Vermögensverwaltung steuerlich zur gewerblichen Tätigkeit macht. Wie der Reichsfinanzhof ausgeführt hat, muß die gewerbliche Tätigkeit auch nach außen wirken und sich als eine Beteiligung am allgemeinen wirtschaftlichen Verkehr darstellen. ...

Wie das Finanzgericht zutreffend ausgeführt hat, ist weiter Voraussetzung der Annahme eines Organverhältnisses die wirtschaftliche Eingliederung der Tochtergesellschaft in ein Unternehmen der Obergesellschaft. Es reicht nicht aus, daß die Obergesellschaft in Auswirkung ihrer Eigenschaft als Hauptgesellschafterin einen wesentlichen Einfluß auf die Tochtergesellschaft ausübt. Es ist denkbar, daß die Obergesellschaft ähnlich einem Gesellschafter-Geschäftsführer, der die Anteile an der Körperschaft nicht einem Betrieb gewidmet hat, tätig wird. Sie kann ähnlich einem Gesellschafter-Geschäftsführer einen wesentlichen Einfluß auf die Betriebsführung der Tochtergesellschaft nehmen. Eine derartige geschäftsleitende Tätigkeit, die ein Ausfluß der Gesellschaftereigenschaft des Mehrheitsgesellschafters ist, bei der der Mehrheitsgesellschafter den Geschäftsbetrieb der Untergesellschaft fördert, erfüllt nicht die Voraussetzungen für die Annahme eines Organverhältnisses. Für ein Organverhältnis muß vielmehr umgekehrt die Tochtergesellschaft dem Unternehmen der Muttergesellschaft ähnlich einem Angestellten oder einer Betriebsstätte untergeordnet sein. Das

---

Konzerne aufgeben und die geschäftliche Betätigung einer Holding-Gesellschaft nicht mehr als einen für die Annahme eines Organverhältnisses ausreichenden Geschäftsbetrieb ansehen wird, in den sich die Untergesellschaft eingliedern kann. Industriekurier v. 29. 8. 1957.

Organverhältnis besteht also in einem Dienen der Tochtergesellschaft im Betriebe der Muttergesellschaft, nicht in einer Förderung der Tochtergesellschaft durch die Muttergesellschaft in Ausfluß ihrer Eigenschaft als Hauptgesellschafterin. Im letzteren Fall fehlt es an den Voraussetzungen der Organeigenschaft der Tochtergesellschaft....

Im Streitfall übt die Obergesellschaft eine verpachtende Tätigkeit aus. Im Rahmen dieser Tätigkeit hat sie durch Investitionen den Umfang der Pachtgegenstände vermehrt. Dies hat die für sie vorgesehene Tätigkeit der Verpachtung dem Grunde nach nicht verändert. Darüber hinaus hat sie der Tochtergesellschaft in erheblichem Umfange Kredite gegeben. Die Tochtergesellschaft übt eine von der verpachtenden Tätigkeit der Muttergesellschaft abweichende Tätigkeit aus, wie dies auch der Reichsfinanzhof in dem Streitfall VI A 660/38 mit Nachdruck zum Ausdruck gebracht hat. Durch die Betriebsaufspaltung soll das Ziel erreicht werden, der Muttergesellschaft und der Tochtergesellschaft vollkommen getrennte Aufgaben zuzuweisen. Das Wesen der Betriebsaufspaltung besteht darin, das bisherige Unternehmen der Einzelfirma unter Zurückhaltung der Anlagewerte organisatorisch auszugliedern. Die Tochtergesellschaft tritt der Muttergesellschaft nicht als Organ — also nicht angestelltenähnlich — gegenüber, sondern als Kunde. Die gewerblichen Einkünfte der Obergesellschaft ergeben sich ausschließlich aus den mit der Tochtergesellschaft geschlossenen Verträgen. Es fehlt an einer wesentlichen Voraussetzung für ein Organverhältnis, nämlich an der Angestellten-(Organ-)Eigenschaft der Tochtergesellschaft, an einer Unterordnung unter das Unternehmen der Obergesellschaft, wie dies in der Entscheidung VI A 660/38 bereits ausgeführt wird. Es ist nicht erforderlich, daß die Tochtergesellschaft gewerblich in gleicher Weise tätig wird wie die Muttergesellschaft, aber die Tochtergesellschaft muß durch ihre gewerbliche Betätigung dem Unternehmen der Muttergesellschaft d i e n e n. Hieran fehlt es im Streitfalle. ...

Hieraus ergibt sich, daß das Organverhältnis von den Vorinstanzen mit Recht abgelehnt worden ist."

Der BFH stützt seine ablehnende Entscheidung darauf, daß die erforderliche Voraussetzung der wirtschaftlichen Eingliederung in die Obergesellschaft nicht gegeben sei, da die Betriebsgesellschaft, gemäß dem im Urteil neu entwickelten Grundsatz, der gewerblichen Betätigung der Besitzgesellschaft n i c h t d i e n e. „Die Tochtergesellschaft übt eine von der verpachtenden Tätigkeit der Muttergesellschaft abweichende Tätigkeit aus. Durch die Betriebsaufspaltung sollen der Muttergesellschaft und der Tochtergesellschaft vollkommen getrennte Aufgaben zugewiesen werden." Und weiter: „Die gewerblichen Einkünfte der Obergesellschaft ergeben sich ausschließlich aus den mit der Tochtergesellschaft geschlossenen Verträgen."

Zuerst ist hier einzuwenden, daß die gewerblichen Einkünfte nicht aus den „Verträgen“ bezogen werden, sondern Entgelt für die von der Besitzgesellschaft dargebotene Leistung der Verpachtung sind. Dem Vertrag kommt eine die kontinuierliche Leistungsdarbietung und Leistungsabnahme sichernde Bedeutung zu. Es ist weiter seine Aufgabe, die Bedingungen festzulegen, unter denen sich ein kontinuierlicher Leistungsaustausch vollziehen soll. Man kann diese Leistungen nicht, wovon das FG im vorliegenden Fall ausgegangen ist, als eine Vermögensverwaltung ähnlich der ansehen, die ein privater Gesellschafter ausübt, der über die Anteilsmehrheit an einer Körperschaft verfügt. Hier wird neben einer Vermögen verwaltenden Tätigkeit die Tätigkeit der Verpachtung ausgeübt, die nach ständiger Rechtsprechung des RFH in diesem Zusammenhang eine gewerbliche Betätigung ist.

Als maßgebend für die Annahme, daß die Kapitalgesellschaft dem Betrieb des Personenunternehmens nicht diene, sieht der RFH wohl die Tatsache an, daß einerseits beiden Gesellschaften getrennte Aufgaben zugewiesen sind, und andererseits die Personenunternehmung ihre gewerblichen Einkünfte aus den geschlossenen Verträgen bezieht. Der BFH gelangt zu dieser Auffassung über eine formal-juristische Beurteilung, die einen Zusammenhang zwischen beiden Gesellschaften nicht erkennen läßt, da auf der einen Seite die Verpachtung und auf der anderen Seite der Betrieb eines Unternehmens steht, in dem Erzeugnisse produziert und abgesetzt werden. Aus einem bloßen Vergleich der Gesellschaftszwecke allein ist auf eine dienende Tätigkeit der Kapitalgesellschaft nicht zu schließen. Diese ergibt sich vielmehr aus der Zusammenführung der Aufgaben beider Gesellschaften. Die dienende Tätigkeit der Betriebsgesellschaft liegt in der technisch und wirtschaftlich notwendigen Ergänzung der Aufgaben der Besitzgesellschaft durch die der Betriebsgesellschaft sowie in der Verpflichtung und praktischen Handhabung, die von der Besitzgesellschaft dargebotene Leistung der Gebrauchsüberlassung und Fruchtziehung (Verpachtung) insgesamt abzunehmen, im eigenen Betriebe zu benutzen und die in die Produktion eingehenden Leistungen des Verpächters zu veräußern. Es liegt hier eine Gestaltung vor, die bei anderen Organverhältnissen z. B. zur Sicherung der Rohstoffbasis oder des Absatzes bereits seit langem auch steuerlich anerkannt ist. Wenn man auf einzelnen Teilbereichen bedenkt, daß die Besitzgesellschaft Wohnhäuser u. ä. an die Betriebsgesellschaft verpachtet, die diese dann an Dritte (Arbeitnehmer) vermietet, und daß der BFH darin keine dienende Tätigkeit sieht, so wird man schwerlich einen Unterschied von diesem Tatbestand des „Dienens“ gegenüber dem bei der Produktionspersonenfirma und Vertriebs-GmbH[62] feststellen können, bei der

[62] Das Verhältnis Produktionsunternehmen—Vertriebsgesellschaft wird als ein dienendes Verhältnis anerkannt.

die Leistungen (Erzeugnisse) des Produktionsbetriebes von der GmbH aufgenommen und an Dritte veräußert werden. Das gilt auch hinsichtlich der übrigen Anlagen.

Herbert[63] führt bei der Besprechung dieses Urteils aus:

„Bei der Lektüre der Urteilsgründe könnte man zu der Annahme verleitet werden, die Entscheidung bewege sich im Rahmen einer langjährigen gesicherten Rechtsprechung und sei im Grunde nur eine denknotwendige Folge klar herausgearbeiteter Rechtsgrundsätze zum Organschaftsbegriff. Eine solche Beurteilung würde aber übersehen, daß die Argumentation aus der — in diesem Urteil auch noch abgeänderten — Rechtsprechung genommen ist, die sich gegen den Mißbrauch des Organschaftsbegriffs durch Holdinggesellschaften und rein kapitalistische Herrschaftsverhältnisse wehren will. Auf das Gebiet der Betriebsaufspaltung sind diese für Holdinggesellschaften von der Rechtsprechung entwickelten Voraussetzungen für die Anerkennung einer Organschaft aber wegen der Eigenart dieses Wirtschaftsgebildes nicht ohne weiteres übertragbar. Bei der Betriebsaufspaltung als einer im Wirtschaftsleben organisch entwickelten Aufspaltung eines einheitlichen Betriebs in zwei voneinander wirtschaftlich und fabrikationsmäßig abhängige und nach wie vor unlösbar verbundene Unternehmen mit der jederzeit offen gehaltenen Möglichkeit der Rückentwicklung in einen einzigen Betrieb gibt es weder eine im wirtschaftlichen Sinn mit einer Holding-Gesellschaft vergleichbare „Mutter" noch liegt ein kapitalistisches Herrschaftsverhältnis vor. Es hat sich vielmehr die allgemeine Vorstellung eingebürgert, daß die hinter Besitz- und Betriebsfirma stehenden natürlichen Personen sich gleichsam zweigleisig und mittels einer vorgeschobenen GmbH (AG), die ohne das Pachtverhältnis mit der Besitzfirma ein wirtschaftliches Nichts wäre, am Wirtschaftsleben beteiligen. Aufgrund dieser den wirtschaftlichen Tatsachen völlig gerecht werdenden Betrachtung ist die Besitzverwaltungsgesellschaft bisher in ständiger Rechtsprechung als Gewerbebetrieb behandelt worden, die sich auch nach Abschluß des Pachtvertrages — den sie jederzeit aufheben kann — gleichsam als Kernbetrieb des im Wirtschaftsleben unverändert und einheitlich bezüglich Vermögen, Ruf, Geschäftsleitung usw. auftretenden Gesamtunternehmens betrachtet. Wie anders als auf der Grundlage dieser Vorstellung könnte man die Behandlung des Besitzunternehmens als Gewerbebetrieb rechtfertigen? Geht man aber hiervon aus — und offenbar denkt der Senat auch gar nicht daran, die Gewerbesteuerpflicht der Besitzfirma in Frage zu stellen —, so wäre auch auf der Grundlage des in diesem Urteil neu entwickelten Grundsatzes, daß die Muttergesellschaft durch die Tochtergesellschaft ge-

[63] Das Steuerrecht der Unternehmung, Heft 61, Teil 3 a, S. 4.

fördert werden müsse, kein zwingender Anlaß gewesen, das Organverhältnis abzulehnen.“

Herbert weist dann in der Anmerkung 10[64] darauf hin, daß man aber gerade für die Konstruktion der Gewerbesteuerpflicht des Besitzunternehmens ein solches Dienen unterstellt. Für die Organschaft jedoch wird die dienende Tätigkeit der Kapitalgesellschaft verneint. Durch diesen Mangel ist das Urteil nicht überzeugend. Es kann daher auch die eingangs vertretene Auffassung nicht widerlegen, daß in der Betriebsaufspaltung ein Organverhältnis vorliegt, und es wäre zu begrüßen, wenn der BFH Gelegenheit nähme, das Urteil vom 25. Juni 1957 zu überprüfen[65].

III. Einheitsbewertung und Vermögenssteuer

Das bewertungsrechtliche Problem der Betriebsaufspaltung liegt in der Beurteilung des Anteilsbesitzes. Bürgerlich-rechtlich können die Anteile an der Betriebsgesellschaft sowohl dem Besitzunternehmen als auch den Gesellschaftern zugeordnet sein. Im ersten Fall ist die steuerliche Beurteilung durch die zivilrechtliche Gestaltung schon gegeben, da sich der Steuertatbestand mit der juristischen Gestaltung deckt.

In dem anderen Fall aber bestehen auch heute noch erhebliche Zweifel, ob die Anteile steuerlich auch dann zum Betriebsvermögen gehören, wenn diese bürgerlich-rechtlich den Gesellschaftern zuzuordnen sind.

Das wirtschaftlich bedeutende Element des Problems liegt darin, daß die Zurechnung der Anteile zum Betriebsvermögen in der Regel

---

[64] A.a.O., S. 4, Fußnote.

[65] Die Tatsache, daß der BdF dem unter dem 25. 6. 1957 entschiedenen Verfahren beigetreten ist, unterstreicht die Bedeutung des Problems. Man muß sich den steuerpolitischen Hintergrund vergegenwärtigen, vor den dieses Urteil gestellt ist. Wenn sich die Rechtsprechung in einem zukünftigen Zeitpunkt zur gewerbesteuerlichen Organschaft in der Betriebsaufspaltung bekennt, so werden die Steuerpflichtigen daraus sofort u. U. Folgerungen für die Einkommensteuer und Körperschaftsteuer ziehen. Es ist dann der Schritt zu einer im Einkommen- und Körperschaftsteuerrecht bedeutsamen Gewinn- und Verlustausschlußvereinbarung nicht mehr weit und vor allem auch von der Finanzverwaltung nicht mehr zu steuern. Den Doppelgesellschaften würde damit ein weiteres wirksames Instrument gegeben, auf Veränderungen der Einkommen- und Körperschaftsteuer-Tarife zu reagieren. Aus diesem Grunde ist damit zu rechnen, daß sich zumindest die Verwaltung nur zögernd zu einer Anerkennung der Organschaft durchringen wird und daß auch bei deren Beurteilung verschärfte Maßstäbe angelegt werden. Wenn der BFH aber bei seiner — von formal-juristischen Überlegungen getragenen — Auffassung beharrt, so muß er daraus auch die Folgerung ziehen, daß die Besitzgesellschaft keinen Gewerbebetrieb unterhält. Es gibt entweder nur Organschaft auf der einen Seite oder nur die „Vermietung und Verpachtung“ statt „Gewerbebetrieb“ auf der anderen Seite.

mit erheblichen finanziellen Belastungen verbunden ist, solange die Finanzverwaltung sich nicht bereitfindet, für die Betriebsaufspaltung ein Organverhältnis anzuerkennen. Da ein Schachtelprivileg zwischen Unternehmergemeinschaften und Kapitalgesellschaften nicht besteht, erhöht der Vermögenswert der Anteile das Gewerbekapital, und vorgenommene Gewinnausschüttungen erhöhen den Gewerbeertrag des Besitzunternehmens, so daß sich bei der Gewerbesteuer eine Mehrbelastung ergibt, für die u. U. mögliche Teilwertabschreibungen auf den Anteilsbesitz nur einen geringen Ausgleich bieten können.

1. Die Entwicklung der Rechtsprechung zur Frage des Anteilbesitzes

Soweit der RFH sich mit der Frage der Zurechnung der Anteile zum Betriebsvermögen oder Privatvermögen in der Betriebsaufspaltung beschäftigt hat, hat er anfänglich zum Ausdruck gebracht, daß die Anteile notwendiges Betriebsvermögen sein *können*, jedoch mit einem Akzent dahin, daß die Anteile notwendiges Betriebsvermögen sind.

Im Urteil vom 26. Oktober 1938[66] nimmt er bei wirtschaftlichem Zusammenhang zwischen einer oHG, einer GmH und ihren Gesellschaftern dazu Stellung:

„Wenn ein solcher wirtschaftlicher Zusammenhang vorliegt und die oHG sowie die GmbH von der Mehrheit derselben Teilhaber beherrscht wird, so dürfte unter Umständen ein einheitlichr Gewerbebetrieb in Frage kommen, zu dem einerseits das von der oHG verwaltete Fabrikgrundstück, ferner aber auch die GmbH-Anteile, soweit sie im Besitz der Gesellschafter der oHG sind, gehören würden."

Ebenso wie Grundstücke[67] können auch andere Gegenstände, insbesondere GmbH-Anteile oder Aktien, dem Betrieb einer Personenunternehmung dienen und somit deren notwendiges Betriebsvermögen bilden. Wenn solche Gegenstände dem Betrieb dienen, so sind sie dem Betriebsvermögen auch dann hinzuzurechnen, wenn sie formell im Eigentum der Gesellschafter stehen[68].

Später hat der RFH[69] dagegen diese unbestimmte Rechtsauffassung aufgegeben und entschieden, daß bei Aufteilung eines bisher als oHG betriebenen einheitlichen Unternehmens in eine Grundstücks-oHG und eine Betriebs-GmbH die Stammanteile der GmbH und Forderungen an diese, die mit den Einlagen der oHG belegt werden, zum Betriebs-

---

[66] RStBl. 1939, S. 282; vgl. v. 30. 11. 1939, RStBl. 1940, S. 361; 7. 11. 1940, RStBl. 1941, S. 985.

[67] Vgl. RFH v. 22. 10. 1931, RStBl. 1932, S. 388.

[68] Vgl. RFH v. 22. 6. 1938, RStBl. 1938, S. 850.

[69] U. v. 6. 8. 1942, RStBl. 1942, S. 970.

vermögen der Unternehmergemeinschaft gehören. In der Urteilsbegründung hebt der Reichsfinanzhof hervor, daß die oHG ohne die Beteiligung an der GmbH ein Torso sei, dem keine betriebswirtschaftliche Bedeutung zukommen würde, wenn man nicht die GmbH-Anteile als wesentliche Bestandteile der oHG ansieht. Die beherrschende Stellung kommt der Gesellschaft zu, welche die neu errichtete Gesellschaft aus sich abgespalten hat[70]. Das sind nach einem anderen Urteil[71] die gewerblich tätigen verbundenen Gesellschafter der oHG, die als Mitunternehmerschaft über den ganzen Betrieb, damit auch über die eingeschaltete Kapitalgesellschaft herrschen, auch wenn diese herrschende Tätigkeit nach außen nur wenig hervortritt. Die notwendige Folgerung daraus sei, daß die GmbH-Anteile Betriebsvermögen der Gemeinschaft bilden müssen. Die Ausgliederung ändere nichts an der Tatsache, daß die Gesamtfirma zwar rechtsförmlich aufgeteilt sei, aber wirtschaftlich ein einheitlicher Organismus bleibe, und also die Betriebs-GmbH nur einen Teil des Gesamtbetriebes darstelle. Unbestritten bleibe diese Einheit auch dadurch, daß die einzelnen Untereinheiten bürgerlich-rechtlich und steuerrechtlich für die Körperschaftsteuer und Vermögensteuer besonderen Regeln folgen. Die durch engste Bande verbundene Unternehmergemeinschaft halte das Gesamtunternehmen, das aus den Grundstücken der oHG und der GmbH, bzw. der Rechtsnatur der Beteiligung folgend, den GmbH-Anteilen bestehe.

Demgegenüber hat der OFH[72] die Auffassung vertreten, daß die Unternehmergemeinschaft in der GmbH deren Rechtspersönlichkeit untergeordnet ist und man danach nicht feststellen könne, wie es im Urteil vom 16. November 1944 geschehe, daß der Konzern einheitlich den Gesellschaftern gehöre und diese einheitlich und souverän als Teilhaber oder Gesellschafter-Geschäftsführer über das Schicksal des ganzen Unternehmens bestimmen würden. Gegenüber „der vagen, unbestimmten und unbestimmbaren Auslegung des Vertragswillens“ sei „der juristischen Gestaltung die ihr gebührende Bedeutung zuzuerkennen, die steuerlich im Mißbrauch von Formen und Gestaltungsmöglichkeiten des bürgerlichen Rechts nach § 6 StAnpG ihre Grenze“ finde. Bei der in der Doppelgesellschaft vorliegenden Verteilung des wirtschaftlichen Schwergewichts sei eher die oHG ein Teil der GmbH als umgekehrt die GmbH ein unselbständiger Teil der Unternehmergemeinschaft. Daraus folge, daß die Geschäftsanteile der GmbH nicht Betriebsvermögen der oHG seien.

---

[70] RFH v. 21. 3. 1944, RStBl. 1944, S. 396.

[71] V. 16. 11. 1944, RStBl. 1945, S. 34, das die Bildung eines Konzerns mit zwei selbständigen Untereinheiten annimmt.

[72] U. v. 7. 5. 1947, StW 1947, Nr. 24.

In der Literatur[73] werden die Ausführungen des OFH darüber, daß die Anteile nicht zum Betriebsvermögen der oHG gehören, für zu kurz gefaßt gehalten, um hieraus eine endgültige Stellungnahme entnehmen zu können. Die derzeit bestehende, durch das Urteil des OFH hervorgerufene Rechtsunsicherheit drückt sich in der Forderung von *Brönner*[74] nach einer abschließenden höchstrichterlichen Stellungnahme aus. Man wird bei der Beurteilung der Anteilszugehörigkeit sich nun weder auf die dazu ergangene Rechtsprechung des RFH noch auf die des OFH stützen können.

2. Die Ordnungsmerkmale der Zurechnung der Anteile

Die Auseinandersetzungen um die Frage der Zugehörigkeit der Anteile an der Betriebskapitalgesellschaft sind im Grunde nichts anderes als Überlegungen darüber, ob in der steuerlichen Beurteilung der wirtschaftlichen Betrachtungsweise der Vorrang gegenüber der bürgerlich-rechtlichen Gestaltung einzuräumen ist.

Littmann[75] gibt der wirtschaftlichen Betrachtungsweise die Vorrangstellung. Er führt aus, daß „weder für die einkommensteuerliche noch für die vermögensteuerliche Beurteilung Zweifel bestehen, daß die Zugehörigkeit von Wirtschaftsgütern zum Betriebsvermögen nicht nach der bürgerlich-rechtlichen Eigentumslage, sondern nach wirtschaftlichen Gesichtpsunkten zu beurteilen ist“. Die wirtschaftliche Betrachtungsweise zwingt nach seiner Auffassung in dem Fall, in dem die Grundstücksverwaltungsgesellschaft überhaupt erst durch den Anteilsbesitz Gewerbebetrieb ist und durch ihn am allgemeinen wirtschaftlichen Verkehr teilnimmt, dazu, die Anteile auch dann dem Vermögen der Besitzgesellschaft zuzurechnen, wenn sie sich bürgerlich-rechtlich im Eigentum der Gesellschafter befinden.

Eine so weitgehende Anwendung der wirtschaftlichen Betrachtungsweise ist m. E. allein aus rechtsstaatlichen Erwägungen in den hier bezeichneten Fällen nicht frei von Bedenken; denn sie führt dazu, daß Rechtsgeschäfte mit weittragenden bürgerlich-rechtlichen und steuerlichen Folgen[76] für bestimmte steuerliche Zwecke einfach ignoriert werden und daß die Vornahme gewisser Rechtshandlungen durch eine Auslegungsregel unterbunden wird. Darin ist m. E. eine unzulässige

---

[73] *Herbert:* Das Steuerrecht der Unternehmung, Heft 61, Teil 3, S. 9; *Hoffmann*, StW 1947, Sp. 410.

[74] Die Besteuerung der Gesellschaften, 9. Aufl., S. 450.

[75] Grundstücksverwaltung und Anteilsbesitz in der Steuerrechtsprechung, Wpg. 1950, S. 75.

[76] *Kinnebrock:* Die Umwandlung in Kapitalgesellschaften, Wpg. 1949, S. 558, weist in diesem Zusammenhang nicht zutreffend auf die umsatzsteuerliche Behandlung der Entnahme des Betriebsvermögens bei der Einbringung hin. Sie ist eine der steuerlichen Folgen, die zur Beurteilung jedoch nur in Verbindung mit der Einkommensteuer zu sehen ist.

Einschränkung der Gestaltungsfreiheit zu sehen, die mit dem Grundsatz der Vertragsfreiheit nicht in Einklang zu bringen ist.

Mit Recht hat daher der OFH[77] der „juristischen Gestaltung des Rechtsverhältnisses die ihr gebührende Bedeutung“ zuerkannt. Diese kann nur in der Maßgeblichkeit der bürgerlich-rechtlichen Handlungen liegen. Für die wirtschaftliche Betrachtungsweise ist hier dann Raum, wenn die rechtsförmliche Gestaltung den wahren Absichten der Beteiligten zuwiderläuft. Das kann beim rechtsgeschäftlichen Irrtum einerseits und beim Mißbrauch von Formen und Gestaltungsmöglichkeiten des privaten Rechts andererseits vorliegen. Wenn beide Fälle auszuklammern sind, so ist der Tatbestand nach der auch steuerlich verwirklichten bürgerlich-rechtlichen Gestaltung zu beurteilen. Man wird also jeweils im Einzelfall festzustellen haben, welche rechtsförmliche Gestaltung gewählt oder beabsichtigt und ob diese Gestaltung auch vollzogen ist[78]. Die Berücksichtigung des Vollzugs des Vertragswillens ist deshalb in die Überlegungen einzubeziehen, da die steuerliche Beurteilung sich nur an den verwirklichten und nicht an den beabsichtigten Steuertatbestand halten kann.

a) Der Gestaltungswille

Wenn man nun, dem Urteil des OFH vom 7. Mai 1947 folgend, der juristischen Gestaltung des Rechtsverhältnisses auch für die steuerliche Behandlung maßgebende Bedeutung zuzuerkennen hat, so folgt daraus m. E. noch keine einheitliche Beurteilung des Anteilsbesitzes in den Fällen, in denen bürgerlich-rechtlich die Gesellschafter des Besitzunternehmens die Stammanteile übernehmen. Man kann hier nicht annehmen, daß die Stammanteile in allen Gestaltungen dieser Art Privatvermögen sind, sondern der OFH hat umgekehrt wohl lediglich zum Ausdruck bringen wollen, daß die Stammanteile nicht notwendiges Betriebsvermögen sein müssen, da dem die bürgerlich-rechtliche Gestaltung entgegenstehen kann[79]. Die bisher vertretene wirtschaftliche Betrachtungsweise wird dadurch nicht aufgegeben, die eine Zurechnung von Wirtschaftsgütern zum Betriebsvermögen in bestimmten Fällen auch dann rechtfertigt, wenn diese im privaten Vermögen der Unternehmer stehen. Lediglich die Notwendigkeit der Zurechnung der Anteile zum Betriebsvermögen wird verneint. Es öffnet sich dadurch ein Raum, innerhalb dessen der Steuerpflichtige

---

[77] U. v. 7. 5. 1947, StW 1947, Nr. 24.

[78] Vgl. auch *Furtwängler:* Die Umwandlung von offenen Handelsgesellschaften in Gesellschaften mit beschränkter Haftung unter steuerlichen Gesichtspunkten, S. 94, der darauf hinweist, daß die Zurechnung der Anteile sich nach der Beurteilung des Einzelfalls zu richten hat.

[79] Vgl. *Zitzlaff:* Zur Frage der Betriebs- oder Vertriebs-GmbH, StW 1951, Sp. 337.

seine Gestaltungsfreiheit ausüben kann und die dazu führt, unter bestimmten Voraussetzungen die Anteile als Betriebsvermögen oder als Privatvermögen zu behandeln, und die es erlaubt, der vom OFH als maßgeblich anerkannten juristischen Gestaltung die ihr gebührende Bedeutung zuzuerkennen. Man muß, davon ausgehend, anerkennen, daß die bürgerlich-rechtliche Gestaltung, die den Gesellschaftern des Besitzunternehmens die Anteile an der Kapitalgesellschaft zurechnet, in der steuerlichen Beurteilung zwei Unterfälle einschließt, die entweder die Anteile dem Betriebsvermögen der verbundenen Gesellschafter oder aber ihnen selbst als Privatvermögen zurechnen kann.

Wenn auf der einen Seite steuerlich zwei Gestaltungsfälle möglich sind und auf der anderen Seite der aus der Maßgeblichkeit der bürgerlich-rechtlichen Behandlung abzuleitende Grundsatz der Vertragsfreiheit den Beteiligten ein Wahlrecht gestattet, so wird im Einzelfall festzustellen sein, welche Form ihrem Gestaltungswillen entspricht und welche Gestaltung beabsichtigt ist. Maßgebend für die Zurechnung der Anteile ist danach der Wille der Unternehmer, die Anteile als Betriebsvermögen oder als Privatvermögen zu behandeln.

b) Die Ausführung des Gestaltungswillens

Die Ausführung des Gestaltungswillens ist ein anderes Ordnungsmerkmal für die Zurechnung, indem der Vollzug des Parteiwillens den Tatbestand vollendet, an den sich die steuerliche Beurteilung hält. Man ist sehr leicht geneigt, die Ausführungshandlung, insbesondere die Bemessung der Übertragungswerte für die eingebrachten Wirtschaftsgüter mit dem Willen zu identifizieren oder von der Ausführungshandlung auf den Willen zu schließen[80]. Mit Rücksicht auf die vorliegende schwierige Rechtslage ist ein solcher Rückschluß nur bedingt zulässig, da in diesen Fällen die Steuerpflichtigen häufig keine genauen Vorstellungen darüber haben, wie die Anteile steuerlich zu behandeln sind.

Herbert[81] weist darauf hin, daß „nur eindeutige Buchungen wie z. B. die Entnahme von bisher in der Buchführung erfaßten Anteilen als verbindlicher Ausdruck des kaufmännischen Willens zu betrachten sind. Die Unterlassung jeglicher Buchung" bei Anteilen, die nicht in der Steuerbilanz geführt sind, „läßt aber ... keinen Rückschluß in der Richtung zu, daß eine Entnahme erfolgt sei". Man wird daher prüfen müssen, welche Tatbestände eine Entnahme erkennen lassen, und, wenn solche nicht vorliegen, die Steuerpflichtigen zu einer Erklärung

---

[80] So sieht *Zitzlaff*, a.a.O., StW 1951, Sp. 337, in der Fortführung der Buchwerte durch die GmbH den Willensausdruck, die GmbH-Anteile an die Stelle des bisherigen Betriebes treten zu lassen.

[81] Das Steuerrecht der Unternehmung, Heft 61, Teil 3, S. 9.

veranlassen, ob die Anteile zum Betriebsvermögen oder als Privatvermögen rechnen.

Überträgt die Personenunternehmung die in die Kapitalgesellschaft einzubringenden Wirtschaftgüter vor der Einbringung zu Teilwerten auf ihre Gesellschafter und bringen diese sie in die Betriebsgesellschaft ein, so ist darin eindeutig eine Entnahme der Wirtschaftsgüter aus dem Betriebsvermögen in das Privatvermögen zu sehen, die die Zurechnung der aus der dann folgenden Einbringung entstehenden Anteile zum Privatvermögen nach sich ziehen muß; denn steuerlich geben die Steuerpflichtigen durch die Befolgung der Bewertungsvorschriften für Entnahmen gemäß § 6 Abs. 1 Ziff. 4 EStG zu erkennen, daß die von der Personenunternehmung auf sie übertragenen Wirtschaftsgüter nunmehr nach erfolgter Übertragung Privatvermögen darstellen und daher die Einbringung in die Betriebsgesellschaft nicht mehr zu ihrer gewerblichen Tätigkeit rechnen kann. Es ist dann steuerlich nicht vertretbar, auf der einen Seite zwar die Übertragung zu Teilwerten anzuerkennen und den sich daraus ergebenden Übertragungsgewinn der Besteuerung zu unterwerfen und auf der anderen Seite die mit den Entnahmen erlangten Stammanteile dem Betriebsvermögen wieder zuzurechnen. Bei der Übertragung zu Buchwerten[82] dagegen stellen die Anteile im Zeitpunkt ihrer Entstehung Betriebsvermögen dar. Steuerlich liegt eine Entnahme nicht vor, da die für sie geltenden Bewertungsvorschriften des § 6 Abs. 1 Ziff. 4 nicht berücksichtigt sind. Es ist ein dem Tausch gleichzusetzender Vorgang gegeben. Die Zurechnung der Anteile zum Privatvermögen ist auch nicht dadurch zu begründen, daß der RFH[83] bei der Einbringung von ganzen Unternehmungen nur für den Fall der späteren Veräußerung der Anteile noch gewerbliches Vermögen, im übrigen aber Privatvermögen annimmt[84], da die Betriebsteilung hier anderen Regeln folgen muß. Man kann in diesem Stadium, im Gegensatz zur Übertragung zu Teilwerten, noch nicht erkennen, ob die von den Gesellschaftern für die Anteile beabsichtigte Gestaltung vollzogen ist[85]; denn es bleibt den Gesellschaftern unbenommen, die Anteile als Privatvermögen zu behandeln, nur sind dazu weitere Verfügungen notwendig, die sich auf die Anteile selbst beziehen, d. h. es müssen nunmehr die Anteile zum Teilwert aus dem

---

[82] *Zitzlaff,* a.a.O., StW 1951, Sp. 337, sieht m. E. zu sehr in der Bilanzierungsart der Kapitalgesellschaft das Kriterium für die Behandlung der Anteile. Bedeutung kommt dem Übertragungsakt zu, die Bilanzierung in der Kapitalgesellschaft kann nur Ausdruck der Form sein, in welcher die Übertragung vollzogen wird.

[83] Vgl. U. v. 12. 4. 1934, RStBl. 1934, S. 838.

[84] Es ist bereits vorher darauf hingewiesen, daß für die Betriebsteilung eine solche Behandlung nicht erfolgen kann, da hier die Unternehmereigenschaft noch gegeben ist und das Privatvermögen vom Betriebsvermögen der Unternehmer klar abgegrenzt werden kann.

[85] Im Gegensatz dazu *Zitzlaff,* a.a.O., StW 1951, Sp. 337.

Betriebsvermögen entnommen werden, und es wird der dabei erzielte Gewinn der Besteuerung unterworfen.

Die Fälle, in denen die Übertragung zu Buchwerten erfolgt, sind daher so zu beurteilen, daß zuerst die aus der Übertragung hervorgehenden Kapitalanteile notwendiges Betriebsvermögen der Gesellschafter sind, daß diese aber durch zeitlich später erfolgende Verfügungen durch Entnahme in das Privatvermögen übergeführt werden können.

Schwierigkeiten in der Beurteilung treten aber dann auf, wenn die Wirtschaftsgüter zum Zwecke der Einbringung zum Teil zu Buchwerten und zum Teil zu Teilwerten entnommen werden. Es ist m. E. in der Betriebsaufspaltung davon auszugehen, daß Sachgesamtheiten übertragen werden, die zwar in ihren einzelnen Bestandteilen unterschiedlich bewertet, aber in der Zurechnung zum Privatvermögen oder Betriebsvermögen nur einheitlich beurteilt werden können. Es erscheint danach gerechtfertigt, solange keine Entnahme anzunehmen, als die Sachgesamtheit nicht vollständig zu Teilwerten übertragen wird. Damit sind die entstehenden Anteile zuerst als Betriebsvermögen zu behandeln, die dann später z. B. bei Aktien ganz oder zum Teil durch Entnahme aus dem Betriebsvermögen in das Privatvermögen übergeführt werden können.

IV. Umsatzsteuer

Der Umsatzsteuer unterliegen die Lieferungen und sonstigen Leistungen, die ein Unternehmer im Inland gegen Entgelt im Rahmen seines Unternehmens ausführt[86]. Der Leistungsaustausch in der Betriebsaufspaltung kann sich sowohl auf Lieferungen, die in § 3 Abs. 1 UStG als gegenständliche Leistungen definiert werden, als auch auf Leistungen erstrecken. Als Lieferungen kommen hier insbesondere die Erstellung von Gegenständen des Anlagevermögens durch die Betriebsgesellschaft für die Besitzgesellschaft in Betracht. Die umsatzsteuerlichen Leistungen erstrecken sich hauptsächlich auf solche Leistungen, die aus dem Pachtverhältnis hervorgehen, indem die Besitzgesellschaft der Betriebsgesellschaft das Recht zum Gebrauch und der Fruchtziehung an den Pachtgegenständen einräumt. In dem auf das bestehende Pachtverhältnis sich begründenden Leistungsaustausch zwischen der Besitzgesellschaft und der Betriebsgesellschaft treten häufig Zweifel auf, ob überhaupt und in welchem Umfange gerade die Leistungen zur Umsatzsteuer heranzuziehen sind, während bei den gegenständlichen Lieferungen, bei denen sich die Besitzgesellschaft und die Betriebsgesellschaft im Verhältnis von Käufer und Verkäufer gegenüberstehen, über den Steuertatbestand und über die Bemessungs-

[86] § 1 Ziff. 1 UStG.

grundlage kaum Zweifel auftauchen. Aus diesem Grunde sei die Untersuchung auf die Leistungen des Pachtverhältnisses beschränkt.

Mit Rücksicht darauf, daß in der vorliegenden Fassung des Umsatzsteuergesetzes Vorschriften nicht enthalten sind, die die Umsatzsteuer bei allen Betriebsaufspaltungen in jedem Fall nicht entstehen lassen, ist es notwendig, zuvor die Leistungen ohne Rücksicht darauf zu prüfen, daß in den unten folgenden Besprechungen der Organschaft und Unternehmereinheit ein die Umsatzsteuer beseitigender Tatbestand auftreten kann.

1. Die Systematik der Umsatzsteuer

Bei der Beurteilung des umsatzsteuerlichen Tatbestandes sind nichtsteuerbare, steuerbare, steuerpflichtige und steuerbefreite Lieferungen und Leistungen zu unterscheiden. Ein steuerbarer Umsatz liegt vor, wenn ein Unternehmer im Inland im Rahmen seines Unternehmens Lieferungen und sonstige Leistungen gegen Entgelt ausführt[87]. Im Gegensatz dazu ist ein nichtsteuerbarer Umsatz dann gegeben, wenn einer Lieferung oder Leistung auch nur eine der Voraussetzungen des § 1 UStG fehlt. Z. B. wenn eine Lieferung nicht im Inland durchgeführt wird, nicht gegen Entgelt erfolgt oder der Lieferant kein Unternehmer im Sinne des Umsatzsteuergesetzes ist.

Die alle Voraussetzungen des § 1 UStG umschließenden Lieferungen und Leistungen sind der steuerbare Umsatz. Dieser kann entweder steuerpflichtig oder steuerbefreit sein. Die steuerbefreiten Umsätze sind erschöpfend in § 4 UStG aufgeführt. Der steuerpflichtige Umsatz ist durch eine Negativklausel zu erfassen. Er ist derjenige Teil des steuerbaren Umsatzes, der nicht nach § 4 UStG steuerbefreit ist. Ein steuerbarer Umsatz kann danach entweder ganz steuerpflichtig, ganz steuerbefreit oder zum Teil steuerpflichtig und zum Teil steuerbefreit sein.

2. Der Besteuerungsmaßstab des Umsatzsteuergesetzes

Der steuerbare Umsatz wird bei den Lieferungen und sonstigen Leistungen im Sinne des § 1 Ziff. 1 UStG nach dem dafür vereinnahmten Entgelt bemessen. Zum Entgelt rechnet alles das, was der Empfänger einer Lieferung oder Leistung aufwenden muß, um diese Lieferung oder Leistung zu erhalten[88]. Es ist unerheblich, ob das Entgelt auch tatsächlich in einer Geldleistung besteht. Als umsatzsteuerliches Entgelt sind auch Gegenlieferungen und Gegenleistungen anzusehen. Unbeachtlich ist auch, ob das gewährte Entgelt dem Wert der Leistung entspricht[89].

---

[87] Vgl. § 1 Ziff. 1 UStG.
[88] § 10 UStDB.
[89] Vgl. *Plückebaum,* Kom. UStG, S. 243.

3. Die Ermittlung des steuerbaren Umsatzes

Der steuerbare Umsatz entsteht einerseits aus einer Lieferung oder Leistung und andererseits aus der Vereinnahmung des dafür zu entrichtenden Entgelts. Der Umfang der Leistung der Besitzgesellschaft in dem Pachtverhältnis erstreckt sich in der Regel auf die Gebrauchsüberlassung von Pachtvermögen und die Gewährung der Fruchtziehung durch die Betriebsgesellschaft.

Zweifel mögen aber bei der Feststellung des Entgeltes aufreten, indem nämlich im Einzelfall diejenigen Beträge zu ermitteln und als Entgelt anzusprechen sind, die die Pächterin aufwendet, um die Leistung der Verpächterin zu erlangen. Erschwerend tritt bei Pachtverhältnissen hinzu, daß sich häufig bürgerlich-rechtliche Verpflichtung und Entgelt nur schwer voneinander trennen lassen. Bei der Beurteilung, ob Leistungen der Betriebsgesellschaft Entgelt darstellen oder nicht, ist von der im BGB vorgesehenen Gestaltung und von der Verkehrsauffassung auszugehen[90].

a) Die Grundpacht

Derjenige Teil des Pachtzinses, der als Verzinsung des eingesetzten Pachtvermögens anzusehen ist, stellt unzweifelhaft Entgelt für die von der Besitzgesellschaft ausgeführte Leistung dar und ist ein Maßstab der Umsatzbesteuerung.

b) Der Abnutzungsaufwand

Bei der Verteilung der Erneuerungsverpflichtung auf die beiden Glieder der Doppelgesellschaft sind zwei Fälle zu unterscheiden, in denen

1. die Besitzgesellschaft die Verpflichtung zur Erneuerung des verpachteten Vermögens übernimmt. Sie erhält zur Abgeltung der Abnutzung Vergütungen in der vertraglich vorgesehenen Höhe als Abnutzungsentschädigung,
2. die Betriebsgesellschaft, die Verpflichtung übernimmt, das Pachtvermögen in dem bei Pachtbeginn vorhandenen Umfang zu erhalten und in gleichem Umfang bei Beendigung der Pacht zurückzugeben.

Nur in dem ersten Fall kann eine umsatzsteuerliche Leistung gesehen werden, die in der Gewährung der Abnutzung durch die Betriebsgesellschaft besteht. Danach ergibt sich für die beiden möglichen Gestaltungsformen auch eine umsatzsteuerlich verschiedene Beurteilung.

---

[90] Vgl. RFH v. 5. 10. 1929, RStBl. 1930, S. 120; BFH v. 26. 7. 1955, BStBl. 1955 III, S. 258.

ba) Die Abnutzungsentschädigung

Zur Frage, was bei einer Verpachtung als umsatzsteuerliches Entgelt anzusehen ist, führt der RFH im Urteil vom 5. Oktober 1929[91] aus:

„Dagegen hat nach der Verkehrsauffassung die darüber hinaus von der Verpächterin übernommene Vergütung für die Abnutzung der Einrichtung bei nicht vertragswidrigem Gebrauch, die laufend von der Pächterin nach einem Hundertsatz ihres durch die Nutzung des Pachtgegenstandes mitbedingten Jahresumsatzes geschuldet und von der Verpächterin vereinnahmt wird, als ein weiteres Entgelt für die Überlassung von Gebrauch und Nutznießung zu gelten, da als Wille der Beteiligten anzunehmen ist, daß sie andernfalls einen höheren Pachtzins vereinbart hätten." *Hoffmann*[92] wendet sich gegen die Behandlung der Abnutzungsentschädigungen als steuerbarer Umsatz, indem sie eine vorliegende Leistung der Besitzgesellschaft verneint. Nach ihrer Auffassung trägt der Pächter von gewerblichen Betrieben die Verpflichtung, das Pachtobjekt in dem übernommenen Zustand zu erhalten und zurückzugeben, und sie verweist in diesem Zusammenhang auf die bürgerlich-rechtlichen Vorschriften der Pacht von landwirtschaftlichen Grundstücken. Die gezahlten Abnutzungsentschädigungen werden von ihr als ein „Ersatz für die Unmöglichkeit, die Rückgabeverpflichtung in vollem Umfange zu erfüllen" angesehen, für die eine Gegenleistung fehlt. M. E. ist zu prüfen, ob in diesen Fällen tatsächlich keine Leistung der Besitzgesellschaft vorliegt, und die Zahlungen u. U. als Schadenersatzleistungen anzusprechen sind.

Umsatzsteuerlich stellt „jeglicher Verzicht auf ein obligatorisches oder dingliches Recht" eine Leistung dar[93]. Hier ist die Leistung darin zu sehen, daß die Besitzgesellschaft die bei dem Gebrauch durch die Betriebsgesellschaft entstehende Abnutzung duldet. Es handelt sich also um den Fall der negativen Leistung. Man kann sagen, daß die Leistung der Besitzgesellschaft in der Gewährung der Abnutzung besteht, für die ein Entgelt gezahlt wird. Das für die Abnutzung gewährte Entgelt als Schadenersatz anzusehen, findet keine Stütze, denn vertraglich gewährt die Besitzgesellschaft die Abnutzung des Pacht-

---

[91] RStBl. 1930, S. 120.

[92] Umsatzsteuer bei der Verpachtung eines Maschinenparks, BB 1953, S. 83 f. Ebenso *van der Bosch:* Die umgekehrte Betriebsaufspaltung, S. 111, 113 f., der von der gesetzlichen Ersatzverpflichtung des Pächters ausgeht und ausführt: „Nach dieser rein rechtlichen Gegenüberstellung der Rückgabeverpflichtung bei Miete und Pacht ist dem Gesetz zufolge der Teil des Pachtzinses, der auf die dem Verpächter zu ersetzenden Abschreibungen entfällt, nicht das Entgelt für eine gewährte Leistung, sondern vielmehr der aus dem Gesetz sich ergebende pflichtgemäße Ersatz. ... Nach den Urteilen v. 3. 2. 1939 (RStBl. 1939, S. 470) und vom 12. 6. 1942 (RStBl. 1942, S. 842) unterliegt eine Ersatzleistung nicht der Umsatzsteuer."

[93] *Plückebaum,* Kom. UStG, S. 343.

objektes, so daß eine Schädigung nicht vorliegt. Das Finanzgericht Münster hat sich im Urteil vom 30. September 1954[94] gegen die von *Hoffmann* vertretene Auffassung ausgesprochen, dem der BFH mit Urteil vom 26. Juli 1955[95] beitritt, daß die für die Abnutzung des Pachtobjektes zu zahlenden Vergütungen umsatzsteuerliches Entgelt sind und damit zur Bemessungsgrundlage des steuerbaren Umsatzes gehören.

bb) Der Erneuerungsaufwand der Betriebsgesellschaft

In den Fällen, in denen die Betriebsgesellschaft verpflichtet ist, das Pachtvermögen bei Beendigung der Pacht in dem übernommenen Zustand zurückzugeben, entfallen die Vergütungen für die Abnutzung an die Besitzgesellschaft.

Da nach § 10 UStDB als Entgelt das anzusehen ist, was der Empfänger einer Leistung aufwenden muß, um diese Leistung zu erhalten, so ist zu prüfen, ob der von der Betriebsgesellschaft zu tragende Erneuerungsaufwand zu den Aufwendungen rechnet, die in die Bemessungsgrundlage einzubeziehen sind.

Die Pacht gewährt den Gebrauch und die Fruchtziehung des Pachtgegenstandes. Hinsichtlich des Abnutzungsaufwandes ist die Verpflichtung, „das Pachtvermögen in gleichem Umfang zurückzugeben", analog zu der in § 587 BGB für Grundstücksinventar vorgesehenen Abrede zu beurteilen. Wird danach das Inventar zum Schätzwert mit der Verpflichtung übernommen, dieses bei der Beendigung der Pacht zum Schätzwert zurückzugeben, so hat der Pächter gem. § 588 Abs. 2 BGB das Inventar in dem Zustand zu erhalten, in welchem es ihm übergeben wird. Die Erhaltung des Pachtgegenstandes wird in diesem Fall zu einer gesetzlichen Verpflichtung der Betriebsgesellschaft. Die Leistung der Besitzgesellschaft erstreckt sich hier ausschließlich auf den Gebrauch und die Überlassung der Fruchtziehung; sie schließt die Abnutzung der Pachtgegenstände durch den Pächter nicht ein[96]. Dem steht auch nicht entgegen, daß durch den Gebrauch ein Substanzverzehr zwangsläufig auftritt; wesentlich ist vielmehr für die umsatzsteuerliche Behandlung, daß hier nach den Vorschriften des bürgerlichen Rechts die Erneuerungen vom Pächter zu tragen sind. Die Aufwendungen der Betriebsgesellschaft stellen kein Entgelt im Sinne des § 10 UStDB dar und der zwangsläufig auftretende Verschleiß ist keine Leistung der Besitzgesellschaft. Diese Beurteilung findet ihre Stütze in der höchstrichterlichen Rechtsprechung insoweit, als in den Urteilen bei festgestellter Umsatzsteuerpflicht jeweils eine Ver-

---

[94] EFG 1955, S. 124.
[95] BStBl. 1955 III, S. 258.
[96] *Itter:* Umsatzsteuer bei der Verpachtung eines Unternehmens, B 1954, S. 442.

pflichtung zur Zahlung von Abnutzungsentschädigungen festgestellt ist[97].

Man kann auch nicht davon ausgehen, daß die Erneuerungsaufwendungen eine Leistung der Betriebsgesellschaft sind, die bei dieser der Umsatzsteuer unterliegen und das von der Besitzgesellschaft gewährte Entgelt in einer Minderung des Pachtzinses besteht. Dem steht die gesetzliche Erneuerungsverpflichtung der Betriebsgesellschaft entgegen. Kommt die Betriebsgesellschaft ihrer Verpflichtung zur Erhaltung der Anlagen nicht nach und gewährt sie während der Pachtzeit oder am Ende des Pachtverhältnisses eine Entschädigungszahlung, so sind diese Beträge das Entgelt für die Duldung der Nichterfüllung einer vertraglichen Verpflichtung. Die Duldung selbst ist in diesem Fall die negative und umsatzsteuerliche Leistung. Solche Entschädigungen sind zur Umsatzbesteuerung heranzuziehen.

c) Der Erhaltungsaufwand

Der Erhaltungsaufwand der Betriebsgesellschaft umfaßt die auf das Pachtvermögen entfallende und zu bewirkende Instandhaltungsleistung. Nach §§ 582, 586 Abs. 1 BGB gehört die Vornahme der gewöhnlichen Ausbesserungen zu den vom Pächter, d. h. von der Betriebsgesellschaft zu tragenden Lasten. Zur Umsatzsteuerpflicht dieses Instandhaltungsaufwandes führt der BFH[98] aus:

„Dagegen kann der Vorinstanz hinsichtlich der Zurechnung der Beträge zum Pachtengelt, die die Pächterin für die ordnungsmäßige Verwaltung der gepachteten Gegenstände und für die Instandhaltung der Gebäude aufgewendet hat, nicht beigetreten werden. Auch zu dieser Frage hat der Reichsfinanzhof schon in dem oben erwähnten Urteil V A 47/29[99] grundsätzlich Stellung genommen und die Verpflichtung des Pächters zur Vornahme der gewöhnlichen Ausbesserungen, auch wenn diese, wie hier, als Instandhaltung der Betriebseinrichtungen zu deren Erhaltung übernommen worden sind, nicht als ein Teil des steuerpflichtigen Entgelts angesehen, weil als Gegenleistung für die Verpachtung der vereinbarte Pachtzins in Frage kommt, dieser aber die gesetzlichen Verpflichtungen des Pächters stets unberücksichtigt läßt ... Da die gesetzlich bestehenden Verpflichtungen also keine Gegenleistung darstellen, kann § 10 UStDB nicht wirksam werden.“

Der Instandhaltungsaufwand der Betriebsgesellschaft kann zur Versteuerung nicht in die Bemessungsgrundlage einbezogen werden. Zu einer anderen Beurteilung wird man jedoch dann gelangen, wenn die Betriebsgesellschaft ihrer Unterhaltungsverpflichtung nicht nachkommt

[97] Vgl. RFH v. 5. 10. 1929, RStBl. 1930, S. 120; BFH v. 26. 7. 1955, BStBl. 1955 III, S. 258.
[98] Urteil v. 26. 7. 1955, BStBl. 1955 III, S. 258.
[99] V. 5. 10. 1929, RStBl. 1930, S. 120.

und für unterlassene Reparaturen Ausgleichszahlungen leistet. Der entgeltliche Verzicht der Besitzgesellschaft auf Vertragserfüllung oder auf Erfüllung der gesetzlichen Verpflichtung zur Instandhaltung ist eine steuerbare Leistung[100].

d) Die Verwaltungsleistungen

In der Betriebsaufspaltung wird die Betriebsgesellschaft sehr oft vertraglich verpflichtet, die durch die Verpachtung anfallenden Verwaltungsarbeiten für die Besitzgesellschaft zu verrichten. Eine gesetzliche Regelung für die Übernahme solcher Verwaltungsleistungen besteht nicht, so daß die Ausführung der Arbeiten nach allgemeinen Grundsätzen zu beurteilen ist. In einem nicht veröffentlichten Urteil des BFH vom 16. Januar 1953 V 38/51[101] heißt es:

„Auch die Zurverfügungstellung von Arbeitskräften für die Zwecke eines Dritten kann Leistung i. S. des Umsatzsteuerrechts sein, denn Leistung ist jedes Verhalten gegenüber einem anderen, das Gegenstand des Rechtsverkehrs sein kann. Jedoch muß jeder Leistung, damit ein steuerpflichtiger Leistungsaustausch entsteht, eine Gegenleistung, ein Leistungsentgelt gegenüberstehen. Wenn deshalb die Behauptung der Betriebskapitalgesellschaft zutrifft, die Belastungen seien nicht der Ausdruck der Vergütung eines Teils des Personalaufwandes durch die Besitzgesellschaft, sondern nur zum Zwecke einer klaren innerbetrieblichen Erfolgsabrechnung vorgenommen, so kann eine Umsatzsteuer nicht erhoben werden, weil diese Buchungen dann keinen wirtschaftlichen Inhalt im Verhältnis zur Muttergesellschaft haben. Würde aber in der Belastung der Besitzgesellschaft eine Vergütung an die Betriebskapitalgesellschaft gesehen werden können, so würde die Umsatzsteuerpflicht zu bejahen sein.“

Der BFH untersucht in diesem streitigen Fall die Steuerpflicht der Betriebskapitalgesellschaft und verneint diese zu Recht, da der Leistung in diesem Fall ein Entgelt nicht gegenübersteht. Hier wäre m. E. aber die Frage der Steuerpflicht der Besitzgesellschaft zu überprüfen. Die Verwaltung des verpachteten Vermögens gehört zu den von der Besitzgesellschaft auszuführenden Verrichtungen. Erledigt die Betriebsgesellschaft diese Arbeiten, so ist davon auszugehen, daß sie diese in Anrechnung auf den Pachtzins übernimmt. Die Pacht wird entsprechend gemindert. Man kann so nur zu dem Schluß kommen, daß diese Beträge dem gezahlten Entgelt zuzurechnen sind.

---

[100] Vgl. dazu die Ausführungen von *Plückebaum*, Kom. UStG, S. 343. Nach der dort angeführten Rechtsprechung stellt der entgeltliche Verzicht auf Vertragserfüllung im Rahmen eines Unternehmens eine steuerbare Leistung dar.

[101] Vgl. *Plückebaum*, Kom. UStG, S. 446; *Böttcher*, RWP-Blattei, 14 R, 14 b, 209/99, und StJ 1953/54, S. 249.

e) Die sonstigen Aufwendungen

Zu den sonstigen Aufwendungen, die u. U. von der Betriebsgesellschaft vertraglich zu tragen sind, rechnen insbesondere Grundsteuern, Grundabgaben und Versicherungsprämien. Der BFH weist in dem Urteil vom 26. Juli 1955[102] darauf hin, daß auch diese Beträge zu den Lasten gehören, die der Verpächter zu tragen hat. „Die Übernahme dieser Lasten durch den Pächter kann deshalb nur als weitere Gegenleistung für die Überlassung des Unternehmens gewertet werden. Wären sie von der Pächterin nicht übernommen worden, hätte das bar zu leistende Pachtentgelt entsprechend höher bewertet werden müssen.“

Die Übernahme der Beträge ist damit Entgelt für die von der Besitzgesellschaft auszuführende Leistung.

f) Die Verpachtung eines Warenlagers und das Warendarlehen

In einzelnen Fällen werden im Zeitpunkt der Aufspaltung eines Unternehmens zwischen der Besitzgesellschaft und der Betriebsgesellschaft besondere Absprachen über das vorhandene Warenlager getroffen. Sofern das Warenlager nicht in Anrechnung auf die Einlageverpflichtung in die Kapitalgeselschaft einzubringen ist, erstrecken sich die Vereinbarungen darauf, daß dieses entweder von der Besitzgesellschaft an die Betriebsgesellschaft verpachtet oder aber letzterer als Darlehen überlassen wird. In beiden Fällen wird die Pächterin verpflichtet, bei Auflösung des Pachtvertrages Waren der gleichen Art, Menge und Qualität zurückzugeben.

Die Finanzverwaltung hat zu Anfang die Pachtabreden über Warenbestände mit der Begründung nicht anerkannt, daß nach § 581 BGB die Pacht den Gebrauch und die Fruchtziehung eines Gegenstandes gewähre. Beim Warenlager sei das Nutzungsmerkmal jedoch nicht der Gebrauch, sondern diese Gegenstände seien zum Verbrauch und zur Veräußerung bestimmt[103]. Aus diesem Grunde könne eine Pacht nicht angenommen werden. Der umsatzsteuerliche Tatbestand sei vielmehr so zu beurteilen, daß der Pächter mit der Übergabe des Warenlagers berechtigt werde, darüber in eigenem Namen zu verfügen. Es liege somit eine steuerbare Lieferung vor, deren Entgelt in der Umwandlung einer angenommenen Kaufpreisschuld in eine Darlehnsschuld zu sehen sei. Dieser Auffassung ist das FG Kassel in der Entscheidung vom 18. Dezember 1953 I 1394/52[104] und auch der BFH in dem amtlich

---

[102] BStBl. 1955 III, S. 258.

[103] Vgl. *Itter:* Umsatzsteuer bei der Verpachtung eines Unternehmens, B 1954, S. 443; *Plückebaum,* Kom. UStG, S. 712.

[104] Vgl. *Herbert:* Das Steuerrecht der Unternehmung, Heft 61, Teil 6, S. 5.

nicht veröffentlichten Urteil vom 25. Februar 1954 V 246/53[105] entgegengetreten. In den Entscheidungsgründen führt der BFH zutreffend aus:

„Das Warenlager hat nach den vertraglichen Abmachungen die Eigenschaft eines sogenannten eisernen Bestandes, da jeder bestimmungsgemäße Gebrauch und Verbrauch grundsätzlich eine Ersatzbeschaffung bedingt, um den Bestand möglichst immer mindestens auf der Höhe des Anfangsbestandes zu halten ... Der bloße Rückgabeanspruch kann aber nicht als ein Entgelt für die Hingabe angesehen werden. Sonst würde jeder Leihvertrag eine Umsatzsteuerschuld entstehen lassen ... Das Warenlager ist, wie jeder Pachtgegenstand, dem Pächter zur Nutzung überlassen worden, wobei das Eigentum der Bfin als der Verpächterin verblieben ist. Das Entgelt für die Nutzung, in diesem Falle für den bestimmungsgemäßen Gebrauch oder Verbrauch, stellt der darauf entfallende Teil des Pachtengeltes dar. Ist die Hingabe aber an sich ohne Entgelt vorgenommen worden, so besteht keine Möglichkeit, aufgrund dieses Vorganges eine Umsatzsteuer zu erheben."

Bei der Verpachtung eines Warenlagers hat damit der BFH die bis dahin bestehenden Zweifel geklärt. Es kann danach lediglich der auf das Warenlager entfallende Teil des Pachtzinses der Besteuerung unterworfen werden, die Hingabe des Bestandes ist keine Lieferung, die der Umsatzsteuer unterliegt.

Zum Warendarlehen nimmt das FG Kassel in der angeführten Entscheidung Stellung:

„Wirtschaftlich gesehen geht aber die Sachübereignung beim Darlehn nicht auf Übereignung zu dauerndem Haben, sondern zu bloßer zeitlicher, also vorübergehender Nutzung (*Palandt*, Komm. zum BGB, 10. Aufl. 1952 Anmerk. 1 b vor § 607 Seite 580). Wirtschaftlich ist also das Darlehn den Gebrauchsüberlassungsverträgen, mithin auch der Pacht, wesensverwandt."

Daraus folgt, daß das Warendarlehen umsatzsteuerlich nach den gleichen Grundsätzen wie diese zu beurteilen ist, sofern die tatsächlichen Verhältnisse diese Gleichstellung zulassen. Die unumgängliche Voraussetzung liegt m. E. darin, daß die körperliche Warendarlehnsschuld nicht in eine Geldschuld umgewandelt wird. Die Umwandlung würde umsatzsteuerschädlich sein. Der steuerbare Umsatz der Darlehnsgewährung umfaßt, wenn die angegebene Voraussetzung erfüllt ist, den Darlehnszins.

---

[105] Vgl. *Herbert*, a.a.O., Heft 61, Teil 6, S. 7; vgl. auch Erlaß des BFM v. 17. 4. 1954, BFM—UK, S. 4202, Karte 51, abgedruckt in *Reinhardt:* „Steuerbriefe", 1955, S. 671.

Eine Steuerbefreiung nach § 4 Ziff. 8 UStG kommt nicht in Betracht, da sich die Steuerbefreiung nur auf die Kreditgewährung von Geld, nicht aber von Waren bezieht[106].

4. Der steuerbefreite Umsatz

Derjenige Teil des steuerbaren Umsatzes, der als steuerbefreiter Umsatz von der Veranlagung auszunehmen ist, ist erschöpfend in § 4 UStG aufgeführt.

a) Die Steuerbefreiung gem. § 4 Ziff. 10 UStG

Nach § 4 Ziff. 10 UStG sind neben anderen von den unter § 1 UStG fallenden Umsätzen, d. h. den steuerbaren Umsätzen, die Verpachtungen und Vermietungen von Grundstücken und Berechtigungen, auf welche die Vorschriften des bürgerlichen Rechts Anwendung finden, steuerbefreit.

In der Betriebsaufspaltung kann die Steuerbefreiung sich insbesondere auf die in das verpachtete Anlagevermögen einbezogenen Grundstücke erstrecken mit der Maßgabe, daß der auf die Grundstücke einschließlich der darauf befindlichen Aufbauten entfallende Teil des Pachtzinses nicht in die Bemessungsgrundlage einzubeziehen ist[107].

b) Die Maßgeblichkeit des Gesamtbildes der Verhältnisse

Wesentlich für die Befreiung ist, daß die getroffenen Vereinbarungen die Annahme eines Miet- oder Pachtverhältnisses rechtfertigen. *Plückebaum*[108] weist darauf hin, daß es bei als Einheit aufzufassenden Vertragsverhältnissen, die Merkmale eines Pachtvertrages und Merkmale anderer Vertragsarten aufweisen, darauf ankommt, ob nach dem Gesamtbild der tatsächlichen Verhältnisse der wesentliche Vertragsinhalt einen Pachtvertrag in Erscheinung treten läßt, oder ob die Verpachtung von Grundstücken gegenüber anderen, wesentlichen Vertragsleistungen völlig in den Hintergrund tritt. Bei Vertragsverhältnissen der letztgenannten Art kann eine Steuerbefreiung nicht, auch nicht für den u. U. auf die Grundstücke entfallenden Teil des Entgeltes, in Anspruch genommen werden.

---

[106] Vgl. *Böttcher*, RWP-Blattei, 14 R, 14 b, 209/99.

[107] Die Auffassung von *Herzog:* Die Betriebs- und Vertriebs-GmbH im Steuerrecht, S. 15, trifft nicht zu, daß zwischen der Besitz- und Betriebsgesellschaft überhaupt keine steuerpflichtigen Umsätze getätigt werden, da die Pachtzinsen gem. § 4 Ziff. 10 UStG befreit seien. Die Befreiung erstreckt sich nur auf den Teil des Pachtzinses, der auf die Grundstücke entfällt.

[108] Kom. UStG, S. 555.

Diese umsatzsteuerlich notwendige, verschiedenartige Beurteilung einheitlicher Verträge haben einige Finanzgerichte[109] zum Anlaß genommen, für die Betriebsaufspaltung die Befreiung zu versagen, da hier kein Pachtvertrag, sondern ein Vertrag eigener Art vorliege. Das FG Schleswig-Holstein stützt seine Entscheidung auf das Urteil des RFH vom 27. Oktober 1939[110], wonach die Steuerfreiheit überhaupt nicht Platz greift, wenn es sich um ein gemischtes Vertragsverhältnis handelt, das die Verpachtung nicht zum wesentlichen Vertragsinhalt hat. Es folgert daraus:

„Der lebende Betrieb als solcher mit seiner kaufmännischen und technischen Organisation, der Einrichtung, dem Kundenkreis, den vielfältigen geschäftlichen Beziehungen, den Kontingenten, Herstellungsrechten, der Firmenbezeichnung, den Schutzmarken und Schutzrechten bildet die wesentliche Grundlage des Vertrages und des Unternehmens, dessen Fortbetrieb als Gegenstand des Unternehmens im Gründungsvertrag der GmbH besonders hervorgehoben worden ist. Das Grundstück ist nicht Mittelpunkt, sondern nur ein Teil, aber nicht der wesentliche Teil des Vertrages ...

Die Aufteilung des Betriebsvermögens in die Teile, die auf Grundstücke und auf die sonstigen Anlagewerte entfallen, kann bei der Beurteilung, ob die Grundstücke einen wesentlichen Teil des Pachtvertrages bilden, nicht ausschlaggebend sein, da die Kontingente, die Firmenbezeichnung, die Schutzmarken, Kundenkreis usw. bei der Bewertung nicht erfaßt werden, aber für die Fortführung eines Unternehmens gerade jetzt von ausschlaggebender Bedeutung sind. Insbesondere spricht hierfür auch die Bestimmung, daß die Grundlage der Pachtberechnungen der von der GmbH zu zahlenden Vergütung die Fabrikationsausbringung zu bilden habe, wobei der Verkaufspreis anzuwenden ist. Eine solche Pachtbemessung ist nur als Grundlage bei der Verpachtung des Betriebs als Ganzes üblich. Sie schließt eine Aufteilung auf die einzelnen Pachtgegenstände aus."

Die Steuerpflicht leitet das FG Schleswig-Holstein daraus ab, daß die Verpachtung von Grundstücken in dem vorliegenden Fall keinen wesentlichen Teil des Vertrages bildet, die Verpachtung des Betriebes als Ganzes dagegen in einem einheitlichen Vertrage hervortritt, dessen Geschlossenheit eine Aufteilung des Entgeltes nicht zuläßt. Die Finanzgerichte sind darin von der Rechtsprechung des RFH abgewichen[111].

---

[109] So das FG Schleswig-Holstein im Urteil v. 13. 12. 1949, III 71/49, in DStR 1954, S. 497; FG Münster im Urteil v. 30. 9. 1954, FG I u 98 — 100/53, EFG 1955, S. 124 f.

[110] RStBl. 1939, S. 1220.

[111] Die Entscheidungsgründe des durch das FG Schleswig-Holstein ergangenen Urteils sind von der Mehrzahl der Oberfinanzdirektionen übernommen worden. Vgl. *Herbert:* Das Steuerrecht der Unternehmung, Heft 86, Teil 2, S. 10.

Im Urteilstenor einer Entscheidung vom 4. Juni 1937[112] bestätigt der RFH die bis dahin vom erkennenden Senat stets vertretene Auffassung, daß bei der Verpachtung eines Unternehmens aus dem umsatzsteuerbaren Entgelt der Teil als steuerfrei auszuscheiden ist, der auf die Grundstücke entfällt. Eine Steuerbefreiung wird nur für den Fall verneint, in dem der auf die Grundstücke entfallende Teil des Entgeltes im Verhältnis zum ganzen Entgelt als geringwertig erscheint.

Maßgebend für die heutige umsatzsteuerliche Beurteilung der Verpachtung von Unternehmungen ist das BFH-Urteil vom 26. Juli 1955[113], mit dem der BFH an den vom RFH vertretenen Standpunkt anknüpft, dessen Auffassung bestätigt und die Entscheidungen der Finanzgerichte als rechtsirrtümlich erklärt. In der Entscheidungsbegründung stellt der BFH die für eine zutreffende Beurteilung der Verpachtung von Unternehmungen wesentlichen Merkmale heraus:

„Bei der Verpachtung eines ganzen Unternehmens handelt es sich ebenso wie bei der Veräußerung eines Geschäftes um das Recht auf Fortführung des Betriebes nur mit der Einschränkung, daß nicht das Eigentum, sondern das Gebrauchsrecht am bestehenden Geschäft überlassen wird. Gerade die Umstände wie Überlassung der Betriebserfahrung, der Organisation, des ganzen lebenden Betriebes, des Firmennamens, die die Vorinstanz als Anzeichen dafür anführt, daß es sich bei dem Verhältnis zwischen der Bfin und der GmbH um einen Vertrag besonderer Art handelt, sind Merkmale der Verpachtung eines ganzen Unternehmens und nicht Merkmale verschiedener Vertragsarten oder einer besonderen Vertragsart. Derartige Verpachtungen ganzer Unternehmungen sind Verpachtungen im bürgerlichrechtlichen Sinne, die den für Verpachtungen maßgebenden bürgerlich-rechtlichen Bestimmungen unterliegen (§ 581 ff. BGB, § 22 HGB)...

Liegt aber eine Verpachtung im bürgerlich-rechtlichen Sinne vor, so muß auch § 4 Ziff. 10 UStG anwendbar sein; denn nach der ständigen Rechtsprechung des RFH und des BFH ist der Begriff der Verpachtung i. S. des § 4 Ziff. 10 UStG nach bürgerlichem Recht zu beurteilen. Deshalb ist auch bei Verpachtung eines Unternehmens als einer wirtschaftlichen Einheit die Rechtsprechung des RFH ständig davon ausgegangen, daß aus dem Pachtzins derjenige Teil als steuerfrei auszuscheiden ist, der anteilsmäßig auf die Grundstücke entfällt ..."

Dieser Rechtsprechung folgend, ist daher im Einzelfall zu prüfen, ob bei bürgerlich-rechtlicher Beurteilung das Gesamtbild des Vertragsverhältnisses die Merkmale der Verpachtung, d. h. das Recht zum Gebrauch und zur Fruchtziehung, aufweist, und ob, in gemischten

---

[112] RStBl. 1937, S. 999.
[113] BStBl. 1955 III, S. 258.

Verhältnissen, das Gesamtbild der tatsächlichen Verhältnisse als wesentlichen Vertragsinhalt einen Pachtvertrag in Erscheinung treten läßt[114]. Wenn bei dieser Prüfung allgemein, wie es in der Regel bei der Aufspaltung der Fall sein wird, das Vorliegen eines Pachtvertrages bejaht werden kann, so ist die darin enthaltene spezielle Verpachtung von Grundstücken steuerbefreit, wenn nicht das auf die Grundstücke entfallende Entgelt im Verhältnis zum Gesamtentgelt als unwesentlich angesehen werden muß. Die Finanzgerichtsentscheidungen gehen unter Verkennung der Rechtslage davon aus, daß der wesentliche Vertragsinhalt die Verpachtung von Grundstücken hervortreten lassen müsse. Eine so weit gesteckte Forderung findet weder im Umsatzsteuergesetz noch in der Rechtsprechung eine rechtliche Begründung. Das Vertragsverhältnis in der Betriebsaufspaltung weist bürgerlich-rechtlich primär die Wesensmerkmale der Pacht auf. Damit sind, vorbehaltlich der oben angeführten Geringfügigkeit, die auf die Verpachtung der Grundstücke entfallenden Pachtzinsen von der Umsatzsteuer freizustellen.

c) Die Berechnung des steuerbefreiten Umsatzes

Die Steuerbefreiung des § 4 Ziff. 10 UStG bezieht sich nur auf den Teil des von der Betriebsgesellschaft zu zahlenden Pachtzinses, der innerhalb der Gesamtpacht auf die Verpachtung von Grundstücken und, eingeschlossen darin, Gebäuden entfällt.

Eine zutreffende Aufteilung läßt sich bei der nach Anfall bemessenen Abnutzungsentschädigung und in der Regel auch für etwa übernommene Steuern, Gebühren und Versicherungsprämien vornehmen, indem die auf Gebäude entfallenden Abschreibungsbeträge, die Grundsteuer, Kanal- und Müllabfuhr-Gebühren und die nach dem einzeln angegebenen Versicherungswert der Gebäude berechneten Versicherungsprämien der Grundstücksverpachtung zugerechnet werden. Auch bei der Grundpacht ist eine genaue Aufteilung möglich, wenn die Bemessungsgrundlage eine Trennung erlaubt, wie z. B. bei der nach dem Vermögen berechneten Kapitalverzinsung. Hier liegt der Vermögenswert der Grundstücke und Gebäude in der Bemessungsgrundlage fest und kann ohne Schwierigkeiten für die Berechnung der Steuerbefreiung ausgesondert werden. Zu beachten ist, daß Betriebsvorrichtungen umsatzsteuerlich unter Übernahme der bewertungsrechtlichen Abgrenzung nicht zum Grundvermögen rechnen[115].

Läßt dagegen die Pachtbemessungsgrundlage selbst eine Aufteilung nicht erkennen, wie z. B. bei der umsatzabhängigen Pacht und den

---

114 Vgl. *Plückebaum*, Kom. UStG, S. 555.

115 Vgl. § 37 UStDB; Erlaß des RdF v. 4. 5. 1940, RStBl. 1940, S. 498; BFH v. 17. 3. 1955, BStBl. 1955 III, S. 141.

Verwaltungsleistungen, so wird man versuchen müssen, einen den Umständen entsprechenden, möglichst zutreffenden Aufteilungsmaßstab zu finden. Steuerlich wird eine Aufteilung dieses nach anderen Grundlagen berechneten Entgeltes nicht zu beanstanden sein, die die Vermögenswerte zugrundelegt und die auch für die immateriellen Güter einen Wertanteil berücksichtigt.

Wenn unter Befolgung dieser Grundsätze aufgrund der besonderen Bedingungen des Einzelfalls eine zuverlässige und auch nicht annähernd zutreffende Aufteilung nicht zu erreichen ist, wird man im Wege der Schätzung den auf das Grundvermögen entfallenden Pachtanteil ermitteln können. Die Berechtigung zur Ermittlung des steuerbefreiten Umsatzes durch Schätzung ergibt sich m. E. aus dem RFH-Urteil vom 17. März 1944[116], in dem der Senat einen Streifall unter Anerkennung der Umsatzsteuerfreiheit wegen Fehlens hinreichender Unterlagen „für eine rechnerische oder schätzungsweise Aufspaltung des Pachtentgelts" zur erneuten Entscheidung an den Oberfinanzpräsidenten zurückverwiesen hat.

5. Organschaft und Unternehmereinheit bei der Umsatzsteuer

Im Umsatzsteuerrecht sind Organschaft und Unternehmereinheit Formen der wirtschaftlichen Einheit rechtlich selbständiger Unternehmungen. Die Anerkennung der Organschaft einerseits oder der Unternehmereinheit andererseits führt umsatzsteuerlich zu einer besonderen Beurteilung des zwischen den einzelnen Gliedern der wirtschaftlichen Einheit vorliegenden Leistungsaustausches. Lieferungen und Leistungen zwischen diesen rechtlich selbständigen Unternehmungen sind innerbetriebliche Vorgänge der wirtschaftlichen Einheit und als solche nicht steuerbar; d. h. es kann darauf eine Umsatzsteuer nicht erhoben werden.

Für die Betriebsaufspaltung würde die Anerkennung der umsatzsteuerlichen wirtschaftlichen Einheit der Besitzgesellschaft und der Betriebsgesellschaft bedeuten, daß die Innenumsätze zwischen den beiden Gesellschaften von der Umsatzsteuer freizustellen sind. Die Innenumsätze erstrecken sich im wesentlichen auf die Leistungen aus dem Pachtverhältnis, u. U. auf Lieferungen und Leistungen der Betriebsgesellschaft an die Besitzgesellschaft.

Zu prüfen bleibt, ob die Betriebsaufspaltung umsatzsteuerlich als ein Organverhältnis oder als Unternehmereinheit zu beurteilen ist.

a) Die Organschaft

Der umsatzsteuerliche Begriff der Organschaft entspricht dem Begriff des Gewerbe- und Körperschaftsteuerrechts[117].

---

[116] RStBl. 1944, S. 589.

[117] Vgl. die Anmerkung zur gewerbesteuerlichen Organschaft; *Brönner:*

Für die Gewerbesteuer ist die Prüfung der in der Betriebsaufspaltung vorliegenden wirtschaftlichen Verhältnisse zu dem Ergebnis gelangt, daß hier ein Organverhältnis vorliegt. Da die umsatzsteuerliche Organschaft an die gleichen Tatbestände anknüpft, wird diese bei Vorliegen der zur Gewerbesteuer angemerkten Voraussetzungen auch für den Bereich der Umsatzsteuer bejaht[118].

Der Geltungsbereich der Organschaft im Umsatzsteuerrecht ist bis zum 31. März 1958 gegenüber dem des Gewerbesteuerrechts durch Artikel II Kontrollratgesetz Nr. 15 eingeschränkt, wonach „alle zwischen einer Muttergesellschaft und ihren Tochtergesellschaften oder zwischen mehreren Tochtergesellschaften derselben Muttergesellschaft getätigten Transaktionen" der Umsatzsteuerpflicht unterliegen „in allen Fällen, in denen sie umsatzsteuerpflichtig wären, wenn es sich um unabhängige Unternehmen gehandelt hätte". Es ist nach dem bis zum 31. März 1958 geltenden Umsatzsteuerrecht davon auszugehen, daß durch Artikel II Kontrollratgesetz Nr. 15 die Organschaft zwischen einer Muttergesellschaft und ihren Tochtergesellschaften aufgehoben ist[119].

Das Kontrollratgesetz Nr. 15 regelt aber nur die Fälle, in denen als festzustellender Organträger eine „M u t t e r g e s e l l s c h a f t" in Betracht kommen könnte. Nicht einbezogen sind darin mögliche Organverhältnisse, in denen als Organträger ein Einzelunternehmen auftritt. Der BFH hat mit seinem Urteil vom 26. Mai 1955[120] bestätigt, daß ein Organverhältnis zwischen einer natürlichen Person, die als Unternehmerin anzusehen ist, und juristischen Personen anzuerkennen ist, wenn die übrigen Voraussetzungen hierfür gegeben sind. Umsatzsteuerlich liegt bis zum 31. März 1958 eine Organschaft daher nur vor, wenn eine Kapitalgesellschaft von einem Einzelunternehmer derart beherrscht wird, daß diese keinen eigenen Willen mehr hat[121].

In der Betriebsaufspaltung kann man daher bis zu diesem Zeitpunkt ein Organverhältnis nur annehmen, wenn das Besitzpersonenunternehmen ein Einzelunternehmen ist.

Ab 1. April 1958 gilt die Organschaft auch im Umsatzsteuerrecht wieder in dem vor Inkrafttreten des Kontrollratgesetzes bestehenden

---

Die Besteuerung der Gesellschaften, 9. Aufl., S. 211; *Blümich-Boyens*, Kom. GewStG, S. 103; GewStR 1951, Abschn. 17.

[118] Wegen der einzelnen Voraussetzungen vgl. die Ausführungen über die gewerbesteuerliche Organschaft.

[119] Vgl. BFH-Urteil v. 17. 7. 1952, BStBl. 1952 III, S. 234; *Plückebaum*, Kom. UStG, S. 180.

[120] BStBl. 1955 III, S. 234.

[121] Vgl. auch *Plückebaum*, Kom. UStG, S. 184; *Böttcher*, RWP-Blattei 14 R, 14 a, S. 205/88.

Umfang; d. h., daß die Beschränkung auf Einzelunternehmen als Organträger aufgehoben ist.

Bei vorliegendem Organverhältnis sind daher die zwischen dem Besitzunternehmen und seiner Betriebskapitalgesellschaft getätigten Umsätze nichtsteuerbare Innenumsätze.

b) Die Unternehmereinheit

Unternehmereinheit und Organschaft schließen im Umsatzsteuerrecht einander aus[122]. Wird die Organschaft bejaht, so ist für die Annahme einer Unternehmereinheit kein Raum mehr. Insofern liegt kein Grund vor, sich an dieser Stelle mit der Unternehmereinheit zu befassen. Wenn das hier trotzdem geschieht, so nur deshalb, um eine kritische Auseinandersetzung mit dem zur Unternehmereinheit in der Betriebsaufspaltung vorliegenden Schrifttum zu ermöglichen und herbeizuführen, und um einen Hinweis zu geben, wie die Finanzverwaltung von sich aus nach dem die Organschaft ablehnenden BFH-Urteil vom 25. Juni 1957[123] die Aufspaltung vermutlich umsatzsteuerlich beurteilen wird.

Die Unternehmereinheit hat für die Betriebsaufspaltung durch das Urteil des BFH vom 8. Februar 1955[124] Bedeutung erlangt, in dem der BFH feststellt, daß eine juristische Person mit einer Personengesellschaft oder einer natürlichen Person eine Unternehmereinheit bilden kann. Die dieser Anerkennung entgegenstehende Vorschrift des § 17 Abs. 1 UStDB ist vom BFH als rechtsunwirksam erklärt, da der Inhalt der Bestimmung die im Gesetz vorgesehene Ermächtigung überschreitet.

Unternehmereinheit ist ein Tatbestand, in dem rechtlich selbständige Unternehmen als wirtschaftliche Einheit zu behandeln sind. Sie liegt vor, wenn an diesen Unternehmungen dieselben Gesellschafter in demselben Verhältnis beteiligt sind und die Willensbildung bei allen Unternehmen einheitlich ist und das Verhältnis dieser Unternehmungen zueinander eindeutig und ausschließlich die Merkmale der Nebenordnung aufweist. Von der Organschaft unterscheidet sich die Unternehmereinheit in den Grenzfällen der gleichen Beteiligungsverhältnisse durch das Merkmal der Nebenordnung, da bei ersterer das Merkmal der Unterordnung vorliegen muß.

Zartmann[125] hat das Problem der Unternehmereinheit in der Betriebsaufspaltung geprüft und kommt entgegen der Ansicht von *Böttcher*[126] zu dem Ergebnis, daß in der Betriebsaufspaltung eindeutig

---

[122] Vgl. BFH v. 8. 2. 1955, BStBl. 1955 III, S. 113.
[123] BStBl. 1957 III, S. 303.
[124] BStBl. 1955 III, S. 113.
[125] RWP-Blattei 14 R, 14 d, S. 273/81 ff.
[126] RWP-Blattei 14 R, 14 a, S, 205/88.

und primär die Wesensmerkmale der Unternehmereinheit vorliegen. Zu dieser Folgerung gelangt *Zartmann* nur dadurch, daß er die wesentlichen Merkmale der Unterordnung oder Nebenordnung nicht in die Prüfung einbezieht. Er stützt seine Aussage auf die anderen notwendigen Voraussetzungen, nämlich die Gesellschaftergleichheit, die Gleichheit der Beteiligungen und die einheitliche Willensbildung. Wenn man diese Tatbestände mit der Organschaft in der Betriebsaufspaltung vergleicht, so wird man sie auch anders auslegen können. In den hier interessierenden Fällen einer möglichen Überschneidung von Organschaft und Unternehmereinheit sind regelmäßig dieselben Gesellschafter an der Besitzgesellschaft und an der Betriebsgesellschaft beteiligt. Das die Unternehmereinheit kennzeichnende gleiche Beteiligungsverhältnis kann eine finanzielle Eingliederung der Organschaft bedeuten, da auch mittelbare Beteiligungen Organverhältnisse nicht ausschließen. Einheitliche Willensbildung bedeutet für die Unternehmereinheit nichts anderes, als daß der Wille der verbundenen Unternehmer die wirtschaftliche Einheit führt und eine davon abweichende Willensbildung ausgeschlossen wird. Auch bei der Organschaft liegt ein einheitlicher Wille vor, nämlich der Wille der in der Besitzgesellschaft verbundenen Unternehmer. Dieser einheitliche Wille wird auf die Kapitalgesellschaft übertragen, die selbst keinen eigenen Willen mehr hat. Der Unterschied zwischen beiden Formen liegt darin, daß sich in dem einen Fall der Wille in der Kapitalgesellschaft bildet, und in dem anderen Falle — bei der Organschaft — von außen in diese hineingetragen wird. Wenn man nun bedenkt, daß weitreichende personelle Verflechtungen in der Führung beider Unternehmen bestehen, so sind diese Merkmale der Form der Willensbildung in der Betriebsaufspaltung nicht voneinander zu unterscheiden. Aufgrund der von *Zartmann* vorgenommenen Prüfung kann man sowohl zur Anerkennung der Unternehmereinheit als auch zur Anerkennung der Organschaft kommen.

Der BdF hat zu diesem Problem der Unterscheidung von Organschaft und Unternehmereinheit Stellung genommen[127]. Er führt aus: „Da auch eine mittelbare Beteiligung ein Organverhältnis nicht ausschließt (RFH 27. Oktober 1933 V A 684/32 Mroz. 1932 zu § 1 Nr. 1 R 71 und RFH 30. November 1934 V A 687/33 — RStBl. 1933 S. 660), kann in den Fällen, in denen an Kapital- und Personengesellschaften die gleichen Personen im gleichen Verhältnis beteiligt sind, aus der Beteiligung allein weder auf eine finanzielle Eingliederung noch auf eine Nebenordnung geschlossen werden. Für die Beurteilung des Gesamtbildes der tatsächlichen Verhältnisse bleiben daher lediglich die

---

[127] Umsatzsteuer-Kartei OFD Hamburg, S. 4104 — 2 — St 5, v. 14. 6. 1957; vgl. den Hinweis in Neue Wirtschaftsbriefe 1, S. 110.

beiden Momente der wirtschaftlichen und organisatorischen Eingliederung übrig. Liegt eine solche vor, so kommt wegen der sich daraus ergebenden Unterordnung eine Unternehmereinheit (Nebenordnung) nicht in Betracht."

Sieht man das Merkmal der organisatorischen Eingliederung in der bei der Aufspaltung üblichen Art der Besetzung der Führungs- und Aufsichtsorgane[128], so kann das auch ein Zeichen der für die Unternehmereinheit bedeutenden einheitlichen Willensbildung sein. Es bleibt daher für die Beurteilung der Betriebsaufspaltung nur das Merkmal der wirtschaftlichen Eingliederung im Sinne der Unterordnung oder im Sinne einer Nebenordnung. Das ist m. E. eindeutig zugunsten der Unterordnung der Kapitalgesellschaft zu entscheiden, die sich in der wirtschaftlichen Abhängigkeit der Betriebsgesellschaft ausdrückt. Die Kapitalgesellschaft dient im Unternehmen der Besitzgesellschaft. Nach der hier vertretenen, von der des BFH im Gewerbesteuerurteil vom 25. Juni 1957 abweichenden Auffassung kann sich in der Betriebsaufspaltung eine Unternehmereinheit nicht bilden, da ihr das Merkmal der wirtschaftlichen Eingliederung entgegensteht.

Die Finanzverwaltung wird für die Veranlagungspraxis das Gewerbesteuerurteil des BFH auch in das Umsatzsteuerrecht übernehmen und die wirtschaftliche Eingliederung verneinen. Damit bietet sich in diesen Fällen die Unternehmereinheit an. Für die Übergangszeit — bis zur Klärung der Organschaft in weiteren Urteilen — empfiehlt es sich für die Steuerpflichtigen, die Rechtskraft von auf Unternehmereinheit gestützten Veranlagungen durch geeignete Rechtsmittel aufzuhalten, bis durch höchstrichterliche Stellungnahme im Einzelfall die Frage der gewerbesteuerlichen und damit auch der umsatzsteuerlichen Organschaft geklärt ist.

---

[128] Vgl. dazu RFH v. 30. 3. 1934, RStBl. 1935, S. 660, der bei den gleichen Geschäftsführungsgremien die organisatorische Eingliederung anerkennt.

D. Ergebnis der Untersuchung

Eine Untersuchung der Besitz- und Betriebsgesellschaft verlangt eine Antwort auf die Frage, ob dieser neuartigen Unternehmungsform ein Wert als gesellschaftliche Assoziationsform beizumessen ist.

Die Faktoren, die den Wert einer Unternehmungsform bestimmen können, liegen im Bereich ihrer rechtlichen und wirtschaftlichen Konstruktion und in dem weitgesteckten Raum der Unternehmungsführung.

Das tragende Element der Konstruktion der Besitz- und Betriebsgesellschaft ist die rechtliche und wirtschaftliche Verknüpfung der Rechtsform eines Personenunternehmens mit der einer Kapitalgesellschaft. Diese Verbindung gestattet der Doppelgesellschaft, in den wichtigen Fragen des gesellschaftlichen Zusammenschlusses zweigleisig zu fahren und sich so eine Beweglichkeit zu sichern, die einheitlich geführte Unternehmungen nicht erreichen können.

Vom Ausgangspunkt her betrachtet, in dem es sich herausstellt, daß im Einzelfall die bestehende Unternehmungsform unzulänglich ist, aber auch jede andere Form nicht als zweckentsprechend angesehen wird, ist anzuerkennen, daß die Besitz- und Betriebsgesellschaft die unter bestimmten Voraussetzungen eintretenden Nachteile einer Personenunternehmung oder einer Kapitalgesellschaft durch die Kombination von juristischen, steuerlichen und wirtschaftlichen Elementen der Personenunternehmung mit solchen der Kapitalgesellschaft vorteilhaft überbrückt und überwindet und so die rechtliche Form den wirtschaftlichen Bedürfnissen anpaßt.

Aus dieser Konzeption ergibt sich auch, daß die Besitz- und Betriebsgesellschaft wahrscheinlich nicht nur eine Zeiterscheinung von kurzer Lebensdauer sein wird, sondern eine Unternehmungsform von bleibendem wirtschaftlichen Wert sein kann. Als solche würde sie eine Bereicherung der Assoziationsformen sein.

Diese Bereicherung wird sich aber nie darin ausdrücken, daß die Besitz- und Betriebsgesellschaft so häufig verwendet wird wie beispielsweise die Form der reinen Personenunternehmung oder die der Kapitalgesellschaft. Der Grund dafür liegt darin, daß sie eine Übergangsform von der Personenunternehmung zur Kapitalgesellschaft ist und auf den engen Bereich der Betätigung angewiesen wird, der zwischen den beiden anderen Unternehmungsformen liegt, und daß ihre Errichtung an bestimmte Voraussetzungen gebunden ist.

Man muß aber an dieser Stelle auch feststellen, daß die Besitz- und Betriebsgesellschaft nur dort Vorteile zu schaffen imstande ist, wo sie in den an die Konstruktion gestellten Anforderungen nicht überfordert wird und wo sie von Menschen geführt wird, die nach der Art der Ausbildung und nach ihrer fachlichen Qualifizierung in der Lage sind, diese auszuschöpfen. Wenn sie im Einzelfall bei ihren Möglichkeiten entsprechenden Anforderungen versagen sollte, so ist das kein Versagen der Form, sondern dieses beruht auf der Unzulänglichkeit der Menschen, die sie zu führen beauftragt sind. In der Hand von Unkundigen, die die wirtschaftliche und steuerliche Problematik dieser Konstruktion nicht erkennen und nicht bereit sind, sich damit auseinanderzusetzen, ist sie eine Unternehmungsform, die — wie nur wenig andere — mit folgenschweren Risiken behaftet ist. In der Hand von Kundigen aber ist die Besitz- und Betriebsgesellschaft ein wirksames Instrument beweglicher Unternehmungsführung.

E. Exkurs — Die Auflösung der Konstruktion einer Besitz- und Betriebsgesellschaft

Wenn die Auflösung der Konstruktion an die Untersuchung angeschlossen wird, so soll damit nur angedeutet werden, daß die Doppelgesellschaft, wie jede andere Unternehmung auch, einer natürlichen Entwicklung folgt, und daß in dieser Entwicklung, wie vor ihrer Gründung, Momente auftreten können — Fragen der Haftung, Geschäftsführung, Auseinandersetzung, Vererbung, Besteuerung[1], die sich, zum Teil vom Ausgang aus betrachtet, ins Gegenteil gekehrt haben —, die aus wirtschaftlichen Überlegungen eine Änderung erfordern. Es soll nicht Aufgabe dieser Ausführungen sein, die Faktorenveränderungen aufzuzeigen oder zu untersuchen, die mit der Auflösung neu auftauchenden wirtschaftlichen, rechtlichen und steuerlichen Probleme zu erörtern und die u. U. eintretenden Folgen herauszustellen.

Der Zweck der folgenden Ausführungen liegt nur darin und soll sich darin erschöpfen, Anregungen zu geben für die Fälle, in denen eine Auflösung wirtschaftlich begründet ist.

Die Auflösung der Konstruktion einer Besitz- und Betriebsgesellschaft kann in der Weise erfolgen, daß entweder die Spaltung des Unternehmens in zwei Glieder als Grundkonzeption beibehalten oder daß die zur Doppelgesellschaft führende Spaltung aufgegeben wird und beide Glieder wieder vereinigt werden. Eine dritte Möglichkeit bietet sich auch darin an, eine Spaltung anderer Art durchzuführen.

I. Die Aufrechterhaltung der Spaltung

Die Aufrechterhaltung der Spaltung bedeutet, daß das Gesamtunternehmen auch weiterhin in zwei rechtlich selbständigen, aber wirtschaftlich verbundenen Unternehmungen betrieben wird, jedoch die Verteilung der den Gesellschaften gestellten Aufgaben eine Veränderung in der Weise erfährt, daß sich nun nicht mehr Besitz und Be-

[1] In diesem Zusammenhang gewinnt u. U. auch das Gesetz über die steuerlich erleichterte Umwandlung von Kapitalgesellschaften v. 11. 10. 1957, BGBl. 1957 I, S. 1713, für jene Gesellschaften Bedeutung, die seinerzeit aus *steuerlichen* Motiven eine Betriebsaufspaltung durchgeführt haben. Einen Anreiz aber bietet das Gesetz dort nicht, wo das der Spaltung innewohnende wirtschaftliche und rechtliche Element überwiegt.

trieb gegenüberstehen. Es ist dabei sowohl der Funktionsschnitt als auch der Konstitutionsschnitt zu überprüfen.

1. Die Neuordnung des Funktionsschnittes

Zur Neuordnung des Funktionsschnittes kann man im wesentlichen auf zwei Gestaltungsformen zurückgreifen, denen wirtschaftliche Bedeutung zukommt.

Die eine Form sieht vor, den Betrieb, umfassend die Beschaffung von Gütern und Diensten und die Erzeugung, auf die Personenunternehmung zurückzunehmen und die Kapitalgesellschaft mit dem Vertrieb der von der Personenunternehmung erzeugten Güter zu betrauen. Das ist die Doppelgesellschaft in der Form der Betriebs- und Vertriebsgesellschaft. Die Kapitalgesellschaft bleibt dabei, wie bisher, im Erzeugungsprozeß dem Personenunternehmen nachgeschaltet.

Bei der anderen Form kann die Kapitalgesellschaft dem Personenunternehmen vorgeschaltet werden, indem sie die Beschaffung, den Einkauf, übernimmt und die Personenunternehmung sich der Produktion und dem Vertrieb widmet. Diese Form der Einkaufs- und Betriebsgesellschaft wird sich nur selten konsequent durchführen lassen. Wenn man bedenkt, daß die Einkaufsgesellschaft in ihren Gewinnchancen auf die Rabattgewährung der Zulieferer beschränkt ist, so erscheint es nur sinnvoll, ihr den Bereich der Beschaffung zuzuweisen, in dem die Einschaltung eines Handelsunternehmens es ermöglicht, Rabatte zu erlangen. Der übrige Bereich der Beschaffung wird zweckmäßig dem Produktionsunternehmen zugewiesen.

2. Die Neuordnung des Konstitutionsschnittes

Die Veränderung der Aufgabenstellung in den beiden Unternehmungen erfordert eine andere Verteilung der zur Zweckerfüllung notwendigen Mittel.

Es ist unerläßliche Voraussetzung, das zur Verfügung stehende Potential an Arbeitskräften der neuen Aufgabenstellung entsprechend aufzuteilen, indem in dem einen Falle lediglich die mit dem Vertrieb, in dem anderen Falle die mit der Beschaffung betrauten Kräfte der Kapitalgesellschaft verbleiben.

Bei der Kapitalausstattung sollten sich ordnende Maßnahmen auf den Teil beschränken, der von der Kapitalgesellschaft nicht mehr benötigt wird und der hinsichtlich seiner Zweckbestimmung unveränderlich an nun von der Kapitalgesellschaft aufzugebende Funktionen gebunden ist. Das Fremdkapital kann nur so weit bei der Kapitalgesellschaft verbleiben, als die Gläubiger ihre Zustimmung dazu geben, daß nunmehr mit den zur Verfügung gestellten Mitteln der Vertrieb oder die Beschaffung finanziert wird. Jedenfalls berechtigt eine so tiefgreifende Veränderung des wirtschaftlichen Gefüges der Kapitalgesellschaft die Gläubiger, Kredite zurückzuziehen oder aber die Kreditbedingungen zu verändern. Mit Rücksicht auf die in den Betriebsgesellschaften über Steuerersparnisse häufig aufgespeicherten erheblichen Eigenmittel erscheint es in einer Reihe von Fällen als durchaus möglich, daß sich die Kapitalgesellschaft ihrer finanziellen Verpflichtungen durch Tilgung entledigt. Soweit dann noch nicht benötigtes Eigenkapital zur Verfügung steht, ist im Einzelfall zu überlegen ob dieses auf die Personenunternehmung zurückgenommen oder ihr nur nutzbar gemacht werden soll.

Die Rücknahme kann im Wege der Kapitalherabsetzung erfolgen. Diese Art würde u. U. erhebliche Steuerzahlungen auslösen. Dagegen ist die Gewährung einer Kapitalnutzung hier der interessantere Weg. Die Nutzung kann rechtlich in die Form von Darlehen gekleidet werden. Übernimmt die Kapitalgesellschaft den Vertrieb, so kann sie ihr Kapital der Personenunternehmung dadurch nutzbar machen, daß sie laufend größere Anzahlungen an das Produktionsunternehmen gibt. Damit wäre der erstrebte Zweck, das zur Verfügung stehende Kapital dem Bedarf entsprechend aufzuteilen, erreicht.

II. Die Aufgabe der Spaltung

Die Auflösung der Besitz- und Betriebsgesellschaft durch Aufgabe der Spaltung sieht ihr Ziel darin, das wirtschaftlich einheitliche Unternehmen wieder zu einer rechtlichen Einheit zu vereinigen.

1. Die Rückgliederung der Kapitalgesellschaft

Rückgliederung der Kapitalgesellschaft bedeutet wirtschaftlich die Vereinigung der Kapitalgesellschaft mit dem bestehenden Personenunternehmen. Rechtlich kann diese Rückgliederung in zwei Formen erfolgen. Die Kapitalgesellschaft kann sich einmal unter Beibehaltung ihrer Rechtspersönlichkeit eingliedern und sich der übergeordneten rechtlichen Einheit der Personenunternehmung unterordnen oder sie kann ihre Rechtspersönlichkeit aufgeben. Das rechtlich einheitliche Gebilde ist in diesen Fällen die Personenunternehmung.

a) Die Rückgliederung durch Eingliederung der Rechtspersönlichkeit

Die Eingliederung der Rechtspersönlichkeit der Kapitalgesellschaft in das Gefüge der Personenunternehmung erfolgt in der Form der Beteiligung.

Für die rechtliche Vereinigung bieten sich verschiedene Beteiligungsformen an. Die Kapitalgesellschaft kann als persönlich haftender Gesellschafter einer offenen Handelsgesellschaft beitreten. Ihr Eintritt als Komplementär in eine Kommanditgesellschaft würde zu der rechtlich interessanten Konstruktion der GmbH bzw. AG & Co., Kommanditgesellschaft führen. Die Beteiligung könnte auch in die Form der Beteiligung eines stillen Gesellschafters oder in die eines Kommanditisten gekleidet werden.

b) Die Rückgliederung durch Auflösung der Rechtspersönlichkeit

Die Auflösung der Rechtspersönlichkeit ist die Liquidation der Kapitalgesellschaft.

Das im Liquidationszeitpunkt vorhandene Vermögen der Kapitalgesellschaft wird nach Abzug der Abwicklungssteuern auf die Gesellschafter übertragen, die es, sofern nicht die Personenunternehmung selbst alleinige Gesellschafterin der Kapitalgesellschaft ist, in die Personenunternehmung einbringen. Die Kapitalgesellschaft erlischt.

2. Die Eingliederung der Personenunternehmung

Bei der Eingliederung der Personenunternehmung wird die Kapitalgesellschaft zum rechtlich einheitlichen Gebilde.

Die wirtschaftliche Vereinigung erfolgt in der Weise, daß entweder die Personenunternehmung selbst das ihr verbliebene Vermögen gegen Gewährung von Gesellschaftsrechten direkt auf die Kapitalgesellschaft überträgt oder sie das Vermögen ihren Gesellschaftern überläßt, die es dann gegen Gewährung von Gesellschaftsrechten in die Kapitalgesellschaft einbringen.

Rechtlich führen beide Formen zur Auflösung der Personenunternehmung als Handelsgesellschaft. Überträgt sie ihr gesamtes Vermögen auf die Gesellschafter, so bedeutet das praktisch ihre Auflösung; denn die Löschung der Firma im Handelsregister erscheint demgegenüber nur als Formakt. Übernimmt sie selbst die Anteile an der Kapitalgesellschaft, so muß das auch zum Untergang der Rechtspersönlichkeit als Handelsgesellschaft führen. Sie wird juristisch eine Gesellschaft bürgerlichen Rechts.

III. Die rechtliche und wirtschaftliche Trennung von Personenunternehmung und Kapitalgesellschaft

Bisher ist in einer aus der Betriebsaufspaltung hervorgehenden Doppelgesellschaft nur die Spaltung in der Form des Querschnitts behandelt. Damit ist untrennbar der Begriff der Doppelgesellschaft verbunden und darauf beziehen sich auch die voraufgehenden Ausführungen.

Im Rahmen der Auflösung von Besitz- und Betriebsgesellschaften kann auch eine Form der Spaltung, der Längsschnitt, in die Betrachtungen einbezogen werden. Der Längsschnitt sieht eine Trennung sämtlicher Funktionen und der dazu gehörigen Produktionsmittel für eine Leistungsspezies von dem übrigen Bereich vor. Dieser durch Längsschnitt abzuspaltende Teil kann der Kapitalgesellschaft zugeteilt werden. Es bieten sich dazu insbesondere solche Fertigungszweige an, die während des Bestehens der Doppelgesellschaft von der Kapitalgesellschaft neu aufgebaut wurden. Wenn diese Trennung vorgenommen wird, so entstehen daraus nicht nur rechtlich selbständige Unternehmungen, sondern es werden die Personenunternehmung und die Kapitalgesellschaft auch wirtschaftlich so weit verselbständigt, daß sie auf eine rechtliche und wirtschaftliche Zusammenarbeit nicht mehr angewiesen sind.

F. Anhang

Vertragsbeispiel[1]

Zwischen der x-oHG, im Vertrag oHG genannt, und der y-GmbH, im Vertrag GmbH bezeichnet, wird folgender

VERTRAG

geschlossen:

Satzungsgemäße Bestimmung der GmbH ist, als Betriebs-GmbH das bisher von der oHG betriebene Fabrikationsunternehmen mit Wirkung vom 1. Januar 1949 für eigene Rechnung zu führen. Gesellschafter der GmbH sind die Gesellschafter der oHG, Herr A. und Herr B.

Die Gesellschafter der oHG haben das ihnen durch Beschluß der Gesellschafterversammlung der oHG vom 15. Dezember 1948 übertragene Umlaufvermögen und die von ihnen übernommenen Verbindlichkeiten mit Werten zum 1. Januar 1949 in die GmbH eingebracht. Weiter hat die Gesellschafterversammlung der oHG vom 15. Dezember 1948 beschlossen, ebenfalls mit Wirkung vom 1. Januar 1949 den Betrieb der oHG auf die GmbH zu übertragen und der GmbH das gesamte zu dem Betrieb gehörende Anlagevermögen zu verpachten.

In Ausführung dieses Beschlusses vereinbaren die Parteien nunmehr hinsichtlich des Pachtverhältnisses und der Betriebsübertragung folgendes:

I. Pachtvertrag

§ 1

Die oHG verpachtet an die GmbH ihr gesamtes zu dem Betrieb gehörendes bewegliches und unbewegliches Anlagevermögen mit Ausnahme der Patente und Beteiligungen, wie aus dem Inventar, das entsprechend den handelsrechtlichen und steuerlichen Vorschriften zum 20. Juni 1948 aufgestellt, ersichtlich ist, unter Berücksichtigung der Zu- und Abgänge bis zum 31. Dezember 1948, sowie die während der Dauer dieses Vertrages von ihr angeschafften Anlagegegenstände.

§ 2

Der Pachtvertrag beginnt am 1. Januar 1949 und endet am 31. Dezember 1958. Er verlängert sich jeweils um drei weitere Jahre, wenn er nicht ein Jahr vor Ablauf schriftlich gekündigt wird.

§ 3

Die GmbH ist zur laufenden Instandhaltung des gepachteten Anlagevermögens verpflichtet. Sie ist berechtigt, aber nicht verpflichtet, für eigene Rechnung Anlage-Investitionen (Neubauten, Umbauten, Anschaffungen) vorzunehmen. Bei Beendigung des Pachtvertrages kann sie ver-

[1] Dem Beispiel liegt der Vertrag einer bestehenden Doppelgesellschaft zugrunde.

langen, daß die oHG solche von ihr hergestellten oder angeschafften Anlagegegenstände zum Buchwert, wie er sich nach Vornahme ordnungsgemäßer Abschreibungen ergibt, übernimmt.

§ 4

Die GmbH trägt während des Bestehens des Pachtvertrages die auf das Anlagevermögen entfallenden öffentlichen Abgaben und Steuern und verpflichtet sich, die Anlagen gegen die üblichen Schäden versichert zu halten. Die Kosten der Versicherung trägt die GmbH.

§ 5

Der jährliche Pachtzins beträgt ... % des Umsatzes, mindestens aber ... % des jeweiligen Mittelwertes zwischen dem Buchwert des Anlagevermögens am Anfang und am Ende eines jeden Jahres, wie er sich aus den Büchern der oHG unter Berücksichtigung der betriebsnotwendigen und steuerlich anerkannten Abschreibungen ergibt. Ferner vergütet die GmbH an die oHG einen Betrag in Höhe der betriebsnotwendigen und steuerlich anerkannten Jahresabschreibungen auf das verpachtete Anlagevermögen.

Der Pachtzins ist vierteljährlich im voraus in festen Beträgen zu zahlen, und zwar in Höhe von ... % des am Anfang des Pachtjahres sich ergebenden Buchwertes des verpachteten Anlagevermögens sowie einem Viertel der Jahresabschreibungen des voraufgegangenen Jahres.

Die endgültige Verrechnung der Pacht gemäß Absätze 1 und 2 hat bis spätestens drei Monate nach Beendigung eines jeden Pachtjahres zu erfolgen.

§ 6

Ob und inwieweit die GmbH ganz oder teilweise die sich aus dem in Aussicht genommenen Soforthilfegesetz sowie aufgrund des Gesetzes zur Sicherung von Forderungen durch den Lastenausgleich vom 2. September 1948 und späteren gesetzlichen Lastenausgleichsregelungen ergebenden Lasten im Verhältnnis zur oHG oder den Gesellschaftern der oHG zu tragen hat, bleibt einer späteren Regelung vorbehalten. Es besteht aber Einigkeit darüber, daß diese Abgaben und Lasten in einem angemessenen Verhältnis verteilt werden sollen.

§ 7

Für die Bearbeitung der Verwaltungsangelegenheiten stellt die GmbH der oHG ihr Personal und ihre geschäftlichen Einrichtungen unentgeltlich zur Verfügung.

§ 8

Die Gesellschafter der oHG oder deren Beauftragte haben das Recht, die Grundstücke und Gebäude jederzeit zu betreten und sich von dem Zustand der verpachteten Anlagen zu unterrichten.

II. Betriebsüberlassungsvertrag

§ 9

Die oHG überträgt für die Dauer des Pachtvertrages ihren gesamten Betrieb, wie er steht und liegt mit allen dazugehörigen Verträgen, Patenten, Lizenzen und Konzessionen sowie mit der ihr erteilten Fabrikationserlaubnis, mit Wirkung ab 1. Januar 1949 auf die GmbH.

§ 10

Die GmbH erklärt sich mit der Übertragung einverstanden und verpflichtet sich, den von ihr übernommenen Betrieb im jetzigen Umfang aufrechtzuerhalten und nach den Regeln einer ordnungsgemäßen Wirtschaft fortzuführen. Sie tritt mit Wirkung ab 1. Januar 1949 in sämtliche laufenden, sich auf den Betrieb beziehenden Verträge (wie Ein- und Verkaufsverträge, Lieferungsverträge über Strom, Gas und Wasser, Pacht-, Miet- und Leihverträge, Anstellungs- und Arbeitsverträge sowie Pensionsverträge) ein. Sie verpflichtet sich, die oHG von allen Verpflichtungen aus diesen Verträgen freizustellen und, soweit es geboten erscheint, von den beteiligten Dritten die Genehmigung zur Übertragung einzuholen.

§ 11

Die Patente bleiben Eigentum der oHG. Die oHG ermächtigt die GmbH, für die Dauer der Überlassung des Betriebes die Patente unentgeltlich zu nutzen und zu benutzen. Etwaige von der GmbH erworbene Patente, soweit sie mit den bestehenden Patenten in Zusammenhang stehen, gehen unentgeltlich auf die oHG über. Sofern die GmbH weitere Patente erwirbt oder selbst anmeldet, die nicht in Zusammenhang mit den jetzt bestehenden Patenten stehen, die sich jedoch auf den überlassenen Betrieb beziehen, ist sie verpflichtet, diese nach Beendigung des Überlassungsvertrages der oHG auf deren Verlangen gegen Erstattung der zur Zeit der Übertragung offenstehenden Buchwerte zu überlassen.

§ 12

Mit Beendigung des Pachtvertrages endet der Betriebsüberlassungsvertrag. Die GmbH ist verpflichtet, nach diesem Zeitpunkt auf Verlangen den gesamten Betrieb mit allen dann bestehenden sich auf den Betrieb beziehenden Verträgen, wie sie vorstehend von der GmbH übernommen sind, sowie mit sämtlichen dann bestehenden Patenten, Lizenzen und Konzessionen und der etwaigen Fabrikationserlaubnis auf die oHG zurückzuübertragen. Die Übertragungspflicht erstreckt sich nicht auf etwaige fremde Betriebszweige, die von der GmbH während der Dauer der Überlassung neu errichtet worden sind.

§ 13

Die Betriebsgesellschaft ist auf Verlangen verpflichtet, die bei Beendigung des Betriebsüberlassungsvertrages vorhandenen Werte des Umlaufvermögens, soweit sie zu dem zurückzuübertragenden Betrieb gehören, auf die oHG zu übertragen. Macht die oHG von ihrem Recht des Verlangens Gebrauch, so ist sie berechtigt und verpflichtet, diese zu den Buchwerten der GmbH, die nach den Grundsätzen ordnungsmäßiger Buchführung ermittelt sind, zu übernehmen; desgleichen in die Verpflichtungen der GmbH, betreffend das zu übertragende Betriebsvermögen, einzutreten, soweit sie die übernommenen Vermögenswerte nicht überschreiten.

Die oHG ist bei der Rückübertragung insbesondere auch verpflichtet, die dann laufenden Pensionsverträge, die mit dem Betrieb in Zusammenhang stehen, zu übernehmen. Die GmbH hat der oHG Mittel in angemessener Höhe für die Erfüllung der am Tage der Rückübertragung bestehenden Pensionsverpflichtungen und Pensionsanwartschaften zu überlassen.

Witten, den 31. Dezember 1948.

gez. Unterschrift	gez. Unterschrift
x-oHG	y-GmbH

Literaturverzeichnis

Bücher

Bauerdick, Herbert: Zur steuerlichen Anerkennung von sogenannten Betriebsgesellschaften auf dem Gebiete des Körperschaftsteuerrechts. Diss. Mainz 1952. Zit.: Zur steuerlichen Anerkennung von sogenannten Betriebsgesellschaften.

Baumbach-Duden: Handelsgesetzbuch. 11. Auflage, München-Berlin 1955.

Becker, Enno: Die Reichsabgabenordnung. Berlin 1930.

Beuck, W.: Steuerlich zweckmäßige Unternehmungsformen. Die Besteuerung der Unternehmung. 4. und 5. Auflage, Berlin-Wien 1926, 1931.

Blümich-Boyens-Steinbring: Gewerbesteuergesetz. 5. Auflage, Berlin-Frankfurt 1953. Zit.: Blümich-Boyens, Kom.GewStG.

Blümich-Falk: Einkommensteuergesetz. 6. Auflage, Berlin-Frankfurt 1951. Zit.: Kom. EStG.

Blümich-Klein-Steinbring: Körperschaftsteuergesetz. 2. Auflage, Berlin-Frankfurt 1952. Zit.: Kom. KStG.

van der Bosch, Franz: Die umgekehrte Betriebsaufspaltung. Diss. Köln 1954.

Brönner, Herbert: Die Besteuerung der Gesellschaften. 8. und 9. Auflage, Stuttgart 1953, 1957.

— Kapitalverkehrsteuer-Gesetz, Kommentar. Köln 1955. Zit.: Kom. KVStG.

Bühler, Ottmar: Einkommensteuer, Körperschaftsteuer und die Gewinnbestimmungen aus der Gewerbesteuer. München-Berlin 1956.

— Steuerrecht der Gesellschaften und Konzerne. Berlin-Frankfurt 1956. Zit.: Steuerrecht.

Burkart, Erich: Die Verpachtung von Unternehmungen unter besonderer Berücksichtigung der Rechtsprechung. Diss. Heidelberg 1936. Zit.: Die Verpachtung von Unternehmungen.

Dörnemann, Carola: Steuerliche Erwägungen zur Wahl der Unternehmungsform. Diss. Frankfurt 1956.

Findeisen, Franz: Die Unternehmungsform als Rentabilitätsfaktor. Berlin 1924.

Fischer, Curt: Die steuerliche Belastung von Personal- und Kapitalgesellschaften. Stuttgart 1937.

— Die Gesellschaft mit beschränkter Haftung. Eine gesellschaftsrechtliche und wirtschaftshistorische Studie. Berlin, Göttingen, Heidelberg 1948.

Friedländer, Heinrich: Konzernrecht. 1. Auflage 1927.

Friedrich, J.: Formen der wegen der Steuerbelastung gegründeten Betriebsgesellschaften und ihre Bewährung. Gladbach-Rheydt 1933.

Furtwängler, Heinz: Die Umwandlung von offenen Handelsgesellschaften in Gesellschaften mit beschränkter Haftung unter steuerlichen Gesichtspunkten. Diss. Freiburg 1949.

Gadow-Heinichen-Schmidt-Weipert: Aktiengesetz, Kommentar. Berlin 1939.

Garke, Karl-Hans: Die Organtheorie im Steuerrecht. Diss. Heidelberg 1934.

Gessler-Hefermehl-Hildebrandt-Schröder: Handelsgesetzbuch, Kommentar. Bd. I, II, 2. Auflage, Berlin-Frankfurt 1950.

v. Gierke, O.: Das Deutsche Genossenschaftsrecht, Bd. 1.

Göke, Karl: Die Doppelgesellschaft. Diss. Göttingen 1930.
Götze, Hermann: Wesen und Bedeutung der Gesellschaftsformen. Schriften für Industrie, Handel und Handwerk. Berlin 1948.
v. Godin-Weipert-Würdinger: Kommentar zum Handelsgesetzbuch. Berlin 1953. Zit.: v. Godin, Kom. HGB.
Hannemann, Theodor: Die Doppelgesellschaft als Organisationsform der Kartelle und anderer Arten wirtschaftlichen Zusammenschlusses. Diss. Köln 1930. Zit.: Die Doppelgesellschaft.
Harmening, Rudolf: Lastenausgleich (Loseblatt-Sammlung).
Herrmann-Heuer: Kommentar zur Einkommensteuer und Körperschaftsteuer. 7. Auflage, Köln 1955.
Herzog, Ph. Wilhelm: Die Betriebs- und Vertriebs-GmbH im Steuerrecht. Diss. Mainz 1953. Zit.: Die Betriebs- und Vertriebs-GmbH.
Hesselmann, Malte: Die GmbH & Co. Diss. Köln 1956.
Hörstmann, Franz: Die Besteuerung der Veräußerung und Aufgabe von Einzelunternehmungen und von Teilen von Einzelunternehmungen. Diss. Köln 1945.
Hubacher, Rudolf: Die betriebswirtschaftliche Bedeutung der Unternehmungsformen. Bern 1954.
Huchzermeier, Hans: Pachtverträge über Teil- und Gesamtunternehmungen zwischen Kapitalgesellschaften. Diss. Frankfurt 1923.
Isay, Rudolf: Studien im privaten und öffentlichen Recht der Kartelle. Mannheim, Berlin, Leipzig 1922.
Kick, Werner: Die Verpachtung des Unternehmens einer offenen Handelsgesellschaft oder Kommanditgesellschaft in ihrer rechtlichen Wirkung auf den Fortbestand. Diss. Bonn 1938.
Klein, Franz: Die wirtschaftlichen und sozialen Grundlagen des Rechts der Erwerbsgesellschaft. Berlin 1914.
Klingler, Louis: Die Unternehmenspacht. Diss. Zürich 1943.
Knur, Alexander: Die Familiengesellschaft. Eine vergleichende Untersuchung der Unternehmungsformen. Berlin 1941. Zit.: Die Familiengesellschaft.
Koncok, Gerhard: Miete, Leihe, Pacht in der Betriebswirtschaft. Diss. München 1948.
Krieger, Gretl: Verpachtung von Industriebetrieben. Diss. Köln 1948.
Kühne-Wolff: Die Gesetzgebung über den Lastenausgleich. Stuttgart-Köln 1953. Zit.: Kom. LAG.
Lehmann, F.: Rechtsformen und Wirtschaftstypen der privaten Unternehmung. Mannheim, Berlin, Leipzig 1925.
Lehmann, H.: Handelsrecht. II. Teil, Gesellschaftsrecht. Berlin 1949. Zit.: Handelsrecht.
Liefmann, Robert: Die Unternehmungsformen. Stuttgart 1928.
Lion, Max: Gesetzlich erlaubte Steuerersparungen. 2. Auflage, Berlin-Wien 1931.
Littmann, Eberhard: Das Einkommensteuerrecht. 5. Auflage, Stuttgart 1956.
Müthling, Hans: Gewerbesteuergesetz. Kommentar. Berlin 1954.
Naegeli, E.: Die Doppelgesellschaft. Bd. I. Diss. Zürich 1935.
Nels, Hermann: Die Doppelgesellschaft. Diss. Köln 1923.
NWB Verlag: Neue Wirtschaftsbriefe. Herne.
— Einkommensteuerkartei (Anweisungen an die Finanzämter der Oberfinanzdirektionen Düsseldorf, Köln und Münster). Herne.
Niessen, Karl: Die betriebswirtschaftlichen Bestimmungsgründe für die Wahl der Unternehmungsformen. Diss. Heidelberg 1947/48.

Nußbaum, Ernst: Die „GmbH & Co., Kommanditgesellschaft“, die rechtliche Haltbarkeit dieses Zwittergebildes des modernen Gesellschaftsrechts. Diss. Köln 1922.
Oppenheimer, F.: Handelsgesellschaften als Mitglieder von Personalgesellschaften. Diss. Breslau 1922.
Plückebaum-Malitzky: Umsatzsteuergesetz. 5. und 6. Auflage, Berlin-Köln 1953, 1955. Zit.: Plückebaum, Kom. UStG.
Popitz, Johannes: Kommentar zum Umsatzsteuergesetz. 3. Auflage, Berlin 1928.
Priese, Johannes: Gewerbesteuergesetz. Kommentar. Künzelsau 1954.
Rasch, Harold: Deutsches Konzernrecht. 2. Auflage, Köln-Berlin 1955.
Reinhardt-Nikisch-Raiser: Die Gestaltung der Unternehmungsformen. Tübingen 1952.
Schaefer, Kurt: Die Notwendigkeit der Beibehaltung der GmbH und ihre Verpersönlichung. Diss. Köln 1937.
Schlegelberger-Quassowski: Aktiengesetz. Kommentar. 3. Auflage, Berlin 1939. Zit.: Schlegelberger, Kom. AG.
Schneider-Zartmann-Martin: Familienunternehmen und Unternehmertestament. Heidelberg 1956. Zit.: Schneider-Zartmann, Familienunternehmen.
Scholz, Franz: Kommentar zum GmbH-Gesetz. 2. Auflage, Köln 1950.
Schulze, Ludwig: Die Organtheorie im Umsatzsteuerrecht. Diss. Köln 1934.
Schulze-Brachmann-Meilicke-Georgi: Lastenausgleichsgesetz. Berlin-Frankfurt 1953.
Sölch-Ringleb: Umsatzsteuergesetz. Kommentar. München-Berlin 1957.
Im Spring, Günther: Das Verhältnis der Begriffe „Gewerbebetrieb“ und „Gewerblicher Betrieb“ im geltenden Steuerrecht und seine Bedeutung für die Betriebsaufspaltung. Diss. Köln 1956.
Starke, Helmut: Einwirkungen Dritter auf das gesellschaftliche Leben einer Handelsgesellschaft mit besonderer Berücksichtigung des Betriebsüberlassungsvertrages. Diss. Halle 1933.
Veiel, Otto: Das Kapitalverkehrsteuergesetz v. 16. 10. 1934. München, Berlin 1936.
Veigel, Alfred: Der Einfluß der Besteuerung auf die Leistungsfähigkeit der Unternehmung. Diss. Mannheim 1955.
Vogel, H.: GmbH-Gesetz. Kommentar. Berlin-Frankfurt 1950.
Wachsmann, Peter, Verlag: Die Steuertarife sämtlicher Steuergesetze. Mönchen-Gladbach.
Waagelar, Hermann: Die verschiedenen kaufmännischen Unternehmungsformen und ihre steuerliche Behandlung. Berlin-Frohnau 1949.
Weiß, Margarete: Die betriebswirtschaftliche Problematik der Unternehmungsformen. Diss. München 1948.
Wirsch, Heinrich: Die Doppelgesellschaft. Diss. Bonn 1923.
Zielinsky, Gustav: Grundtypvermischungen und Handelsgesellschaftsrecht. Diss. Marburg 1925.

Aufsätze in Zeitschriften und Sammelwerken

(Die Ziffern bezeichnen das Jahr und die Seitenzahl der Titelseite. Bei vielen Aufsätzen fehlten die Vornamen der Autoren; der Einheitlichkeit des Verzeichnisses wegen wurde auf die Nennung der Vornamen verzichtet.)

Der Betrieb

Braun: Eiserne Bestandsbewegung und totale Reservenbildung. 1955/245.
Flume: Die Organschaft im Gewerbesteuerrecht. 1955/485.

— Die Organschaft im Körperschaftsteuerrecht. 1956/455.
Gantenberg: Produktionspersonenfirma und Vertriebs-GmbH. 1949/618.
Henninger: Rückstellungen für Ersatz gepachteter Betriebsgegenstände und Abschreibungen auf Pachtgegenstände. 1955/1169. Zit.: Rückstellungen für Ersatz gepachteter Betriebsgegenstände.
Hohensee: Die steuerliche Belastung der Doppelgesellschaft. 1951/825.
Huppert: Die funktionelle Abschreibung auf Anlagen. 1952/419.
Husemann: Scheingewinne bei Abschreibungen vom Anschaffungswert. 1952/599.
Itter: Umsatzsteuer bei Verpachtung eines Unternehmens. 1954/442.
Kuhl: Doppelgesellschaften trotz § 32a EStG? 1949/341.
Neinhaus: Die Feststellung der möglichen Gewinnausschüttung bei Körperschaften. 1955/101.
N. N.: Einkommensteuerliche Auswirkungen hinsichtlich der Vermögensabgabe bei Umwandlung in eine Kapitalgesellschaft. 1956/901.
— Einkommensteuerliche Fragen des Lastenausgleichs. 1953/913.
— Der Begriff der Leistung bei Betriebsüberlassungsverträgen. 1954/271.
OFH-Gutachten: Die Umwandlung von Kapitalgesellschaften. 1950/355.
Ostendorf: Die Übernahme der Vermögensabgabe in der Praxis. 1953/Beilage Nr. 4.
Pleiß: Steuerliche Probleme der Gesellschaftsformen. 1950/258.
Priese: Die steuerlich günstigste Unternehmungsform. 1953/892.
Ringleb: Unternehmereinheit bei der Umsatzsteuer. 1955/953.
Rose: Zur Frage der Unternehmereinheit bei Schwestergesellschaften. 1956/806.
Roser: Substanzerhaltung durch zweckmäßige Vertragsgestaltung. 1953/357.
Schmitz: Betriebsverpachtung an Kapitalgesellschaften im Gesellschaftssteuerrecht. 1953/321.
Theis: Produktionspersonenfirma und Vertriebs-GmbH. 1949/139.
— Aufspaltung in Besitzfirma und Betriebs-GmbH. 1950/602.
Thiel: Die einkommensteuerlichen Auswirkungen der Übernahme der Vermögensabgabeschuld anläßlich der Veräußerung von Vermögen. 1957/124. Zit.: Die einkommensteuerlichen Auswirkungen der Übernahme der Vermögensabgabeschuld.
— Die Umwandlung von Kapitalgesellschaften. 1957/385.
van der Velde: Zur Organschaftslehre im Umsatzsteuerrecht. 1955/1048.
Weimann: Doppelgesellschaften und Steuern. 1950/41.
Wepner: Zum Problem der steuerlich günstigsten Unternehmungsform. 1953/1017.

Der Betriebs-Berater

Dürkes: Die Doppelgesellschaft (Betriebsgesellschaft — Besitzgesellschaft). 1949/65.
— Zur Frage der Doppelgesellschaft. 1949/266.
Hoffmann: Umsatzsteuer bei Verpachtung eines Maschinenparks. 1953/83.
Leitze: Aufteilung einer GmbH in eine Grundstücks-GmbH und eine Betriebs-OHG. 1951/160.
Vogel: Die einkommensteuerliche Behandlung der Einkünfte aus verpachteten Gewerbebetrieben. 1952/224.
Zartmann: Personenunternehmen oder Kapitalgesellschaft. (Ein steuerlicher Belastungsvergleich nach der Neuordnung der Steuergesetze.) 1948/517.
Zintzen-Lüthgen: Zur Gewerbesteuerpflicht von Vermögensverwaltungsunternehmen in Form von Personengesellschaften. 1957/816. Zit.: Zur Gewerbesteuerpflicht von Vermögensverwaltungsunternehmen.

Neue Betriebswirtschaft

Uffhausen: Bewertungsmethoden zur Ermittlung angemessener Miet- und Pachtsätze für Gewerbegrundstücke und Einrichtungen. 1948/20.

Zartmann: Der Pachtvertrag bei der Betriebsaufspaltung. 1952/83.

— Zeitgemäße Unternehmungsformen in wirtschafts- und steuerrechtlicher Betrachtung. 1953/121. Zit.: Zeitgemäße Unternehmungsformen.

Betriebswirtschaftliche Forschung und Praxis

Köllmann: Zur Frage der Doppelgesellschaften. Unternehmungsform und Besteuerung. 1951/557. Zit.: Unternehmungsform und Besteuerung.

Cahiers de Droit Fiscal International (Studies on international fiscal Law)

Merkle: Der wechselseitige Einfluß von Rechtsform, Art und Größe der Unternehmungen und ihre Besteuerung. Volume XXXII. Oktober 1956, 171. Zit.: Cahiers.

Die Information

N. N.: Die Substanzerhaltungspflicht der Pacht-GmbH — ein Hilfsmittel zur Anlagenfinanzierung. 1953/264.

Neue Juristische Wochenschrift

Bühler: Die steuerrechtliche Belastung der verschiedenen Gesellschaftsformen nach Inkrafttreten der Kleinen Steuerreform. 1953/1121.

Rechts- und Wirtschaftspraxis-Blattei

Böttcher: Steuerliche Zweifelsfragen der Betriebsaufspaltung. 14 R, Unternehmens-Formen, 14 c.

— Betriebsaufspaltung im Blickpunkt: Umsatzsteuerliche Unternehmereinheit und Organschaft. 14 R, Unternehmens-Formen, 14 a.

— Aktuelle Probleme zu Fragen der Betriebsaufspaltung. 14 R, Unternehmens-Formen, 14.

— Umsatzsteuerliche Zweifelsfragen der Betriebsaufspaltung. 14 R, Unternehmensformen, 14 b.

N. N.: Praktische Betrachtungen und Hinweise zur Frage der Unternehmensformen. 14 R — Übersicht.

Zartmann: Betriebsaufspaltung und Unternehmereinheit im Umsatzsteuerrecht. 14 R, Unternehmens-Formen, 14 d.

Rundschau für GmbH

Brönner: Die GmbH & Co. im Handels- und Steuerrecht. 1952/145.

Hesselmann: Firma und Bilanz der GmbH bei Beteiligung als persönlich haftender Gesellschafter an einer KG (GmbH & Co.). 1957/109.

Hohensee: Umsatzsteuerliche Unternehmereinheit. 1955/223.

Kohlenbach: Die Betriebsaufspaltung als steuerliches Problem. 1950/87.

Mühlhoff: Klärendes zur Frage der steuerlichen Behandlung von Besitz- und Betriebsgesellschaften, die im Pachtverhältnis zueinander stehen. 1932/363.

N. N.: Verdeckte Gewinnausschüttung bei Aufgabe einer Betriebsteilung. 1953/210.

Schultze-Schlutius: Die Rechtsprechung des Körperschaftsteuer-Senats zur Organtheorie. 1955/120.

— Steuerrechtliche Probleme der Besitz-, Betriebs- und Vertriebs-GmbH. 1955/179.
v. Wallis: Ums.St. bei der Umwandlung einer Personen- in eine Kapitalgesellschaft. 1949/33.
Zintzen: Steuerliche Erwägungen bei der Gründung einer Familien-GmbH. 1953/35.
— Die Übernahme des Lastenausgleichs bei der Gründung einer Familien-GmbH. 1953/202.

Der Steuerpraktiker

Waldemar: Doppelgesellschaft. 1951/103.

Steuerberater-Jahrbuch

Böttcher: Die Auswirkungen des § 32 b Eink.StG auf die Wahl der Gesellschaftsform, die Betriebsaufspaltung und auf erbrechtliche Regelungen. 1951/123.
— Neue Erfahrungen und Erkenntnisse zum Wirtschafts- und Steuerrecht der Familienunternehmen. 1952/77.
— Zum Wirtschafts- und Steuerrecht der Familienunternehmen. 1953/54/238.
— Zum Wirtschafts- und Steuerrecht der Familienunternehmen. 1955/56/267.
— Zum Wirtschafts- und Steuerrecht der Familienunternehmen. 1956/57/147.
Meilicke: Steuerlich günstige Formen der Unternehmensgestaltung. 1956/57/181.
Mondorf: Probleme des Belastungsvergleichs und der Doppelgesellschaft. 1949/71.

Deutsche Steuerzeitung

Dahlheimer: Steuerliche Belastung bei der Umwandlung von Personengesellschaften in Kapitalgesellschaften und von Kapitalgesellschaften in Personengesellschaften. 1949/263.
Fritsch: Zur steuerlichen Beurteilung der Betriebsteilung. 1949/278.
Suhr: Die Umsatzsteuer bei Geschäftsveräußerungen. 1948/188.
Willenbrink: Fällt bei der Einbringung eines Unternehmens in eine Körperschaft die Einkommensteuer unter Umständen zweimal an? 1934/583.

Mitteilungen der Steuerstelle des Reichsverbandes der Deutschen Industrie

Mühlhoff: Die steuerliche Behandlung zweier Gesellschaften, deren Gesellschafter im wesentlichen die gleichen sind, die sich aber im Verhältnis von Verpächterin und Pächterin gegenüberstehen. 1931/341.
Zit.: Die steuerliche Behandlung zweier Gesellschaften.

Steuer und Wirtschaft

Angerer: Die Umsatzsteuer bei Geschäftsveräußerungen und Neugründungen. 1949/Sp. 335.
Vangerow: Zur einkommensteuerlichen Behandlung von Betriebsverpachtungen, Umwandlungen und Betriebsaufspaltungen. 1956/Sp. 157.
Zitzlaff: Steuerliche Fragen zur Betriebsaufspaltung. 1949/Sp. 857.
— Zur Frage der Betriebs- oder Vertriebs-GmbH. 1951/Sp. 329.

Die Wirtschaftsprüfung

Fritsch: Entnahme bei Betriebsaufspaltung. 1952/18.
Hohensee-Diel: Der Firmenwert bei der Gesellschaftsteuer. 1950/125.

Kinnebrock: Die Umwandlung in Kapitalgesellschaften unter besonderer Berücksichtigung der Trennung von Besitz- und Betriebsgesellschaft. Teil I 1949/512. Teil II 1949/555.
Zit.: Die Umwandlung in Kapitalgesellschaften.
Littmann: Grundstücksverwaltung und Anteilsbesitz bei Betriebsteilung in der Steuerrechtsprechung. 1950/71.
Lorenz: Der Firmenwert bei der Gesellschaftsteuer. 1949/560.

Der Wirtschaftstreuhänder

Hardach: Die Bestimmung des Pachtzinses für Industriebetriebe. 1940/89.
Kunze: Die Verpachtung des Betriebes einer Aktiengesellschaft. 1935/26.

Zeitschrift für das gesamte Aktienwesen

Findeisen: Der Kampf zwischen Unternehmung und Steuer. 1923/245.
Fischer: Die Entwicklung der Gesellschaftsformen und die Zusammenschlußbewegung in der Industrie. 1923/2.
Pauly: Die GmbH & Co. 1922/341.

Zeitschrift für handelswissenschaftliche Forschung

Bühler: Der Einfluß des Steuerrechts auf die Gesellschaftsformen. 1941/81.
Fischer: Steuersystem und Wirtschaftsordnung. 1954/133.

Sonstiges

Herbert: Das Steuerrecht der Unternehmung. Lüdenscheid. Darin vor allem:
Heft 13 Firmenwert (Geschäftswert) und einzelne immaterielle Wirtschaftsgüter.
Heft 56 GmbH & Co.
Heft 60 Die Einbringung eines Personenunternehmens in eine Kapitalgesellschaft.
Heft 61 Betriebsteilung.
Heft 63 Körperschaftsteuerliche und gewerbesteuerliche Organverhältnisse und die Bedeutung der Gewinnausschließungsverträge.
Heft 71 Die Umwandlung einer Kapitalgesellschaft in ein Personenunternehmen.
Heft 80 Unternehmereinheit und Organschaft im Umsatzsteuerrecht.
Heft 85 Umsatzsteuer und gesellschaftliche Vorgänge.
Heft 86 Die Vermietung und Verpachtung im Umsatzsteuerrecht.
Reinhardt: Steuerbriefe für Unternehmer. Bad Wörishofen.
Schmalenbach: Wirtschaft und Steuer, in „Betriebswirtschaftliche Beiträge". Bremen-Horn 1948, Heft 2, S. 1.
Terhalle: Finanzwirtschaft und Volkswirtschaft, in „Wirtschaftstheorie und Wirtschaftspolitik, Festgabe für Adolf Weber zu dessen 75. Geburtstag". Herausgegeben von Alfred Kruse, Berlin 1951/309.

Neben den oben angeführten Zeitschriften

Bundesanzeiger
Bundesgesetzblatt
Bundes-Steuerblatt
Entscheidungen der Finanzgerichte
Finanz-Rundschau
Handelsblatt
Industriekurier
Reichsgesetzblatt

Reichs-Steuerblatt
Sammlung der Entscheidungen und Gutachten des Reichsfinanzhofes
Steuerblatt
Deutsche Steuer-Rundschau
Über Einzelfragen Korrespondenz mit dem Bundesfinanzhof, dem Bundesfinanzministerium, der Oberfinanzdirektion Münster, den Herren Dr. Conrad Böttcher, Stuttgart, Dr. Hugo Zartmann, Mannheim, und einigen Firmen, die sich der Doppelgesellschaft bedienen.

MIX
Papier | Fördert
gute Waldnutzung
FSC® C083411

Kolibri 360 GmbH
Ferdinand-Jühlke-Straße 7
99095 Erfurt, Deutschland
produktsicherheit@kolibri360.de

Druck:
CPI Druckdienstleistungen GmbH
im Auftrag der
Kolibri 360 GmbH
Ferdinand-Jühlke-Str. 7
99095 Erfurt